KB138106

데일 카네기의
자기관리론

데일 카네기 시리즈 2
데일 카네기의 자기관리론

1판 1쇄 펴냄 2015년 1월 15일
1판 2쇄 펴냄 2021년 5월 7일

지은이   데일 카네기
옮긴이   바른번역
펴낸이   하진석
펴낸곳   코너스톤
주소   서울시 마포구 독막로 15길 3-13
전화   02-518-3919
ISBN   979-11-85546-13-1 14320

＊이 책 내용의 전부나 일부를 이용하려면 반드시 저작권자와
  코너스톤의 서면 동의를 받아야 합니다.
＊책값은 뒤표지에 있습니다.
＊잘못된 책은 구입하신 곳에서 바꾸어 드립니다.

데일 카네기 시리즈

2

데일 카네기의
자기관리론

데일 카네기 지음 **바른번역** 옮김

By Dale Carnegie

코너스톤
Cornerstone

시대의 변화를 이겨낸
고전 중의 고전

모든 것이 워낙 빨리 변화하는 요즘은 불과 한두 해 전의 상품이나 기술, 노하우 등도 시대에 뒤떨어진 퇴물이 되기 십상이다. 이러한 시대상에 맞춰 성공의 방법, 대화의 기술, 인맥을 잘 형성할 수 있는 비법을 가르쳐준다는 책들 역시 하루가 멀다 하고 쏟아져나오고 있는 실정이다. 하지만 그럼에도 불구하고 약 60년 전 세상을 뜬 데일 카네기의 저서들은 아직도 많은 사람들의 사랑을 받으며, 스테디셀러 목록에 굳건히 자리를 잡고 있다. 데일 카네기가 왕성하게 활동하던 시기는 벌써 한 세기가 다 되어가는 오래전인데도 말이다. 그의 조언이 시대를 뛰어넘어 계속 사랑받는 이유는 무엇일까?

아무리 시간이 흐르고 사회가 변한다 하더라도 인간의 기본적이고 핵심적인 자질은 변하지 않는다. 카네기가 쓴 책들은 학계의 연구자들이 쓴 책처럼 과학적 방법론에 따른 이론 전개나 학문적 성과를 주 내용으로 하고 있지는 않다. 그보다는 카네기 자신이 오랫동안 직장인, 경영자, 주부 등 많은 성인들에게 효과적인 커뮤니케이션 방법과 인간관계를 개선하는 방법을 가르쳐오면서 직접 경험으로 체득한 효과적인 기술에 대해 이야기하고 있다. 따라서 연역적이라기보다는 귀납적이고, 이론적이라기보다는 실증적이라는 특색 때문에 책을 읽는 독자들이 보다 쉽게 공감하게 된다.

카네기가 주목하고 연구한 수많은 사람 가운데는 유명 인사도 있지만, 널리 알려지진 않았더라도 자기 방면에서 성공을 거두며 행복하게 살아가는 사람도 많다. 카네기가 여러 책에서 자주 언급할 정도로 존경하던 인물은 링컨 대통령이다. 링컨 대통령은 부유한 가문 출신도 아니고, 외모가 좋았던 것도 아니었으며, 훌륭한 교육을 받은 것은 더더욱 아니었다. 상류 사회 출신이 아닌지라 도움을 받을 별다른 인맥도 없었다. 대통령이 된 다음에도 많이 배우고 많이 가진 사람들로부터 무시당하기 일쑤였고, 원치 않은 결혼으로 인해 가정생활도 불행했다. 하지만 링컨은 여러 가지 불리한 점을 오히려 성공을 위한 원동력으로 삼았으며, 힘으로 밀어붙일 수 없는 약한 처지였기 때문에 매사에 정치력을 발휘할 수 있었다.

링컨 이외에도 카네기는 1세기 전 세계 각지에서 성공을 일구어낸 여러 유명 인사들에 관해 조사했다. 그러고는 그들이 성공을 일구어낼 수 있었던 작은 차이가 무엇인지에 집중했다. 카네기 스쿨을 통해 수많은 수강생들의 삶을 개선시키면서, 그들이 변화해간 드라마틱한 사례들 역시 책에 수록해놓았다.

고전이란 오랜 시간에 걸쳐 많은 사람들에게 널리 읽히면서 검증된 작품을 말한다. 고전은 시대의 변화를 이기며, 변치 않는 가치를 가진다. 아무리 시대가 급변한다 하더라도 인간사에는 변치 않는 가치, 불변의 원칙이 있기 마련이다. 그런 면에서 인간과 인간 사이의 관계에 집중한 데일 카네기의 저서들은 고전의 반열에 오른 것이 아닌가 생각된다.

수많은 고전들은 계속해서 새로 번역되곤 한다. 사실 시대적 차이 때문에 고전의 번역은 현대 저작물에 비해 녹록치 않다. 하지만 새로이 번역될 때마다 현대의 독자들이 빠르고 정확하게 이해할 수 있도록 대부분 개선되어간다. 데일 카네기의 책 역시 이미 여러 차례 번역되어 우리나라에 소개된 바 있지만, 당시의 시대상을 제대로 이해하지 못한 관계로 어이없는 오역이 심심치 않게 발견되곤 했다. 물론 이 번역본 역시 아무런 흠 없이 완벽하다고 할 수는 없겠지만, 가독성을 높이면서 카네기의 저술 원본이 가진 분위기와 메시지를 변색시키는 일이 없도록 최대한 노력했다.

성공을 향한 자신만의 길을 찾는 가장 쉽고 효과적인 방법은 자신의 멘토를 찾고 그의 삶을 들여다보는 것이다. 카네기는 자신이 가장 존경하는 링컨은 물론이고, 우리 주변, 아니 1세기 전에 행복하고 성공한 삶을 살다 간 많은 사람들의 사례와 그들의 성공 노하우를 우리에게 전해주고 있다. 이 책을 번역하며 수많은 사람들의 삶을 변화시킨 그의 조언을 간접적으로나마 전해 들을 수 있었던 것은 나로서도 큰 행운이었다.

역자들을 대표하며
바른번역 김명철

차례

옮긴이의 글 | 시대의 변화를 이겨낸 고전 중의 고전 — 4
머리말 | 나는 이 책을 왜, 어떻게 쓰게 되었나 — 11

1 걱정에 대해 알아야 할 기본적인 사실

오늘에 충실하라 — 23
걱정스런 상황을 해결하는 마법의 주문 — 41
걱정이 우리에게 미치는 영향 — 52

2 걱정을 분석하는 기본 테크닉

걱정거리를 분석하고 해결하는 방법 — 71
업무상 걱정을 절반으로 줄이는 방법 — 83

3 걱정하는 습관을 없애는 방법

머릿속에서 걱정을 몰아내는 법 — 93
사소한 일로 낙담하지 마라 — 106
걱정을 이기는 법칙 — 116
피할 수 없다면 받아들여라 — 126
당신의 걱정을 '손절매'하라 — 140
톱밥을 톱질하려 들지 마라 — 151

4 평안과 행복을 가져다주는
정신 자세를 기르는 7가지 방법

인생을 변화시키는 여덟 단어 — 163
앙갚음은 대가가 크다 — 183
감사할 줄 모르는 사람들 때문에 기분 상하지 않는 방법 — 196
100만 달러를 준다면 지금 가진 것을 포기하겠는가 — 207
진정한 자신을 찾아 자기답게 살아라 — 217
레몬을 갖고 있다면 그걸로 레모네이드를 만들어라 — 228
14일 안에 우울증을 극복하는 법 — 240

5 걱정을 다스리는 방법

부모님은 어떻게 걱정을 다스렸는가 — 263

6 남의 비판을 걱정하지 않는 방법

죽은 개를 발로 차는 사람은 아무도 없다 — 295
비판으로부터 상처받지 않는 방법 — 301
내가 저지른 바보 같은 일들 — 308

7 피로와 걱정을 막고
   활력과 의욕을 높여줄 6가지 방법

하루에 1시간 더 활동하는 방법 — 319
피로의 원인과 대처 방법 — 326
가정주부가 피로를 방지하고 젊음을 유지하는 방법 — 333
피로와 걱정을 예방해줄 직장에서의 4가지 습관 — 342
피로, 걱정, 화를 초래하는 지루함을 어떻게 막을 것인가 — 349
불면증에 대한 고민에서 벗어나는 방법 — 361

8 행복을 찾을 수 있는 일을 하며
   성공하는 방법

인생에서 가장 중요한 결정 — 373

9 금전적인 걱정을 줄이는 방법

모든 걱정의 70퍼센트는… — 387

나는 이 책을 왜,
어떻게 쓰게 되었나

35년 전에 나는 뉴욕에서 가장 불행한 젊은이 중 한 명이었
다. 당시 나는 생계를 위해 트럭을 판매했다. 하지만 나는 트럭
이 어떻게 움직이는지 몰랐고, 또 알고 싶지도 않았다. 나는 내
일이 경멸스러웠다. 싸구려 가구에다 바퀴벌레가 우글거리는
웨스트 56번가에 사는 것도 너무 싫었다. 벽에 여러 개의 넥타
이를 걸어두었는데, 아침에 넥타이를 집으려고 손을 뻗으면 바
퀴벌레들이 사방으로 도망치던 모습이 아직도 기억난다. 똑같
이 바퀴벌레가 우글거릴 게 분명한 더러운 싸구려 식당에서 식
사를 해야 한다는 사실도 경멸스러웠다.

매일 밤마다 실망, 걱정, 비통, 반발심으로 인해 생겨난 두통
을 느끼며 외로운 내 방으로 돌아왔다. 대학 시절 품었던 내 꿈
들이 악몽으로 변한 현실을 보며 나는 반발심을 갖게 되었다.
뭐 이런 인생이 다 있담? 이게 과연 내가 그렇게 원하던 가슴

뛰는 모험인가? 과연 이게 내 인생의 전부일까? 내가 경멸하는 일을 하고, 바퀴벌레와 동거하며, 싸구려 음식을 먹고, 미래에 대한 희망도 없는…. 나는 책을 읽으면서 대학 시절에 꿈꾸던 책도 쓸 수 있는 여유가 있었으면 하고 간절히 바랐다.

내가 그토록 싫어하던 일을 그만두더라도 잃을 건 없고 얻을 것만 있으리라는 생각이 들었다. 나는 돈을 많이 벌기보다는 활기 넘치는 인생을 살고 싶었다. 간단히 말해 나는 루비콘 강 (갈리아의 장관이었던 카이사르가 폼페이우스와의 전쟁을 시작하기 전 군대를 이끌고 루비콘 강을 건너며 "주사위는 던져졌다"라는 유명한 말을 남겨 이후 중대한 사건을 내리기 전 결단을 내리는 행동을 비유하는 말로 종종 '루비콘 강을 건너다'라고 쓰인다─옮긴이), 즉 이제 막 인생을 시작하는 젊은이라면 누구나 마주하게 되는 결단의 순간에 도달한 것이었다. 그래서 나는 결정했고, 그 결정은 나의 미래를 완전히 바꾸어놓았다. 그 결정으로 인해 지난 35년간 내가 꿈꾸던 그 어떤 지상낙원에서보다 훨씬 더 행복하고 보람 있는 삶을 살았다. 나의 결정은 이런 것이었다.

'싫어하는 일은 그만두자. 그리고 미주리 주 워렌스버그에 있는 주립 교육대학에서 4년간 교육학을 전공했으니 성인들을 가르치는 야간 과정을 만들어서 돈을 벌자. 쉬는 날에는 책을 읽고, 강의를 준비하며, 장편이나 단편소설을 쓰자. 나는 생계를 위해

글을 쓰는 동시에 글을 쓰는 삶을 살기를 원하지 않았던가.'

그럼 야간에 성인들에게 무엇을 가르칠까? 과거를 돌아보며 대학에서 배운 교육을 평가해보니, 대중 연설에 관한 훈련과 경험이 대학에서 배운 것을 모두 합친 것보다 사회생활이나 개인 생활을 하는 데 현실적으로 훨씬 더 가치가 있음을 알게 되었다. 왜? 대중 연설을 통해 나는 소극성과 자신감 부족을 극복하고 사람들을 대하는 용기와 확신이 생겼기 때문이다. 또한 리더십은 용감하게 나서서 자기 생각을 말할 수 있어야 길러질 수 있다는 사실을 분명히 깨달았다.

나는 컬럼비아 대학과 뉴욕 대학의 야간 공개강좌에서 대중 연설을 강의하고 싶어 지원했지만 거절당했다.

당시에는 실망스러웠지만, 지금 생각해보면 두 대학에서 거절당한 게 얼마나 다행인지 신께 감사할 정도다. 덕분에 나는 YMCA 야간학교에서 강의를 시작하게 되었는데, 그곳에서는 단기간 내에 구체적인 결과를 내야 했다. 이는 또 얼마나 큰 도전인가! 성인들이 야간학교에 오는 이유는 학점을 따거나 남에게 보여줄 간판을 따기 위해서가 아니었다. 그들이 그곳을 찾는 이유는 단 하나, 자신들의 문제를 해결하기 위해서였다. 그들은 업무상 모임에서 긴장하지 않고 두 다리로 똑바로 서서 자기의 의견을 제대로 말하고 싶어 했다. 세일즈맨들은 한참

동안 주변을 서성거리며 용기를 내지 않고도 까다로운 고객의 사무실 문을 열고 들어갈 수 있기를 원했다. 그들은 안정과 자신감을 얻고자 했다. 또 사업적으로 성공해 가족을 위해 더 많은 돈을 벌고 싶어 했다. 그들은 수업료를 분할해서 지급하고 있었으므로 만약 원하는 결과를 얻지 못하면 더 이상 돈을 내지 않아도 되었다. 그럴 경우 고정 급여가 아닌 수익금의 일부를 배분받기로 했던 나는 생계에 타격을 입을 수 있었다.

당시 나는 악조건 속에서 강의를 한다고 생각했지만, 지금 생각해보면 돈 주고도 살 수 없는 값진 훈련을 받았다고 생각한다. 나는 학생들에게 동기를 부여하고, 그들이 스스로 문제를 해결하도록 도와야 했다. 또한 매시간 그들에게 영감을 불어넣어 그들이 계속 수업에 나오고 싶도록 만들어야 했다.

흥분되는 도전이었고, 나는 그 일을 좋아했다. 수강생들이 그토록 빨리 자신감을 갖게 되고, 승진하며 보수를 더 받게 되는 모습을 보며 나도 깜짝 놀랐다. 내 강좌는 예상보다 훨씬 큰 성공을 거듭했다. 세 번째 시즌이 지날 무렵이 되자, '하루저녁에 5달러씩 일정액을 지급해달라'라는 내 요구를 거절했던 YMCA가 이익 배분 방식으로 하루에 30달러씩이나 지급해주었다. 처음에는 대중 연설 강의만 진행했다. 하지만 시간이 지나면서 사람들에게는 친구를 만들고 사람들을 설득하는 능력도 필요하다는 사실을 알게 되었다. 인간관계에 관한 적당한 교재를 찾아보았지만 찾을 수가 없어서 내가 직접 쓰기로 결심했다. 내가 쓰긴 했지만, 그 책은 보통의 다른 책과는 다르다. 수천 명의 성인을 대상으로 한 실험과 경험을 통해 진화하듯 자라났다. 나는 그 책에 《인간관계론》이라는 제목을 달았다.

나는 애초에 그 책을 수업용 교재로만 사용할 생각으로 쓴 데다, 이전에 썼던 네 권의 책들이 별로 팔리지 않았기 때문에 그 책이 그렇게 많이 팔릴 줄은 전혀 예상하지 못했다. 아마도 현존하는 작가들 가운데 나만큼 많이 놀란 사람도 별로 없을 것이다.

몇 해가 지나면서 나는 성인들의 또 다른 큰 문제 중 하나가 '걱정'이라는 사실을 알게 되었다. 내 강좌를 듣는 사람들은 대부분 경영인, 영업 사원, 기술자, 회계사 등 비즈니스맨들이었는데, 그들은 업무와 직종에 상관없이 모두들 걱정거리를 갖고 있었다! 수강생 중에는 직장 여성이나 주부 등 여성들도 있었지만, 그들 역시 걱정거리가 있었다. 당연히 나는 걱정을 어떻게 극복할 것인지에 대한 교재가 필요했다. 그래서 다시 한 번 그 주제에 관한 교재를 찾아보기 시작했다. 나는 5번가와 42번가가 만나는 곳에 있는 뉴욕 최대의 공공 도서관에 가보았다. 하지만 놀랍게도 제목에 '걱정(Worry)'이라는 단어가 들어간 책은 22권밖에 없었다. 또 한 가지 특이한 사실은 제목에 '벌레 (Worms)'라는 단어가 들어간 책은 189권이나 되었다. 걱정에 관한 책보다 벌레에 관한 책이 거의 9배나 많다니! 놀랍지 않은가?

걱정은 인류가 처한 가장 큰 문제들 중 하나이기 때문에 미국의 모든 고등학교와 대학교에 당연히 '걱정을 없애는 방법'과 관련된 교육과정이 있을 거라고 생각되지 않는가?

하지만 내가 아는 한 미국에 그런 강좌가 개설된 대학은 한 군데도 없다. 데이비드 시베리가 《성공적으로 걱정하는 법》이란 책에서 다음과 같이 말한 것도 놀랍지 않다. "우리는 어른이 되면서 아무런 준비도 하지 못한 상태에서 책벌레에게 발레를 추게 만들 정도의 압박을 받는다."

그 결과는 어떤가? 병원 침대의 반 이상을 신경이나 감정과 관련된 문제로 입원한 이들이 차지하고 있다. 나는 뉴욕 공립 도서관의 책장에 꽂혀 있던 그 22권의 책을 훑어보았다. 게다가 걱정과 관련해 구할 수 있는 책은 모조리 구입했다. 하지만 교재로 사용할 만한 책은 한 권도 찾을 수 없었다. 그래서 직접 책을 쓰기로 결심했다.

그리하여 7년 전부터 이 책을 쓰기 위한 준비를 시작했다. 어떻게 했을까? 모든 시대에 걸쳐 철학자들이 걱정에 관해 언급한 구절들을 찾아 읽었다. 또 공자에서 처칠에 이르기까지 수백 명의 전기를 읽었다. 게다가 잭 뎀프시, 오마르 브래들리 장군, 마크 클라크 장군, 헨리 포드, 엘리너 루스벨트, 도로시 딕스 등 각 분야의 저명한 인사들과 면담도 했다. 하지만 그것은 시작에 불과했다.

나는 면담이나 독서보다 훨씬 더 중요한 일도 했다. 5년간 성인을 대상으로 하는 강좌에서 걱정 극복을 위한 연구를 진행했다. 내가 아는 한 이런 종류의 실험은 세계 최초이자 유일했다. 실험은 이렇게 진행되었다. 나는 학생들에게 걱정을 없애기 위해 지켜야 할 몇 가지 규칙을 제시하고, 실제 생활에 적용해보도록 한 뒤 그 결과를 다음 수업 시간에 이야기하도록 했다. 어떤 사람들은 걱정을 없애기 위해서 자신이 과거에 사용했던 방법들을 발표하기도 했다.

그 결과 나는 이 세상 누구보다도 사람들이 걱정을 극복한 이야기를 가장 많이 들어본 사람이 되었다고 생각한다. 게다가 우편을 통해 날아온 '나는 어떻게 걱정을 극복했는가'라는 주제의 글을 수백 개나 읽었다. 미국과 캐나다의 219개 도시에서 진행되고 있는 강좌에서 우수하다고 선정된 이야기들이다. 그러므로 이 책은 상아탑에서 나온 게 아니다. 걱정을 어떻게 극복할 수 있는가에 대한 학문적인 강론도 아니다. 대신 나는 수천 명의 성인들이 어떻게 걱정을 극복했는지에 관한 빠르고 간결하게 기록된 보고서를 쓰고자 노력했다. 한 가지 확실한 것은 이 책은 구체적이라는 사실이다. 이 책을 통해 당신은 생생한 이야기를 들을 수 있을 것이다.

다행히 이 책에는 누군지 모를 가상의 인물이나 익명의 '메리'나 '존'에 대한 이야기는 없다. 아주 드문 몇몇 사례를 제외하고는 실제 이름과 동네가 나온다. 이 책에 실린 이야기들은 실제 사례이고, 증명할 수 있는 실제 인물이 존재한다.

프랑스의 철학자 발레리는 "과학은 성공한 처방의 집대성이다"라고 말했다. 이 책이 바로 그렇다. 우리의 삶에서 걱정을 없애는 데 성공적이고 오랜 기간의 경험으로 보증된 처방들을 모아두었다. 하지만 주의해야 할 점이 있다.

당신은 이 책에서 새로운 것은 하나도 보지 못할 것이다. 다만 널리 적용되고 있지 않은 처방들을 많이 보게 될 것이다. 걱정을 없애기 위해 필요한 것은 뭔가 새로운 게 아니다. 우리는 이미 완벽할 만큼 충분히 많은 것을 알고 있다. 우리는 황금률과 산상수훈(山上垂訓)에 대해 이미 알고 있다. 문제는 알지 못하는 것이 아니라 실천하지 못하는 것이다.

이 책의 목적은 오랜 시간을 거쳐 내려온 수많은 기본적인 진리들을 실제 사례를 통해 다시 이야기하면서 케케묵은 느낌을 없애고 오늘날의 현실에 맞게 재해석해 제시하는 것이다. 그리고 나서 당신의 정강이를 걷어차면서 실제 생활에 적용하도록 하는 것이다.

당신이 이 책을 집어 든 것은 이 책이 만들어진 과정을 알기 위해서는 아닐 것이다. 필요한 것은 해결 방법이다. 그러므로 이제 시작해보자. 먼저 이 책을 40쪽까지만 읽어보기 바란다. 그래도 당신이 걱정을 멈추고 삶을 즐길 새로운 힘과 영감을 얻지 못한다면, 이 책을 휴지통에 버려도 좋다. 그런 사람에게는 이 책이 아무런 쓸모가 없기 때문이다.

—데일 카네기

1

걱정에 대해 알아야 할
기본적인 사실

How to

stop

worrying

&

start living

오늘에 충실하라

1871년 봄, 한 청년이 책을 보다가 자신의 미래에 커다란 영향을 미치게 될 21개 단어로 된 한 구절을 읽었다. 몬트리올 종합병원 의대생인 그는 졸업 시험을 통과할 수 있을지, 무엇을 해야 할지, 어디로 가야 할지, 어떻게 실력을 키워야 할지, 어떻게 생활비를 벌어야 할지 걱정하고 있었다.

이 젊은 의대생이 1871년에 읽은 21개 단어는 그가 당대의 가장 유명한 의사가 되는 데 기여했다. 그는 세계적으로 유명한 존스홉킨스 의대를 설립했다. 그리고 대영제국에서 의사에게 부여하는 가장 영예로운 직위인 옥스퍼드 의대의 흠정 강좌 담당 교수로 임명되었으며, 영국 왕실로부터 기사 작위를 받았다. 그가 세상을 떠났을 때, 그의 일대기는 총 1466페이지에 달하는 두꺼운 두 권의 책으로 편찬되었다.

그는 바로 윌리엄 오슬러 경이다. 그가 1871년 봄에 읽고 걱정에 얽매이지 않는 삶을 살 수 있도록 해준 문장은 토마스 칼라일의 다음 문구였다.

"우리가 해야 할 주된 일은 멀리 있는 희미한 것을 바라보는 게 아니라, 당장 눈앞에 명확히 보이는 것을 실천하는 것이다 (Our main business is not to see what lies dimly at a distance, but to do what lies clearly at hand)."

42년 후 교정에 튤립이 만발하던 어느 봄날 저녁에 윌리엄 오슬러 경은 예일대 학생들을 대상으로 강연을 했다. 그는 학생들에게 자신처럼 4개 대학에서 교수직을 맡고 있으며 대중적으로 인기 있는 책을 쓴 사람은 '특별한 능력의 뇌'를 지녔을 거라고 생각하지만, 사실은 그렇지 않다고 단언했다. 그는 자신의 친한 친구들은 그의 뇌가 '지극히 평범하다'라는 사실을 잘 알고 있다고 말했다.

그렇다면 그가 성공할 수 있었던 비결은 무엇일까? 그는 '오늘에 충실하게' 사는 것이 답이라고 말했다. 도대체 무슨 의미일까? 예일대에서 연설을 하기 몇 달 전, 오슬러 경은 대서양을 건너려고 대형 정기선에 탄 적이 있었다. 당시에 그는 선장이 교량 위에 서서 버튼을 하나 누르자, 기계장치가 철컹철컹 소리를 내더니 배를 구획별로 차단해 배에 물이 들어오는 것을 막는 장면을 보게 되었다. 오슬러 박사는 예일대 학생들에게 말했다.

"지금 여러분 한 명 한 명은 대형 여객선보다도 훨씬 우수한 유기체이고 더 먼 여행을 해야 합니다. 저는 여러분에게 '오늘만의 구획'을 만들고 차단벽을 쳐서 오늘에 충실하게 사는 것이 안전하게 항해할 수 있는 가장 확실한 방법임을 강조하고자 합니다. 교량 위에 올라가서 거대한 차단벽이 제대로 작동하는지 살펴보십시오. 여러분 인생의 각 단계마다 버튼을 누르고 철문이 과거, 그러니까 죽어버린 지난날들을 차단하는 소리를 들으십시오. 또 다른 버튼을 눌러 아직 오지 않은 내일인 미래에도 차단벽을 치십시오. 그러고 나면 여러분의 오늘은 안전할 것입니다! (…) 과거를 차단하십시오! 죽은 과거는 죽은 채 묻어두세요. (…) 어리석은 자들을 잿빛 죽음으로 이끌 과거를 막아버리세요. 어제의 짐에 내일의 짐까지 더해서 오늘 지고 간다면 아무리 강한 사람도 비틀거리게 됩니다. 과거를 차단한 만큼 미래도 철저히 차단하십시오. (…) 오늘이 미래입니다. (…) 내일이란 없습니다. 인류 구원의 날은 지금입니다. 체력 낭비, 정신적 고뇌, 신경과민성 근심들은 미래를 불안해하는 사람을 따라다닙니다. (…) 닫으십시오. 선수에서 선미까지 차단벽을 쳐서 '오늘에 충실하게' 사는 습관을 기르도록 하십시오."

오슬러 박사는 진심으로 내일을 위해 어떤 노력도 하지 말라고 말한 것일까? 아니다. 절대 그렇지 않다. 그는 강연을 계속하면서 내일을 준비할 수 있는 가장 좋은 방법이란 우리가 가진 모든 지성과 열정을 오늘 해야 할 일에 집중하는 것이라고 말했다. 그것만이 미래를 준비할 수 있는 유일한 방법이다.

오슬러 경은 예일대 학생들에게 주기도문에 나오는 것처럼 "오늘 우리에게 일용할 양식을 주옵시고"라는 마음으로 하루를 시작하라고 권했다.

주기도문에서는 오늘의 양식만을 구한다는 걸 기억하자. 어제 먹어야 했던 부실했던 양식에 대해 불평하지 않는다. "오, 신이시여, 최근에 양식이 거의 바닥을 보이고 있습니다. 그리고 다시 가뭄이 올지도 모르는데, 다음 가을에 먹을 양식을 어떻게 구할 수 있겠습니까? 혹 제가 직장을 잃는다면, 오, 신이시여, 그때는 또 어떻게 양식을 구할 수 있을까요?"라고 말하지 않는다.

그렇다. 주기도문은 우리에게 단지 오늘의 양식만을 구하라고 가르친다. 오늘의 양식만이 당신이 먹을 수 있는 유일한 양식이다.

수년 전, 무일푼의 철학자가 생계에 어려움을 겪고 있던 메마른 지역을 배회하고 있었다. 어느 날 군중이 그를 둘러싸며 언덕에 모여들었고, 그는 아마도 누구나 한번쯤 들어보았을 가장 많이 인용되는 문장을 읊었다. "그러므로 내일을 위하여 생각하지 마라. 내일 일은 내일 생각할 것이요, 그날의 괴로움은 그날로 충분하니라."

많은 이들이 예수의 말씀 중 "그러므로 내일을 위하여 생각하지 마라(Take no thought for the tomorrow)"라는 말을 받아들이지 못했다. 그 말씀을 단지 실현할 수 없는 이상적인 충고로 여겼고, 일종의 동양적 신비주의로 치부해버렸다. 그들은 "내일을 생각해야만 해. 내 가족을 위해 보험을 들어야 해. 노후를 위해 돈을 저축해야 해. 성공하려면 계획을 세우고 준비해야 해"라고 말한다.

그렇다! 물론 그래야 한다. 예수의 이 말씀이 번역된 300년 전 제임스 왕정 시대에는 이 구절에 사용된 단어들의 의미가 오늘날과는 달랐다. 300년 전에 '생각(Thought)'이라는 단어는 흔히 '염려(Anxiety)'를 의미했다. 최근 번역된 《성경》에서는 "내일 일을 위하여 염려하지 말라(Have no anxiety for the tomorrow)"라고 보다 정확하게 예수의 말씀을 옮기고 있다.

내일을 고려해야 하는 게 당연하고, 주의 깊게 생각하고 계획하며 준비해야 한다. 하지만 불안해지는 마라.

제2차 세계대전 당시 미국 지휘관들은 내일을 계획했지만 걱정하며 시간을 보낼 만큼 여유롭지 못했다. 미 해군을 지휘했던 사령관 어니스트 J. 킹 제독은 이렇게 말했다. "나는 최고의 부대를 투입하고 우리가 가진 최상의 물자를 보급했으며, 그들에게 가장 적절한 임무를 부여했습니다. 내가 할 수 있는 일은 그게 전부였습니다."

해군 사령관 킹은 계속해서 말했다. "배가 이미 침몰했다면 나는 끌어올릴 수 없습니다. 지금 침몰 중이라도 멈추지 못합니다. 저는 과거에 대해 안달하느니 내일을 돌보는 데 시간을 쓰겠습니다. 게다가 과거의 문제에 발목 잡혀 있으면 오래 버티지 못합니다."

전시든 아니든 간에 현명한 사고와 어리석은 사고 사이에는 중요한 차이가 있다. 현명한 사고는 원인과 결과를 따져 논리적이고 발전적인 계획을 이끌어내는 반면, 어리석은 사고는 긴장 상태와 신경쇠약에 이르게 한다.

최근에 나는 운 좋게도 세계에서 가장 유명한 신문 중 하나인 〈뉴욕타임스〉의 발행인 아서 헤이스 설즈버거를 인터뷰했다. 설즈버거는 제2차 세계대전이 유럽을 휩쓸었을 때, 큰 충격과 미래에 대한 두려움 때문에 거의 잠을 이루지 못할 정도였다고 말했다. 그는 종종 한밤중에 침대에서 나와 캔버스와 그림물감을 들고 거울을 쳐다보며 자화상을 그렸다. 그는 그림을 그릴 줄 몰랐지만, 걱정을 떨쳐내기 위해 무작정 그렸다. 설즈버거는 찬송가(새찬송가 379장)에 나오는 다섯 단어, '한 걸음씩 늘 인도하소서(One step enough for me)'를 자신의 좌우명으로 삼고 나서야 걱정을 떨쳐버리고 안식을 찾을 수 있었다고 말했다.

> 내 갈 길 멀고 밤은 깊은데
> 내 가는 길 다 알지 못하나
> 한 걸음씩 늘 인도하소서.

비슷한 시기에 유럽 어딘가에서 군 복무 중인 청년이 이와 같은 교훈을 배우는 중이었다. 그는 메릴랜드 주 볼티모어 시 뉼럼 가 5716번지에 사는 테드 벤저미노라는 청년으로, 평소 너무 걱정하는 통에 극심한 전쟁 피로증을 앓고 있었다. 테드 벤저미노는 이렇게 썼다.

"걱정과 근심에서 비롯된 내 병은 1945년 4월에 의사들이 '급성 횡행결장'이라고 부르는 극심한 고통을 수반하는 상태로까지 발전했다. 당시 전쟁이 끝나지 않았더라면 신체적으로 완전히 무너졌을 게 분명했다.

나는 완전히 지쳐 있었다. 나는 보병 94사단 소속 유해 발굴단 소속 하사관이었다. 내 임무는 모든 전사자, 행방불명자, 부상자들의 이력을 등록하고 관리하는 것이었다. 또한 치열한 전투 중이어서 약식으로 매장할 수밖에 없었던 연합군과 적군 양측의 시신을 발굴하는 업무도 지원하고 있었다. 전사자들의 개인 소지품들을 거둬 그 물건들을 소중하게 간직할 만한 부모나 친척에게 보내는 일도 했다. 나는 터무니없거나 중대한 실수를 저지르지 않을까 하는 두려움 때문에 끊임없이 걱정에 시달렸다. 이 모든 일을 끝까지 잘해낼 수 있을지도 걱정스러웠다. 그리고 한 번도 보지 못한 내 유일한 자식인 16개월 된 아들을 살아서 품에 안아볼 수 있을지도 걱정했다. 너무 많은 걱정과 피로로 몸무게는 15킬로그램이나 줄어들었다. 나는 거의 제정신이 아닐 정도로 극도로 예민한 상태였다. 나는 내 손을 내려다보았다. 양손은 뼈와 가죽밖에 남아 있지 않았다. 신체적으로 폐인이 된 채 집으로 돌아갈 생각에 겁이 났다. 나는 절망에 휩싸였고 아이처럼 흐느껴 울었다. 너무 큰 좌절감에 혼자 있을 때마다 눈물이 솟구쳤다. 벌지 전투가 시작된 직후에는 다시는 정상적인 사람으로 돌아갈 수 없을 거라는 생각에 거의 자포자기 상태로 자주 울음을 터뜨렸다.

결국 나는 육군 의무실에 입원하게 되었다. 그때 한 군의관이 해준 조언은 내 인생을 완전히 바꾸어놓았다. 그는 내 몸을 꼼꼼히 진찰하고 난 뒤, 내 병은 정신적인 원인에 있다고 말했다. '테드, 자네의 인생을 모래시계와 같다고 생각해보게나. 모래시계 위쪽에는 수천 개의 모래알들이 있지. 그 모래알들은 모래시계 중간의 가느다란 틈을 천천히, 그리고 일정하게 통과한다네. 자네나 내가 모래시계를 부수지 않는 한, 이 가느다란 틈으로는 한 번에 모래알 하나밖에 지나가지 못하지. 자네와 나뿐 아니라 다른 모든 사람들도 이 모래시계와 같다네. 아침에 하루를 시작할 때, 우리는 수백 가지의 일을 그날 처리해야만 할 것처럼 생각하지. 하지만 우리가 그 일들을 모래알들이 모래시계의 좁은 틈을 통과하듯이 한 번에 하나씩, 하루에 걸쳐 천천히 차분하게 처리하지 않으면 스스로 자신의 육체와 정신을 망치게 된다네.'

군의관이 이 말을 해준 그날 이후로 나는 계속해서 그 철학을 지켜왔다. '한 번에 모래알 하나, 한 번에 하나씩.' 그 조언은 전쟁 동안 신체적으로나 정신적으로 나를 지켜주었고, 또한 현직장에서 업무를 하는 데도 도움이 되었다. 나는 볼티모어에 있는 커머셜 크레디트 컴퍼니에서 재고 관리를 담당하고 있다. 전쟁 때와 마찬가지로 여러 가지 일을 한번에 처리해야 했는데, 그때와 마찬가지로 그 모든 일을 처리하기에는 시간이 부족한 상황이 발생했다. 우리에게는 일손이 부족했다. 새 양식들, 새로운 재고 배정, 주소 변경, 사무소 개점과 폐점 등 처리해야 할 일들이 너무 많았다. 나는 긴장하고 예민해지는 대신 그 군의관이 해주었던 말을 떠올렸다. '한 번에 모래알 하나, 한

번에 하나씩.' 이 말을 계속 반복함으로써 나는 보다 효율적으로 업무를 처리해나갔고, 전쟁터에서 나를 거의 파멸로 몰고 갔던 당황스럽고 혼란스러운 감정에 사로잡히지 않고 일을 해냈다."

현재 우리의 생활 방식에 관한 언급 중에서 가장 오싹한 말은 누적된 과거와 두려운 미래에 대한 부담 때문에 신경과민과 정신 질환에 걸린 환자들이 병원 침상의 절반을 차지하게 될 거라는 이야기다. 하지만 그런 사람들의 대다수가 "내일 일을 염려하지 마라"라는 예수의 말씀을, 또는 "하루를 일생처럼 살라"라는 윌리엄 오슬러의 말을 새겨듣기만 했더라도 행복하고 보람찬 인생을 살면서 거리를 활보할 것이다.

당신과 나는 지금 이 순간, 지금까지 누적되어온 무한한 과거와 시간의 마지막 부분이 될 미래라는 두 개의 영원이 만나는 자리에 서 있다. 우리는 두 개의 영원 어느 쪽에서도 살 수 없다. 단 1초라도 말이다. 만일 그렇게 하려고 하면 우리의 몸과 마음은 파괴될 것이다. 그러니 우리가 살 수 있는 유일한 시간을 사는 것으로, 지금부터 잠들 때까지 사는 데 만족하기로 하자. 로버트 루이스 스티븐슨은 이렇게 말했다. "자신의 짐이 아무리 무겁더라도 해질녘까지는 누구나 견딜 수 있다. 아무리 힘들더라도 하루 동안이라면 누구나 일할 수 있다. 해가 질 때까지라면 누구나 달콤하게, 참을성 있게, 사랑스럽게, 순수하게 살 수 있다. 그리고 이게 삶이 실제로 의미하는 전부다."

그렇다. 그게 삶에서 우리가 할 수 있는 전부다. 미시간 주 새

기노 시 코트 가 815번지에 사는 E. K. 실즈 부인은 잠자리에 들 때까지만 행복한 마음으로 사는 법을 배우기 전에는 자살 직전까지 치달을 만큼 절망에 빠져 있었다. 부인은 자신의 이야기를 내게 들려주었다.

"1937년에 남편을 잃었습니다. 저는 매우 우울했고, 거기다 거의 무일푼이었습니다. 예전에 일했던 캔자스 시에 있는 로치 파울러 컴퍼니의 사장인 리언 로치 씨에게 편지를 보냈더니 다시 일을 시작할 수 있게 해주었습니다. 예전에 저는 시골과 도시 지역 교육위원회에 책을 팔아 생활비를 벌었거든요. 2년 전 남편이 병을 앓기 시작할 때 차를 팔았는데, 중고차를 다시 사기로 했습니다. 있는 돈을 모두 긁어모아 자동차 계약금을 치른 다음 다시 책을 팔러 나가기 시작했습니다.

차를 다시 몰고 나가면 우울증이 조금은 줄어들지 않을까 생각했는데, 혼자 운전하고 식사하는 건 견디기 힘들었습니다. 어떤 지역에서는 실적이 좋지 못했고, 벌이가 적은 만큼 자동차 할부금도 갚기 어려웠습니다.

1938년 봄, 미주리 주 베르사유 시에서 일하고 있을 때였어요. 학교들은 재정 상태가 좋지 않았고 길은 험했습니다. 어찌나 외롭고 의욕이 없던지 한번은 자살까지도 생각했습니다. 내게 성공은 불가능해 보였습니다. 살아야 할 이유가 없었죠. 매일 아침마다 일어나서 삶을 마주하는 게 두려웠어요. 차 할부금을 갚을 수 있을까, 방세는 낼 수 있을까, 먹을 건 살 수 있을까 모든 게 두렵기만 했어요. 건강은 나빠지고 있었고, 병원비를 낼 돈이 없어서 겁이 났어요. 제가 자살하지 않았던 건 순전히 여동생이 너무 슬퍼할까 봐, 그리고 제 장례식 비용을 지불할 돈이 없었기 때문이었지요.

그 무렵에 저는 어떤 글을 하나 읽게 되었는데, 덕분에 마음을 추스르고 계속 살아갈 수 있는 용기를 얻었습니다. 저는 그 글 중에서 특히 제게 용기를 준 한 문장을 보고 느꼈던 고마움을 절대 잊지 못할 거예요. 그 문장은 '현자에게는 매일매일이 새로운 삶이다'였습니다. 저는 그 문장을 타이프로 쳐서 운전하면서 매 순간 볼 수 있도록 차 앞 유리창에 붙여두었습니다. 한 번에 단 하루를 사는 건 그리 어려운 일이 아니라는 걸 깨달았어요. 저는 지나간 날들을 잊는 법과 다가올 날들에 대해 걱정하지 않는 법을 배웠어요. 매일 아침 스스로에게 이렇게 되뇌었죠. '오늘은 새로운 삶이다.'

그러자 외로움과 가난에 대한 두려움을 극복해낼 수 있었습니다. 지금 저는 행복하고, 그런대로 성공도 했으며, 삶에 대한 열정과 애정으로 충만합니다. 이제는 살아가면서 어떤 일이 생기더라도 절대 다시는 두려워하지 않을 거예요. 미래를 두려워하지 않아도 된다는 걸 아니까요. 지금은 '현자에게는 매일매일이 새로운 삶이다', 그러니까 한 번에 하루를 살아가면 된다는 사실을 아니까요."

다음과 같은 시를 누가 썼을지 생각해보라.

행복하도다, 홀로 행복하도다.

오늘을 자신의 것이라고 말할 수 있는 사람.

확신에 차서 이렇게 말할 수 있는 사람.

"내일이여, 네가 아무리 악독해도, 나는 오늘을 살리니."

요즘 지은 시처럼 들리지 않는가? 사실 이 문장은 기원전 30년 로마의 시인 호라티우스가 쓴 글이다.

인간 본성에 대해 내가 아는 가장 비극적인 사실 중의 하나는, 우리 모두가 현재를 살기보다 미래를 위해 현재를 미루는 경향이 있다는 것이다. 우리 모두는 오늘 창밖으로 피어나고 있는 장미들을 보며 즐거워하는 대신 지평선 너머에 있을지도 모르는 마법의 장미 정원을 꿈꾼다. 우리는 왜 이토록 애처로운 바보인 걸까?

캐나다의 유머 소설가이자 경제학자인 스티븐 리콕은 이렇게 말했다.

"얼마나 이상한지, 보잘것없는 인생의 진척이란. 아이들은 '내가 소년이 되면'이라고 말한다. 그러나 그렇게 되고 나면 어떨 것 같은가? 소년이 되고 나면 '내가 성인이 되면'이라고 말하고, 그다음 성인이 되면 '내가 결혼하게 되면'이라고 말한다. 그러나 결혼하고 나면 그 후엔? 이 생각은 '내가 은퇴할 때가 되면'까지 이어진다. 그런 다음 은퇴 시기가 다가오면 그제야 찬바람만 휑하니 지나가는 허허벌판 같은 자신의 허망한 인생을 돌아본다. 이미 모든 걸 놓쳐버리고 인생이 지나가 버린 후다. 삶이란 현재를, 즉 매일매일 매시간의 단위로 살아가는 것이라는 사실을 우리는 너무 늦게 배운다."

디트로이트 시에 살았던 에드워드 에반스는 걱정으로 거의 자살 직전까지 가서야 삶이 "현재를, 즉 매일매일 매시간의 단위로 살아가는 것"이라는 사실을 깨달았다. 가난하게 자란 에드워드 에반스는 신문팔이로 처음 돈을 벌기 시작했고, 다음엔 마트 점원으로 일했다. 먹여 살려야 하는 부양가족이 7명이나 되었던 에반스는 후에 도서관 보조 사서로 취업했다. 급여는 작았지만 그만둘 용기가 없었다. 8년이 지나서야 그는 자기 사업을 시작할 용기를 낼 수 있었다. 대출받은 초기 투자금 55달러로 시작한 사업은 1년에 2만 달러의 수익을 냈다. 그러나 그 후 극심한 경기 침체가 닥쳤다. 에반스는 큰 금액을 빌린 친구의 보증을 섰는데, 그 친구가 그만 파산하고 말았다.

엎친 데 덮친 격으로 자신의 자산을 모두 맡겨두었던 은행이 파산했다. 그는 전 재산을 잃었을 뿐 아니라 1만 6000달러에 달하는 부채를 짊어져야 했다. 에반스는 극심한 스트레스에 시달렸다.

"저는 잘 수도 먹을 수도 없었습니다. 원인도 모른 채 앓기 시작했지요. 걱정하고 또 걱정했습니다. 걱정 말고는 할 수 있는 게 아무것도 없었습니다. 그게 제 병의 원인이었죠. 하루는 길을 걸어가고 있었는데, 현기증이 났고 보도에 쓰러졌습니다. 더 이상 걸을 수가 없었죠. 그래서 입원을 했는데, 몸에 종기가 나기 시작했습니다. 근심과 걱정으로 인한 심적 고통이 침대에 눕자 몸 밖으로 표출된 게 그 종기들이었어요. 하루하루 건강은 악화되기만 했습니다. 결국 의사는 앞으로 살날이 2주밖에 남지 않았다고 말하더군요. 충격이었습니다.

저는 유언장를 작성했고 침대에 누워 죽음을 기다렸지요. 더 이상 몸부림치는 것도, 걱정하는 것도 소용이 없었습니다. 모든 걸 포기하고 나자 몸이 이완되면서 잠에 빠져들었습니다. 저는 몇 주 동안 계속해서 2시간 이상을 자본 적이 없었는데, 외려 죽음이 가까이 다가왔다고 하니 아기처럼 잘 수 있었습니다. 그러자 저를 기진맥진하게 만들었던 피로감이 사라지기 시작했습니다. 입맛이 돌아왔고 몸무게도 늘었지요.

몇 주 후, 저는 목발을 짚고 걸을 수 있게 되었습니다. 그리고 6주 후에는 다시 일을 시작할 수 있었지요. 그전에는 연 2만 달러를 벌었지만, 그때는 주급 30달러짜리 일도 즐거웠습니다. 자동차를 선적할 때 자동차 바퀴 뒤에 놓는 블록을 판매하는 일이었죠. 그동안 저는 교훈을 얻었습니다. 더 이상 나 자신을 걱정하지 말자, 과거에 어떤 일이 있었는지에 대해 후회하지도, 미래를 두려워하지도 말자. 저는 제 시간과 능력, 그리고 열정을 모두 그 블록을 파는 데 바쳤습니다."

에드워드 에반스는 빠르게 재기에 성공했다. 몇 년 만에 그는 회사의 대표가 되었다. 그가 설립한 에반스 프로덕트 컴퍼니는 수년 전에 뉴욕 증권거래소에 상장되었다. 에반스가 사망하던 1945년 당시 그는 미국에서 가장 혁신적인 사업가 중 한 명이었다. 당신이 비행기로 그린란드를 가게 된다면 그의 이름을 딴 에반스 비행장에 내릴지도 모른다.

이야기의 요점은 이렇다. 만일 에드워드 에반스가 걱정만 하는 것이 얼마나 어리석은 일인지 깨닫지 못했다면, 즉 하루하루를 충실하게 사는 법을 깨닫지 못했다면 그는 일에서든 일상에서든 결코 성공하지 못했을 것이다.

《거울 나라의 앨리스》에 나오는 화이트 퀸은 이렇게 말했다. "보통 내일의 잼도 있고, 어제의 잼도 있지만, 오늘을 위한 잼은 결코 없단다." 우리들 대부분도 이와 같다. 지금 당장 빵 위에 오늘의 잼을 바르는 대신 어제 발랐던 잼을 생각하고, 내일 바를 잼을 걱정한다.

심지어 프랑스의 위대한 철학자 몽테뉴도 이런 실수를 저질렀다. 그는 이렇게 말했다. "내 삶은 대부분 일어나지 않은 끔찍한 불운으로 가득했다." 내 삶도 그렇고 당신의 삶도 마찬가지다.

단테는 이렇게 말했다. "오늘이 결코 다시 올 수 없음을 기억하라." 인생은 놀라운 속도로 지나간다. 우리는 초속 30킬로미터의 속도로 우주를 질주하고 있다. 오늘은 우리의 가장 소중한 재산이다. 또한 우리의 유일하고 확실한 자산이다.

기원전 5세기경 그리스의 철학자 헤라클레이토스는 자신의 제자들에게 "변화의 법칙을 제외하고 모든 것은 변한다"라고 말했다. 또한 그는 "너희들은 절대 같은 강물에 두 번 발을 담글 수 없다"라고 말했다. 강은 매순간 변하고, 그 강에 발을 담그는 사람도 마찬가지다. 인생은 끊임없이 변한다. 확실한 건 오늘뿐이다. 누구나 끊임없는 변화와 불확실성에 둘러싸여 있으면서도, 왜 예측 불가능한 미래의 문제를 해결하려 애쓰느라 오늘을 사는 아름다움을 망치는가?

옛 로마에서는 이를 한마디로 정리했다. 실은 두 단어로 되어 있다. 카르페 디엠(Carpe diem). "오늘을 즐겨라." 또는 "현재를 잡아라." 그렇다. 현재를 잡아라. 그리고 최대한 즐겨라.

로웰 토마스의 인생관 역시 그랬다. 최근에 나는 그의 농장에서 주말을 보낸 적이 있다. 그때 나는 그가 《성경》의 〈시편〉 118편에 나오는 한 구절을 액자에 담아 자주 볼 수 있도록 자신의 방송 스튜디오 벽에 걸어둔 것을 보았다.

이 날은 여호와께서 정하신 것이라,
이 날에 우리가 즐거워하고 기뻐하리로다.

존 러스킨은 '오늘'이라는 단어가 새겨진 평범한 돌 하나를 자신의 책상 위에 올려놓았다. 나는 책상 위에 돌을 올려놓진 않았지만, 매일 아침 면도할 때마다 볼 수 있게 거울에 시 한 구절을 붙여두었다. 윌리엄 오슬러 경이 항상 자신의 책상에 놓아두던 시로, 유명한 인도 극작가 칼리다사가 쓴 시였다.

새벽에 바치는 인사

오늘에 주목하라!
오늘이 삶이다. 삶 중의 삶.

오늘이라는 짧은 삶의 과정 안에
당신 존재의 진리와 현실이 모두 놓여 있다.
성장으로 얻는 더없는 행복이
행동으로 받는 은혜가
성취로 얻는 영광이
어제는 하나의 꿈이고
내일은 그저 환상일 뿐
만족스러운 오늘은 어제를 행복한 꿈처럼
모든 내일을 희망이 있는 환상으로 만든다.
그러니 오늘에 주목하라!
그것이 새벽에 바치는 인사.

그러므로 걱정에 대해 우선 알아야 할 사실은 이것이다. 당신이 삶에서 걱정을 떨쳐내고 싶다면, 윌리엄 오슬러 경이 했던 대로 하라.

 걱정에 대해 알아야 할 기본적인 사실 1

과거와 미래를 철문으로 차단하고 오늘에 충실하게 살라.

스스로에게 다음과 같은 질문을 하고 답을 적어보라.

1. 미래에 대한 걱정 때문에 현재를 사는 것을 미루거나 '지평선 너머 어딘가에 있는 마법의 장미 정원'과 같은 것을 갈망하는 경향이 있지 않은가?

2. 과거에 일어난, 이미 다 끝나버린 일들을 후회하느라 현재를 또다시 후회할 과거로 만드는 일은 없는가?

3. 아침에 일어나면서 24시간을 최대한 활용하기 위해 '오늘을 잡겠다'라는 결심을 하는가?

4. '오늘에 충실하게 생활'함으로써 더 나은 삶을 얻게 될까?

5. 언제부터 이렇게 시작할 것인가? 다음 주? 내일? 오늘?

걱정스런 상황을 해결하는
마법의 주문

이 책을 더 읽지 않고도 지금 바로 걱정스러운 상황을 해결하는 데 적용할 수 있는 빠르고 확실한 방법을 알고 싶은가?

그렇다면 냉방 산업을 개척했던 뛰어난 기술자이며, 지금은 뉴욕 주 시러큐스 시에서 세계적으로 유명한 캐리어 사를 운영하는 윌리스 H. 캐리어가 제안한 방법을 들려주겠다. 이 방법은 내가 들어본 걱정을 해소하는 가장 탁월한 방법 가운데 하나로, 뉴욕에 있는 엔지니어스 클럽에서 점심을 먹으면서 캐리어로부터 직접 들은 비법이다. 캐리어는 다음과 같이 말했다.

"젊은 시절에 뉴욕 주 버펄로에 있는 버펄로 단조 회사에서 일했던 적이 있습니다. 미주리 주 크리스탈에 있는 수백만 달러가 투입된 피츠버그 판유리 회사의 공장에 가스 정화 장비를 설치하라는 업무가 저한테 주어졌지요. 설치 목적은 가스에서 나오는 불순물을 제거해서 엔진의 마모 없이 불을 지필 수 있도록 하는 것이었습니다. 이 가스 정화 방식은 새로 도입된 방법이었습니다. 이전에 다른 조건하에서 딱 한 번 시도된 적이 있을 뿐이었지요. 그래서 미주리 주 크리스탈에서 작업하던 중 예기치 않은 장애들이 발생했습니다. 어느 정도 작동을 하긴 했지만 우리가 예상했던 만큼 충분하게 작동하지 않는 것이었습니다.

실패했다는 사실에 저는 망연자실했습니다. 마치 머리를 한 대 얻어맞은 듯한 기분이었죠. 뱃속이 뒤틀리고 뒤집히기 시작했습니다. 한동안 너무 걱정이 돼서 잠을 잘 수가 없었어요.

그러다가 걱정은 어떤 결론도 내주지 않는다는 상식적인 생각이 떠올랐습니다. 그래서 걱정하지 않고 문제를 다루는 방법을 생각해냈습니다. 굉장히 효과적이었어요. 저는 지금까지 30년 넘게 이 걱정 대처 기술을 사용해오고 있습니다.

간단합니다. 누구라도 사용할 수 있어요. 방법은 3단계로 되어 있습니다.

1단계. 저는 상황을 대담하고 공정하게 분석했고, 실패한 결과 일어날 수 있는 가장 최악의 상황이 무엇인지 생각했습니다. 누구도 저를 감옥에 보내거나 총으로 쏴 죽이지는 않을 거라는 것이었죠. 그건 확실했습니다. 물론 제가 직장을 잃거나, 제 고용주가 장비를 제거하고 투자금인 2만 달러를 잃을 수는 있었습니다.

2단계. 일어날 수 있는 최악의 상황을 고려한 후 필요하다면 그걸 받아들여야 한다는 걸 인정했습니다. 이번 실패로 제 경력에는 흠이 생길 테고 직장을 잃을지도 모른다고 생각했죠.

하지만 직장은 곧 다시 찾아보면 됩니다. 상황은 더 나빠질 수도 있었습니다. 그리고 고용주들 입장에서 보더라도 새로운 가스 정화 기법을 실험하고 있는 중이라는 걸 알고 있었기에 2만 달러는 실험 투자 비용이라고 생각하면 되었습니다. 실험에 대한 연구 비용으로 처리해도 되죠.

가능한 최악의 상황을 고려하고 필요하다면 스스로 이를 받아들여야 한다고 인정하자 상황은 극적으로 전환되었습니다. 그 즉시 긴장이 풀렸고, 며칠 동안 경험하지 못했던 평온함을 느꼈습니다.

3단계. 그 이후로는 마음속으로 예상했던 최악의 상황을 전제로 차분하게 현재의 상황을 조금이나마 개선하는 데 시간과 노력을 기울였습니다. 저는 지체 없이 2만 달러의 손실을 줄일 수 있는 방법을 찾기 위해 최선을 다했습니다. 몇 번의 테스트를 거쳐 우리가 5000달러를 더 들여서 추가로 장비를 설치하면 문제가 해결될 수 있다는 걸 알아냈습니다. 우리는 그렇게 했고, 회사는 2만 달러를 날리는 대신 1만 5000달러를 벌어들일 수 있었습니다.

계속 걱정만 하고 있었더라면 절대 해낼 수 없는 일이었습니다. 걱정의 가장 나쁜 속성 가운데 하나는 집중력을 흐트리는 것이기 때문입니다. 걱정에 휩싸여 있을 때는 마음만 오락가락하고 어떤 결정도 내릴 수 없게 됩니다. 하지만 스스로를 최악의 상황에 직면시키고 이를 제대로 수용한다면, 모든 막연한 가정들이 제거되고 눈앞에 닥친 문제에 집중할 수 있게 됩니다.

제가 경험했던 이 일은 오래전에 일어난 일입니다. 그런데 효과가 너무 좋아서 그 이후로 항상 이 방법을 사용하고 있습니다. 그 결과 제 삶에는 거의 아무런 걱정도 없습니다."

심리적으로 볼 때, 윌리스 H. 캐리어의 비법은 왜 그렇게 중요하고 유용한 것일까? 우리가 걱정에 눈이 멀어 어둠 속을 헤매고 있을 때 빠져나올 수 있도록 해주기 때문이다. 이 방법은 우리가 대지에 두 발을 단단히 딛고 제대로 설 수 있도록 해준다. 그러면 우리는 어디에 서 있는지 알게 된다. 발밑에 단단한 땅이 없다면 도대체 어떻게 문제를 헤쳐나갈 생각을 하겠는가?

응용심리학의 선구자인 윌리엄 제임스 교수는 38년 전에 세상을 떠났다. 하지만 만약 제임스 교수가 지금 살아 있고 최악의 상황에서 벗어나는 캐리어의 비법을 듣는다면 열렬히 지지할 것이다. 그걸 어떻게 아냐고? 제임스 교수는 제자들에게 이렇게 말했기 때문이다. "있는 그대로 받아들여라. (…) 있는 그대로 받아들여라. (…) 일어난 일을 받아들이는 것은 불운을 극복하는 첫 번째 단계다."

린위탕의 저서로 널리 읽히고 있는 《생활의 발견》에서도 같은 생각이 나타나 있다. 이 중국 철학자는 "진정한 마음의 평화는 최악의 상황을 받아들이는 것에서부터 시작된다. 심리학적으로 이는 에너지 방출을 의미한다"라고 말했다.

정확히 그렇다! 심리학적으로 이는 새로운 에너지의 방출이다! 우리가 최악의 상황을 받아들이는 순간, 우리는 더 이상 잃을 것이 없다. 그리고 이는 자동적으로 우리가 얻을 것밖에 없는 상황임을 의미한다. 캐리어는 이렇게 말했다. "최악의 상황을 직시하자 바로 긴장이 풀렸고, 며칠 동안 느껴보지 못했던 평온함을 느꼈습니다. 그 이후에서야 제대로 사고(思考)를 할 수 있게 되었습니다."

맞는 말이다. 그렇지 않은가? 하지만 수백만의 사람들은 최악의 상황을 받아들이고 개선시켜 그 상황에서 할 수 있는 것을 찾으려 하지 않는다. 그러다 보니 극심한 불안 속에서 삶을 파괴하고 만다. 그들은 자신들의 운명을 다시 쌓으려고 노력하는 대신 쓰디쓴 '경험과의 격렬한 투쟁'에 빠져들면서 우울증이라는 음울한 집착의 희생자로 막을 내린다.

다른 사람들이 캐리어의 비법을 받아들여 자신의 문제에 어떻게 적용했는지 알고 싶은가? 그렇다면 여기 내 강좌의 수강생이었던 뉴욕에 사는 석유 판매상에 관한 사례가 있다. 그 수강생은 이렇게 말했다.

"저는 협박을 받고 있었습니다. 그런 일은 영화에서나 일어나지 실제로 저한테 일어날 거라고 생각지도 못했는데, 실제로 제가 협박을 받고 있었어요! 사건의 전말은 이렇습니다. 저는 몇 대의 배달 트럭과 기사들을 둔 정유 회사의 사장이었습니다. 당시는 물가관리국 규제가 엄격하던 시절이라 우리는 고객에게 배달할 수 있는 석유의 양을 할당받고 있었습니다. 그런데 저는 모르고 있었지만, 기사들 중 몇몇이 고정 고객들에게 석유를 정량보다 모자라게 배달하고는 남은 기름을 자기들 고객에게 몰래 팔고 있었던 모양입니다.

이런 불법 거래를 처음 눈치챈 건 어느 날 한 정부 조사관이라는 사람이 저를 찾아왔을 때였습니다. 그는 저에게 불법을 눈감아주겠다며 대가를 요구했습니다. 조사관은 우리 배달 기사들이 저지른 비리를 증명할 서류를 가지고 있었고, 제가 돈을 내놓지 않으면 경찰청에 증거를 넘기겠다고 협박했습니다.

물론 저는 최소한 개인적으로는 걱정할 게 없다는 걸 알고 있었습니다. 하지만 회사가 직원들의 행위에 책임이 있다는 규정도 알고 있었지요. 게다가 만일 법정 소송까지 가게 되고 기사화된다면, 나쁜 평판 때문에 사업이 타격을 입을 거라는 생각도 들었습니다. 저는 24년 전에 아버지가 시작하신 그 사업을 자랑스럽게 생각하고 있었습니다.

너무 걱정되었고 괴로웠습니다! 3일 밤낮을 먹지도 자지도 못했습니다. 저는 그저 미친 듯이 같은 생각만 계속 반복하고 있었지요. 5000달러를 줘야 할까, 아니면 그자에게 꺼지고 알아서 하라고 해야 할까? 어느 쪽으로든 마음을 정하려고 해도 악몽 같았어요.

그러던 어느 일요일 밤, 저는 우연히 대중 연설에 관한 카네기 강좌에 참석했다가《걱정을 멈추는 법》이라는 소책자를 보게 되었습니다. 그 책을 읽다가 윌리스 캐리어의 이야기를 보게 되었지요. 거기에는 '최악의 상황을 직시하라'라는 말이 있었습니다. 그래서 제 스스로에게 물어보았습니다. '내가 돈을 주지 않겠다고 해서 그 협박범이 경찰청에 기록을 넘겼을 때

발생할 수 있는 최악의 상황은 뭘까?'

최악의 상황은 사업이 망하는 것이었습니다. 제가 감옥에 갈 리는 없었습니다. 일어날 수 있는 상황은 평판이 나빠져 망할 것이라는 게 전부였죠.

그러고 나자 이런 생각이 들었습니다. '좋아, 사업은 망했어. 마음으로 받아들이자. 다음은 뭐지?' 그러고는 계속해서 생각했습니다.

'그래, 사업이 망한다고 해도 직업을 구할 수 있을 거야.' 그 것도 나쁘지 않았습니다. 저는 석유에 대해 많이 알고 있었고, 저를 고용하길 원하는 회사가 몇 군데 정도는 있을 거라고 생각했죠. 기분이 나아지기 시작했습니다. 3일 밤낮으로 시달렸던 공포가 조금씩 걷히기 시작했어요. 감정은 가라앉았습니다. 그러자 놀랍게도 생각을 할 수 있게 되었습니다.

최악의 상황을 개선하는 3단계에 이를 만큼 충분히 머리가 맑아졌습니다. 해결책들을 생각하기 시작하자 완전히 새로운 시각이 저절로 드러났습니다. 내가 변호사에게 모든 상황을 말하면, 변호사는 내가 생각지 못했던 방법을 찾아낼지 모른다는 생각이 떠올랐습니다. 진작 이런 생각을 떠올리지 못했다는 게 바보같이 들린다는 걸 알지만, 저는 그동안 생각은 전혀 하지 못하고 그저 걱정에만 빠져 있었던 거죠! 바로 다음 날 아침에 일어나자마자 변호사를 만나러 가기로 마음먹고는 침대에 누워 바로 곯아떨어졌어요!

어떻게 됐냐고요? 다음 날 변호사는 제게 지방 검사를 만나러 가서 사실대로 말하라고 말해주었습니다. 그래서 그대로 했습니다. 제 얘기를 다 들은 지방 검사는 제가 깜짝 놀랄 만한 얘기를 해주었습니다. 이런 공갈 협박 사건이 몇 달에 걸쳐 일어나고 있었고, '정부 조사관'을 사칭하는 자를 현재 경찰에서 수배 중이라고요. 지난 3일 밤낮을 이 전문 사기꾼에게 5000달러를 건네줄지 말지를 고민하며 괴롭게 보내고 나서 이 말을 들으니 어찌나 안심이 되던지요!

이 경험으로 저는 영원히 잊지 못할 교훈을 얻었습니다. 지금은 문제가 생겨 걱정하지 않을 수 없는 다급한 문제들을 직면할 때마다 '윌리스 캐리어 비법'을 적용합니다."

캐리어가 미주리 주 크리스탈에서 어려운 문제로 고민하고 있던 바로 같은 시기에 네브래스카 주 브로큰 보우에서는 한 남자가 유언장을 작성 중이었다. 얼 해니라는 남자였는데, 십이지장 궤양을 앓고 있었다. 유명한 십이지장 전문의를 포함해 세 명의 의사가 해니의 병을 '불치병'으로 진단했다. 그들은 해니에게 먹지 말아야 할 것들을 이것저것 알려주었고, 절대 안정을 취해야 하니 안달하거나 걱정하지 말라고 했다. 의사들은 또 해니에게 유언장을 작성하라고도 했다!

궤양으로 인해 해니는 안정적이고 보수도 높은 직장을 그만두었다. 그는 죽음을 기다리는 것 말고는 할 일이 없었다.

그 무렵 해니는 매우 값진 결정을 내렸다. 해니는 이렇게 말했다. "살날이 얼마 남지 않았으니 남은 시간을 잘 보내고 싶었습니다. 저는 항상 죽기 전에 세계 일주를 하고 싶었어요. 제가 그 일을 하려고 한다면 바로 지금 해야만 했죠." 그래서 해니는 여객선 표를 끊었다.

의사들은 어이없어했다. 그들은 해니에게 "경고하지만 이 여행을 간다면 당신은 바다에 수장될 겁니다"라고 말했다.

해니는 이렇게 대답했다. "아니요. 그렇지 않을 겁니다. 저는 네브래스카 주 브로큰 보우에 있는 가족 묘지에 묻히겠다고 친인척들과 약속했습니다. 그래서 관을 사서 여행할 때 가지고 갈 겁니다."

해니는 실제로 관을 구매했고, 배에 실은 다음 자기가 사망하게 되면 여객선이 고향으로 돌아올 때까지 냉동고에 시신을 보관해달라고 정기선 회사와 계약을 맺었다. 그는 페르시아의 시인 오마르 하이얌이 지은 다음과 같은 시구에 나오는 기분을 맛보며 여행을 떠났다.

아, 아직 남은 시간에 최선을 다하라,
우리 또한 흙으로 돌아가리니
흙에서 흙으로, 흙 아래 누워
와인도 없고, 노래도 없고, 가수도 없고, 그리고 끝도 없이!

하지만 해니는 '와인도 없는' 여행을 하지는 않았다. 그가 내게 쓴 편지에는 "저는 여행 중 하이볼도 마셨고 기다란 시가도 피웠습니다"라고 쓰여 있다. 그 편지가 지금 내 앞에 놓여 있다.

"저는 제 죽음을 앞당길지도 모르는 특이한 현지 음식들을 포함해 모든 종류의 음식들을 먹어보았습니다. 지난 몇 년간보다 훨씬 즐거운 시간을 보내고 있습니다! 저는 당장 죽을지도 모르는 폭풍과 태풍도 거쳤는데, 전에는 마냥 공포에만 사로잡혀 있었다면 이제는 그 모든 모험들이 흥미롭기까지 했습니다.

저는 배 안에서 게임도 즐기고 노래도 부르고, 거의 밤을 새워가며 새로운 친구들도 사귀었습니다. 여행 중 중국과 인도에 도착해 그곳의 빈곤과 굶주림도 눈으로 확인했습니다. 그에 비하면 제가 고향으로 돌아가서 맞닥뜨려야 하는 사업상의 문제들이나 걱정거리들은 아무것도 아니라는 걸 깨달았습니다. 저는 더 이상 어떤 어리석은 걱정도 하지 않았고 기분이 좋아졌습니다. 제가 미국으로 돌아왔을 땐 몸무게가 40킬로그램이나 불어 있었습니다. 전 제가 궤양을 앓고 있다는 사실조차 거의 잊고 있었습니다. 제 생애에 이보다 좋은 적은 없었습니다. 저는 돌아오자마자 관을 장의사에게 되팔았고 다시 일을 시작했습니다. 그 후로 하루도 아픈 적이 없습니다."

얼 해니는 자신도 모르게 캐리어가 근심을 다루기 위해 사용한 방법과 똑같은 방법을 사용한 것 같다고 내게 말했다.

"첫째, 저는 스스로에게 이렇게 물어보았습니다. '일어날 수 있는 최악의 상황은 무엇인가?' 그 대답은 죽음이었습니다.

둘째, 저는 죽음을 받아들일 마음의 준비를 했습니다. 그렇게 하지 않을 방법이 없었죠. 선택의 여지가 없었으니까요. 의사들조차 가망이 없다고 진단한 상황이었습니다.

셋째, 저에게 남은 짧은 시간을 최대한 즐기는 것으로 상황을 낮게 만들려고 노력했습니다. 만약 배에 오르고서도 계속 걱정만 하고 있었다면, 여행에서 돌아오는 길에 저는 틀림없이 관 속에 누워 있었을 겁니다. 하지만 저는 마음을 편히 하고 모든 걸 잊었습니다. 그러자 마음의 평화로 인해 솟구친 에너지가 제 생명을 구해주었습니다."

그러므로 두 번째 규칙은 이것이다. 만약 걱정거리가 있다면 윌리스 캐리어의 비법 3단계를 적용해보자.

 걱정에 대해 알아야 할 기본적인 사실 2

1. "일어날 수 있는 최악의 상황은 무엇인가?"
   하고 스스로에게 물어보라.

2. 만약 해야만 한다면 최악의 상황을 받아들일 각오를 하라.

3. 차분히 최악의 상황을 개선하기 위해 노력하라.

걱정이 우리에게 미치는 영향

'걱정에 대처하는 법'을 모르는 비즈니스맨은 오래 살지 못한다.

—알렉시 카렐 박사

얼마 전 저녁때의 일이다. 이웃에 사는 어떤 사람이 우리 집 현관 벨을 누르더니 나와 우리 가족에게 천연두 예방접종을 받으라고 권했다. 그는 뉴욕 전역에서 현관 벨을 울려대는 수천 명의 자원봉사자들 중 한 명에 불과했다. 겁이 난 사람들은 예방접종을 받으려고 몇 시간이나 줄을 섰다. 병원뿐 아니라 소방서와 경찰서, 그리고 큰 공장에도 예방접종소가 설치되었다. 2000여 명이 넘는 의사와 간호사들이 밀려드는 사람들에게 예방접종을 하기 위해 밤낮 없이 분주히 일했다. 이런 모든 소동의 원인은 무엇이었을까? 뉴욕 800만 인구 중 8명이 천연두에 걸렸고, 그중 2명이 사망했기 때문이다. 약 800만 명의 인구 중 단 2명.

지금 나는 37년 이상 뉴욕에 살고 있다. 하지만 천연두보다 피해 규모가 1만 배는 더 큰 정서적 질병인 걱정을 경고하려고 벨을 눌렀던 사람은 아직까지 한 명도 없었다.

　　현관 벨을 울린 어느 누구도 내게 현재 미국에 사는 사람 10명 중 1명이 걱정과 심리적 갈등으로 인한 신경쇠약에 걸리게 될 것이라고 경고해주지 않았다. 그래서 당신에게 경고해주려고 이 장을 쓰고 있다. 노벨 의학상 수상자인 알렉시 카렐 박사는 "걱정에 대처하는 법을 모르는 비즈니스맨은 오래 살지 못한다"라고 했다. 주부, 수의사, 벽돌공도 마찬가지다.

　　몇 년 전 나는 산타페 철도 회사의 의료 간부 중 한 명인 O. F. 고버 박사와 함께 차로 텍사스와 뉴멕시코를 돌며 휴가를 함께 보냈다. 고버 박사의 정확한 직함은 '걸프 콜로라도 앤드 산타페 병원연합 내과장'이었다. 우리는 걱정의 영향에 대해서 얘기를 나누게 되었는데, 박사는 이렇게 말했다. "내과에 오는 환자 70퍼센트는 걱정과 두려움만 없애면 자연스레 낫습니다. 그들의 병이 상상이라고 말하는 게 아닙니다. 그들은 욱신거리는 치통만큼이나 아픈 게 사실이며, 때로는 100배쯤 더 심하기도 합니다. 이런 질병으로는 신경성 소화불량, 일부 위궤양, 심장병, 불면증, 일부 두통과 특정 종류의 마비 등을 들 수 있습니다."

　　고버 박사는 계속해서 말했다. "이 증상들은 실제로 발생합니다. 제가 12년 동안 위궤양을 앓았기 때문에 분명히 말씀드릴 수 있습니다.

두려움은 걱정을 낳습니다. 걱정은 우리를 긴장시키고 초조하게 해서 위 신경에 영향을 주고, 실제로 위산을 비정상으로 바꾸어 자주 위궤양을 유발합니다."

《신경성 위장 질환》이라는 책을 쓴 조셉 F. 몬태규 박사도 같은 말을 한다. "위궤양은 '우리가 먹는 것' 때문이 아니라 '우리를 먹고 있는 것' 때문에 생깁니다."

메이오 클리닉의 W. C. 앨버레즈 박사는 이렇게 말했다. "궤양은 정신적 스트레스의 강약에 따라 갑자기 심해지기도 하고 진정되기도 합니다."

메이오 클리닉에서 위장 질환을 치료받은 환자 1만 5000명을 조사한 결과가 앨버레즈 박사의 말을 뒷받침해준다. 위장 질환을 앓는 5명 중 4명은 어떠한 신체적 원인도 없었다. 대개 위장병과 위궤양의 원인은 두려움, 걱정, 증오, 극도의 이기심, 현실 세계의 부적응 등이었다. 위궤양으로 사망에 이를 수도 있다. 〈라이프〉지에 따르면, 위궤양은 현대의 치명적 질병 목록에서 10위에 올라 있는 질병이다.

최근에 나는 메이오 클리닉의 해럴드 C. 하베인 박사와 편지를 주고받았다. 박사는 미국 내·외과전문의협회 연례 회의에서 평균 연령 44.3세인 176명의 기업 임원들을 대상으로 한 연구 논문을 발표했다. 발표에 따르면, 이 임원들 중 3분의 1을 조금 넘는 사람들이 심장병, 소화기 계통의 궤양, 고혈압 등 긴장감 높은 생활에서 잘 발생하는 세 가지 만성 질환 중 하나로 고통받고 있었다. 생각해보라! 기업의 임원들 중 3분의 1이

45세가 되기도 전에 심장병, 궤양, 고혈압 등으로 몸을 망치고 있다. 성공의 대가가 너무 엄청나지 않은가! 게다가 사실 그들은 성공한 것도 아니다.

사업이 잘되게 하기 위해 위궤양이나 심장 질환과 같은 대가를 치르고 있다면 그 사람은 과연 성공한 사람일까? 만약 그 사람이 전 세계를 얻고 건강을 잃는다면 무슨 소용이 있겠는가? 설사 온 세상을 얻는다 하더라도 그는 한 번에 한 침대에서만 잘 수 있고 하루에 세 끼밖에 못 먹는다. 막노동꾼도 그렇게 할 수 있다. 아니, 오히려 그들은 막강한 권력을 가진 임원보다 더 잘 자고 음식도 더 맛있게 먹을 것이다. 솔직히 나는 철도 회사나 담배 회사를 경영하느라 45세에 건강을 망치느니 차라리 밴조나 퉁기며 앨라배마에서 소작인으로 사는 삶을 택하겠다.

담배 이야기가 나온 김에 언급하자면, 최근 세계에서 가장 잘 알려진 담배 제조업자는 가볍게 휴식을 취하려고 캐나다 숲으로 갔다가 심장마비로 사망하고 말았다. 수백만 달러를 모아놓고 61세에 갑자기 죽어버린 것이다. 그는 아마 '몇 년분의 생명'을 소위 말하는 '사업상의 성공'과 맞바꾸었을 것이다.

내가 보기에 수백만 달러의 자산가였던 이 담배 제조업자는 돈 한 푼 없이 미주리 농부로 89세에 돌아가신 우리 아버지의 반만큼도 성공한 인생을 살지 못했다.

유명한 메이오 형제에 의하면, 그들 병원(1883년 윌리엄 W. 메이오에 의해 설립. 메이오 클리닉은 존스홉킨스 병원과 함께 미국의 양대 병원으로 꼽힌다—옮긴이) 침대에는 반 이상이 신경 질환 환자들로 가득하다고 한다. 하지만 사후에 이들의 신경을 고성능 현미경으로 검사해보면 대부분 미국의 권투 선수인 잭 뎀프시만큼이나 건강했다. 그들의 신경 질환은 신체적 원인이 아니라 허무, 좌절, 불안, 걱정, 두려움, 패배감, 절망 같은 심리적 원인으로 인해 발생했다. 플라톤은 "외과 의사들이 저지르는 가장 큰 실수는 마음은 그냥 둔 채 몸만 치료하려 하는 것이다. 그러나 몸과 마음은 하나며 분리하여 치료할 수 없다"라고 했다.

이 위대한 진실을 의학계가 인지하기까지 2300년이나 걸렸다. 우리는 이제야 몸과 마음을 모두 다루는 정신신체의학이라 불리는 새로운 의학을 연구하기 시작했다. 그럴 때도 되었다. 의학은 수백만 명을 무덤으로 휩쓸어갔던 천연두, 콜레라, 황열병, 그 밖에 신체적 원인으로 발생한 끔찍한 질병들을 대개 극복했다. 하지만 병균이 아니라 걱정, 두려움, 증오, 좌절, 절망 같은 마음에 의해 심신이 파괴되는 데는 대책이 없었다. 이러한 마음의 질병으로 인한 희생자들은 세계 도처에서 엄청난 속도로 늘어나고 있다.

의사들이 추정한 바에 따르면, 현재 생존 중인 미국인 20명 가운데 1명은 정신병을 치료하는 기관에 입원하고 인생의 일부를 그곳에서 보내게 될 것이라고 한다. 제2차 세계대전 때 소집된 미국 젊은이 6명 중 1명은 정신적인 질병이나 결함으로 입대를 거부당했다.

정신이상은 왜 일어나는가? 모든 원인을 알지는 못한다. 하지만 많은 경우 두려움과 걱정이 유발 요인일 가능성이 높다.

혹독한 현실 세계에 적응하지 못하고 불안과 근심에 시달리는 사람은 주변과 단절한 채 스스로가 만든 꿈의 세계로 도망쳐버림으로써 걱정거리에서 벗어난다.

지금 내 책상 위에는 에드워드 포돌스키 박사가 쓴《걱정을 멈추고 회복하라》라는 책이 있다. 이 책의 차례를 살펴보면 아래와 같다.

걱정이 심장에 미치는 영향
고혈압은 걱정을 먹고산다
걱정으로 류머티즘도 생길 수 있다
위를 위해 걱정을 줄여라
걱정하면 왜 감기에 걸리는가
걱정과 갑상선
걱정하는 당뇨병 환자

걱정에 대해 말해주는 또 다른 책은 '정신의학계의 메이오 형제'라고 불리는 칼 메닝거 박사가 쓴《내 안의 적》이다. 메닝거의 책은 파괴적인 감정이 당신을 지배하도록 내버려 두면 어떤 일이 일어나는지를 흥미롭게 풀어 쓰고 있다. 자신을 해치는 일을 멈추고 싶다면 이 책을 사서 읽어라. 그리고 친구에게 줘라. 가격은 4달러인데 당신이 인생에서 할 수 있는 최고의 투자 중 하나가 될 것이다.

걱정은 아무리 단단한 사람도 병들게 한다. 남북전쟁 당시 북부군의 그랜트 장군은 전쟁이 끝나갈 무렵 이 사실을 깨달았다. 이야기는 다음과 같다. 그랜트 장군은 9개월 동안 리치몬드를 포위하고 있었다. 그러다 보니 남부군 리 장군의 군대는 헐벗고 굶주려 패잔병이나 다름없었다. 군대 대부분이 삽시간에 탈영했고, 남은 군인들은 막사에 모여 소리치고 울부짖으면서 구원을 바라며 기도를 했다. 끝이 가까워졌다. 리 장군의 군인들은 리치몬드의 면화와 담배 저장고에 불을 지르고 무기고를 불태웠다. 어두운 밤하늘에 불길이 솟아오르자, 그들은 밤을 틈타 도시를 빠져나갔다. 그랜트 장군은 맹렬한 추격에 나서 후방과 양 측면에서 남부 연합군을 공격했고, 셰리든 장군의 기병대는 앞에서 그들을 막고 철로를 끊어 보급로를 차단했다.

그랜트 장군은 극심한 두통으로 의식이 희미해져서 군대 뒤로 처져 농가에 머물렀다. 회고록에서 장군은 이렇게 말했다. "나는 겨자를 푼 뜨거운 물에 발을 담그고 손목과 목뒤에 겨자 반죽을 얹은 채 아침쯤에는 낫기를 바라며 밤을 보냈다."

그런데 다음 날 아침 병은 씻은 듯이 바로 나았다. 장군을 치료한 것은 겨자 반죽이 아니라 리 장군의 항복 문서를 가져온 기병이었다. 그랜트 장군은 이렇게 적고 있다. "문서를 가져온 장교가 도착했을 때 나는 아직 두통에 시달리고 있었다. 그러나 문서 내용을 보는 순간 말끔히 나았다." 그랜트 장군을 병나게 한 것은 장군의 걱정, 긴장과 같은 감정이었다. 장군의 감정이 자신감, 성취, 승리감으로 바뀌자 병은 순식간에 씻은 듯

나왔다.

그로부터 70년이 지난 후, 프랭클린 루스벨트 내각의 재무 장관이었던 헨리 모건도 걱정으로 병이 나면 현기증이 생길 수도 있다는 사실을 알게 되었다. 모건 장관은 밀 가격을 끌어올리기 위해 대통령이 하루에 440만 부셸(곡식의 계량 단위―옮긴이)을 사들이기로 결정한 것을 두고 크게 걱정했다. 그는 일기에 이렇게 적었다. "그 일이 진행되는 동안 말 그대로 현기증이 났다. 나는 점심 식사 후에 집으로 가서 두 시간 동안 침대에 누워 있었다."

걱정이 사람들에게 미치는 영향을 알아보려고 도서관이나 의사를 찾아갈 필요는 없다. 이 책을 쓰고 있는 우리 집 창밖을 바라보기만 해도 충분하다. 한 블록 내에서도 걱정하느라 신경쇠약에 걸린 사람, 걱정으로 당뇨병을 얻은 사람 등을 볼 수 있다. 주가가 떨어지면 혈액과 소변 내의 당 수치가 올라간다.

프랑스의 유명한 사상가 몽테뉴가 고향인 보르도의 시장으로 선출되었을 때 시민들에게 이렇게 말했다. "저는 여러분의 일을 기꺼이 제 손으로 가져올 준비가 되어 있습니다. 하지만 제 간과 폐로는 가져오지 않을 것입니다."

반면 내 이웃은 주식시장의 일을 자신의 핏속으로 가져와 거의 죽을 뻔했다.

걱정은 류머티즘과 관절염을 발병시켜 당신이 휠체어 신세를 지게 할 수도 있다. 관절염에 관한 한 권위자로 널리 알려진 코넬 의과대학의 러셀 L. 세실 박사는 관절염을 일으키는 주요 상황을 다음의 네 가지로 정리했다.

1. 결혼 생활의 파탄
2. 경제적 재난과 비탄
3. 외로움과 걱정
4. 오랫동안 품은 분노

물론 이 네 가지 감정적인 상황들이 관절염의 유일한 원인이라는 말은 아니다. 다양한 원인에 의해 발생하는 다양한 종류의 관절염이 있다. 그러나 다시 말하지만 관절염을 일으키기 가장 쉬운 상황은 러셀 박사가 말해준 네 가지다. 예를 들어 내 친구 한 명은 불경기에 경제적으로 아주 나빠져 가스가 차단되고 은행에 집까지 압류당하게 되었다. 그러자 친구의 아내는 갑자기 류머티즘에 걸려 고통을 받게 되었고, 약물과 식이요법을 해도 낫지 않다가 그들의 경제 상황이 개선되자 증세도 호전되었다.

걱정은 심지어 충치도 유발할 수 있다. 윌리엄 맥고니글 박사는 미국치과협회 강연에서 "걱정, 두려움, 불안 같은 불쾌한 감정은 체내의 칼슘 균형을 무너뜨려 치아를 부식시킬 수 있다"라고 했다. 박사는 갑작스럽게 건강이 안 좋아진 아내를 걱정하기 전에는 완벽한 치아를 자랑했던 어느 환자에 대해 이야기했다. 아내가 병원에 입원해 있던 3주 동안 그 환자는 충치가 9개나 생겼는데, 걱정이 원인이었다.

급성 과활동성 갑상선을 앓는 환자를 본 적 있는가? 나는 본 적이 있는데, 그들은 몸을 하도 심하게 떨어서 반쯤 초주검이 된 사람처럼 보인다. 그리고 실제로 거의 죽어가고 있기도 하다. 체내 기관의 기능을 조절해주는 갑상선의 상태가 나빠져 제 기능을 못하게 돼버린 것이다. 이 때문에 심장은 빨리 뛰게 되고, 모든 통풍구가 활짝 열린 용광로처럼 온몸이 전력을 다해 부글부글 끓어오른다. 그럴 때 수술이나 의료 처치로 치료하지 않으면 환자는 '스스로를 소진시켜' 죽게 될 것이다.

얼마 전 나는 이 병을 앓는 친구와 함께 필라델피아에 갔다. 38년 동안 이런 종류의 만성 질환을 치료해오고 있는 유명한 전문의를 만나기 위해서였다. 병원 대기실 벽에는 모든 환자들이 볼 수 있도록 조언이 새겨진 커다란 나무판이 걸려 있었다. 그 조언이 무엇이었는지 짐작이 가는가? 바로 이것이다. 나는 기다리는 동안 가지고 있던 봉투 뒷면에 그 문구를 베껴 적었다.

휴식과 오락

최고의 휴식은
건강한 종교, 잠, 음악, 웃음이다.
신앙을 가지고 숙면을 취하라.
좋은 음악을 듣고 인생의 유쾌한 면을 보라.
그러면 건강과 행복이 당신 것이 되리라.

의사가 내 친구를 보고 맨 처음 한 질문은 "어떤 감정적인 원인으로 이렇게 됐습니까?"였다. 그러고는 만약 내 친구가 걱정을 멈추지 않으면 심장병, 위궤양, 당뇨 같은 다른 골치 아픈 병에 걸릴 수도 있다고 경고했다. "이 모든 질병들은 아주 가까운 사촌지간입니다." 그 저명한 의사가 말했다. 확실히 그 병들은 모두 걱정과 가까운 사촌지간으로 걱정이 유발하는 질병들이다!

내가 메를 오베론을 인터뷰했을 때의 일이다. 그녀는 영화배우로서 자신의 중요한 자산인 아름다운 외모가 걱정으로 망가질 수 있다는 걸 알기에 걱정하지 않기로 했다고 말했다.

"처음 영화계로 들어가려 했을 때는 걱정도 되고 겁이 났어요. 저는 그때 막 인도에서 왔고, 런던에서 일을 구하고 싶었지만 아는 사람이 아무도 없었어요. 제작자들도 몇 명 만나봤지만, 아무도 절 고용해주지 않았고 돈도 바닥나기 시작했죠. 2주 동안 크래커와 물만 먹고 살았어요. 걱정도 되고 배도 고팠어요. 저는 혼잣말을 중얼거렸습니다. '넌 바보야. 영원히 영화계로 못 들어갈지도 몰라. 생각해봐. 너는 경험도 없고 연기도 해본 적 없잖아? 반반한 얼굴 말고는 내세울 게 뭐가 있니?'

저는 거울 가까이 다가갔습니다. 거울 속을 들여다보고 나서야 걱정이 내 외모에 무슨 짓을 하고 있는지 알게 되었죠. 걱정으로 얼굴에는 주름이 생겼고 찌푸린 표정을 하고 있었죠. 그래서 나 자신에게 말했어요. '당장 멈춰! 걱정하면 안 돼! 네가 내세울 수 있는 건 외모뿐이야. 걱정은 외모를 망친다고!'"

걱정만큼 여자를 빨리 늙고 심술궂어 보이게 하며 외모를 망치는 건 없다. 걱정을 하면 표정이 굳어진다. 또 턱을 꽉 다물다 보면 얼굴에 주름이 생긴다. 우거지상이 되고, 머리카락이 희어지고, 심하면 빠지기도 한다. 피부도 망가져 온갖 종류의 발진이나 뾰루지, 여드름이 생기기도 한다.

오늘날 미국인의 사망 원인 1위는 심장병이다. 제2차 세계대전 동안 군인 100만 명 중 3분의 1이 전투에서 사망한 반면, 같은 기간 동안 미국 시민 중 심장병으로 사망한 사람은 200만 명이나 된다. 그리고 그중 100만 명은 걱정과 높은 긴장감 때문에 발생한 심장병이 원인이었다. 그렇다. 알렉시 카렐 박사가 "걱정에 대처하는 법을 모르는 비즈니스맨은 오래 살지 못한다"라고 말한 주된 이유 중 하나가 심장병이다.

남부 흑인들과 중국인들은 어떤 일이든 태평하게 받아들이기 때문에 걱정으로 인한 심장병에 걸리는 경우가 드물다. 반면 의사들이 심장병으로 죽는 경우는 농장에서 일하는 일꾼들의 경우보다 20배나 많다. 의사들은 긴장감 높은 생활을 하고 그에 대한 대가를 치르는 것이다.

윌리엄 제임스는 이렇게 말했다. "신은 우리 죄를 용서해주실지 모르지만, 신경 체계는 결코 그렇지 않다."

믿기 힘든 놀라운 사실이 하나 있다. 매년 미국에서는 가장 흔한 다섯 가지 전염병으로 인한 사망자보다 자살로 생을 마감하는 이들이 더 많다.

이유가 무엇일까? 그 원인은 대부분 '걱정' 때문이다.

옛날 중국에서는 잔인한 군주가 포로를 고문할 때 포로의 팔다리를 묶고는 밤낮으로 끊임없이 물방울이 한 방울씩 똑똑 떨어지는 물 자루를 머리 위에 매달아 두었다. 이마에 계속해서 떨어지는 물방울은 마침내 망치로 때리는 소리처럼 들려서 사람을 미치게 한다. 이와 똑같은 고문 방법이 스페인의 종교재판과 히틀러 치하 독일의 강제수용소에서도 사용되었다.

걱정은 계속해서 떨어지는 물방울과 같다. 그리고 계속해서 떨어지는 '걱정이라는 물방울'은 종종 사람을 미치게도 하고 자살하게도 한다.

미주리 주의 시골 청년이었던 나는 유명한 기독교 전도사인 빌리 선데이가 다음 세상의 지옥 불에 대해 말하는 걸 듣고는 무서워 죽는 줄 알았다. 하지만 그는 바로 지금 현실에서 걱정거리를 안고 있는 사람들이 받을 수 있는 육체적 고통이라는 지옥의 불길에 대해서는 한 번도 언급한 적이 없다. 예를 들어 만약 당신이 만성 걱정병 환자라면 언젠가는 인간이 여태껏 겪어온 통증 중 가장 극심한 통증인 '협심증'으로 고통받게 될 수도 있다.

단언컨대 협심증에 걸리면 고통으로 비명을 지르게 될 것이다. 당신의 비명 소리에 비하면 단테의 지옥에서 들려오는 소리는 〈장난감 나라의 아기들〉에 나오는 우스운 비명 정도로밖에 생각되지 않을 것이다. 그때 당신은 자기 스스로에게 이렇게 말할 것이다. "오, 신이시여! 이 병만 낫게 해주신다면 다시는 어떤 것에 대해서도 걱정하지 않겠습니다." 내 말이 과장이라고 생각한다면 당신의 주치의에게 물어보라.

당신은 삶을 사랑하는가? 건강하게 오래 살고 싶은가? 그렇다면 방법이 있다. 다시 알렉시 카렐의 말을 인용하겠다. 카렐은 이렇게 말했다. "현대 도시의 떠들썩함 한가운데서도 내적 평화를 유지할 수 있는 사람은 신경 질환으로부터 안전하다."

당신은 도시의 떠들썩함 가운데서도 내적 평화를 유지할 수 있는가? 당신이 보통 사람이라면 대답은 '그렇다'다. 명백하게 그렇다. 우리는 대부분 생각보다 강하다. 우리는 지금까지 계발된 적이 없는 내적 자원을 이미 가지고 있다. 헨리 D. 소로는 자신이 쓴 불멸의 책《월든》에서 이렇게 말했다.

"누가 뭐라고 해도 인간이 자신의 삶을 향상시키기 위해 의식적으로 노력하는 능력을 지녔다는 사실만큼 나를 격려하는 건 없다. 만약 사람이 꿈을 향해 확신을 갖고 전진하고, 자기가 바라는 삶을 살기 위해 노력한다면 언젠가는 뜻하지 않은 성공을 맞게 될 것이다."

당연히 이 책의 많은 독자들은 올가 K. 자비만큼 놀라운 의지력과 내적인 능력을 가지고 있다. 그녀는 가장 비극적인 상황에서도 걱정을 쫓아버릴 수 있다는 사실을 발견했다. 우리가 이 책에서 이야기하고 있는 오래된 진리를 적용한다면 당신과 나도 분명히 그렇게 할 수 있다고 생각한다. 나에게 보낸 편지에서 올가는 이렇게 말했다.

"8년 6개월 전쯤에 저는 사망 선고를 받았습니다. 암이라는 느리고도 고통스러운 죽음을 맞게 될 거라는 선고였지요. 지역 최고의 의사인 메이오 형제도 같은 진단을 내렸습니다. 저는 막다른 골목에 몰려 있었고, 죽음이 입을 벌리고 있었습니다! 저는 젊었어요. 죽고 싶지 않았죠! 자포자기 심정으로 켈로그에 있는 제 주치의에게 전화를 걸어 마음속의 절망을 털어놓았습니다. 잠시 듣고 있더니 주치의는 저를 꾸짖었어요. '그러지 말아요, 올가. 싸워보지도 않겠다는 겁니까? 그렇게 울고만 있으면 분명 죽겠죠. 최악의 상황이 닥친 건 맞습니다. 자! 이제 사실을 직시하세요! 걱정은 멈추고요! 그리고 해야 할 일을 하세요!' 주치의의 말을 듣고 저는 그 자리에서 맹세했어요. 얼마나 진지했던지 손톱이 살을 파고들고 등줄기에 한기가 지나갔어요. '걱정하지 않겠어! 울지도 않을 거야! 내가 신경 써야 할 건 이기는 거야! 나는 살 거야!'

저처럼 라듐을 처방할 수 없을 정도로 많이 진행된 암에는 30일 동안 하루에 10분 30초 정도 방사선 치료를 받는 게 일반적이었어요. 그런데 저는 49일 동안 하루에 14분 30초씩 방사선 치료를 받았어요. 뼈가 메마른 황무지 위의 바위처럼 야윈 몸 밖으로 툭 튀어나오고 발은 납덩이같았지만, 저는 걱정하지 않았어요! 한 번도 울지 않았습니다! 저는 미소를 지었어요! 그래요, 사실은 억지로라도 웃었어요.

저는 웃기만 하면 암이 치료될 수 있다고 믿는 바보는 아니에요. 대신에 유쾌한 마음가짐을 하면 몸이 병과 싸우는 데 도움을 준다는 걸 믿었어요. 아무튼 저는 암이 기적적으로 치료되는 경험을 했어요. 지난 몇 년 동안은 그 어느 때보다 더 건강했고, 이 모든 것이 매캐프리 박사님이 말해주신 그 도전적이고 용기 있는 말들 덕분이었어요. '사실을 직시하라! 걱정을 멈춰라! 그리고 할 일을 하라!'"

알렉시 카렐 박사의 말을 다시 한 번 반복하면서 이번 장을 마치려 한다. "걱정에 대처하는 법을 모르는 비즈니스맨은 오래 살지 못한다."

예언자 모하메드를 광적으로 추종하는 자들은 종종 코란 문구를 가슴에 문신으로 새겼다. 나는 이 책을 읽는 모든 독자들의 가슴에 이 말을 새겨주고 싶다. "걱정에 대처하는 법을 모르는 비즈니스맨은 오래 살지 못한다."

당신 얘기 같은가?

그럴 수도 있다.

 걱정에 대해 알아야 할 기본적인 사실 3

걱정에 대처하는 법을 모르는 비즈니스맨은 오래 살지 못한다.

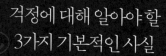

걱정에 대해 알아야 할
3가지 기본적인 사실

1. 걱정을 피하려면 윌리엄 오슬러 경이 말한 대로 해보자. '오늘에 충실한 삶'을 살라. 미래의 일로 조바심 내지 말라. 매일 잠자리에 들 때까지의 삶에 충실하라.

2. 다음번에 대문자 T로 시작하는 큰 문제(Trouble)가 당신에게 총구를 겨누며 막다른 골목으로 몰아넣으면, 윌리스 H. 캐리어 박사의 3단계 비법을 사용해보라.

   1) 스스로에게 물어보라. "내가 문제를 해결할 수 없을 때 일어날 수 있는 최악의 상황은 무엇인가?"

   2) 필요하다면 최악의 상황도 받아들일 수 있도록 준비하라.

   3) 침착하게 당신이 이미 마음속으로 받아들이기로 한 그 최악의 상황을 개선하기 위해 노력하라.

3. 걱정을 할 경우 얼마나 큰 건강상의 대가를 치러야 하는지를 기억하라. "걱정에 대처하는 법을 모르는 비즈니스맨은 오래 살지 못한다."

2

격정을 분석하는
기본테크닉

How to

stop

worrying

&

start living

걱정거리를 분석하고
해결하는 방법

나에게는 6명의 충직한 하인이 있다(나는 모든 것을 그들로부터 배
웠다). 그들의 이름은 무엇을, 왜, 언제, 어떻게, 어디서, 누가다.
—러디어드 키플링

앞장의 〈걱정스런 상황을 해결하는 마법의 주문〉에서 설명
한 윌리스 H. 캐리어의 마법의 공식이 모든 걱정거리를 해결할
수 있을까? 물론 그렇지는 않다. 그러면 어떻게 해야 할까? 문
제 분석의 3단계를 익혀서 다양한 종류의 걱정에 대처하는 법
을 알고 있어야 한다.

1단계 사실을 확인하라.
2단계 사실을 분석하라.
3단계 결론을 내리고, 그 결론에 따라 행동하라.

너무 뻔한 이야기라고? 그렇다. 아리스토텔레스도 이 방법을 가르쳤고 활용했다. 우리를 괴롭히고 또 밤이나 낮이나 지옥으로 만든 문제들을 해결하고 싶다면 당신이나 나도 이 방법을 사용해야 한다.

1단계 '사실을 확인하는' 것이다. 사실 확인이 왜 중요할까? 사실을 제대로 알지 못하면 우리에게 닥친 문제를 지혜롭게 해결하려는 시도조차 불가능하기 때문이다. 사실을 알지 못한 상태에서 할 수 있는 일이라고는 조바심을 내며 발을 동동 구르는 것뿐이다. 내 생각이냐고? 아니다. 컬럼비아 대학에서 22년간 학장을 지낸 허버트 E. 호크스의 생각이다. 호크스는 22만 명에 이르는 학생들이 걱정을 해결할 수 있도록 도움을 주었다. 그런 그가 내게 말하길 "걱정의 가장 큰 원인은 혼란"이라고 했다. 호크스는 이렇게 말했다. "세상의 걱정 가운데 절반은 어떤 결정을 내려야 할지 충분히 이해하지도 못한 채 결정을 내리려 하기 때문에 생긴 것입니다. 예를 들어 다음 주 화요일 3시에 생길 문제가 있다면, 저는 다음 주 화요일이 올 때까지 결정을 내리려는 어떤 시도도 하지 않습니다. 그때까지 그 문제와 관련된 사실들을 이해하는 데 집중하고 걱정하지 않습니다. 제게 닥친 문제 때문에 전전긍긍하지 않습니다. 잠을 설치는 법도 없습니다. 단지 사실들을 확인하는 데만 집중합니다. 그렇게 다음 주 화요일이 될 때까지 사실들을 다 확인하면 문제는 대부분 저절로 해결됩니다."

나는 그게 걱정을 완전히 떨쳐냈음을 의미하는지 호크스 학장에게 물어보았다. "그렇습니다." 학장이 대답했다. "솔직히 제 삶에서 걱정은 거의 사라졌다고 말할 수 있습니다." 그가 계속해서 말했다. "시간을 들여 편견 없이 객관적인 시각으로 사실을 확인하고 나면, 걱정들은 대개 이해라는 빛을 받아 증발해버리기 마련입니다."

그의 말을 다시 곱씹어보자. "시간을 들여 편견 없이 객관적인 시각으로 사실을 확인하고 나면, 걱정들은 대개 이해라는 빛을 받아 증발해버리기 마련입니다."

하지만 우리들 대부분은 어떻게 하고 있는가? 에디슨이 생각이라는 노동을 피할 수 있는 방법은 없다고 진지하게 말했듯이 오로지 생각에만 전념한다. 사실 확인에 신경 쓰더라도 기존의 생각을 뒷받침해주는 사실들만 사냥개처럼 찾으며 다른 사실들은 무시해버린다! 우리는 오로지 우리의 행동을 정당화시켜줄 사실들, 우리가 바라는 생각과 잘 들어맞고 기존에 갖고 있던 편견을 정당화시켜주는 사실들만 원한다!

앙드레 모루아의 표현대로 "우리의 개인적 욕망과 부합하는 것은 모두 진실해 보인다. 그렇지 않은 것은 모두 우리를 화나게 한다."

이렇듯 우리는 사실을 제대로 확인하지도 않은 채 문제에 대한 해답을 구하느라 힘겨워한다. 정말 놀랍지 않은가? 예를 들어 2 더하기 2가 5라고 믿으면서 초급 수학문제를 풀려고 하면 이와 똑같은 문제가 생기지 않겠는가? 하지만 세상에는 2 더하기 2가 5라고, 아니 때로는 500이라고 우기면서 자신과 다른 사람들의 인생을 지옥으로 만드는 사람들이 많다.

우리는 어떻게 해야 할까? 감정을 사고로부터 분리해야 한다. 그리고 호크스 학장의 말대로 편견 없이 객관적인 시각으로 사실을 확인해야 한다.

걱정하고 있을 때는 그렇게 하기 어렵다. 걱정할 때는 감정이 앞서기 때문이다. 하지만 문제로부터 한 발짝 비켜서서 사실을 편견 없이 객관적으로 보는 데 도움이 될 만한 두 가지 방법이 있다.

1. 사실 확인을 하고자 할 때, 나는 내 자신을 위해서가 아니라 다른 누군가를 위해 정보를 수집하는 척한다. 그렇게 하면 증거에 대해 냉정하고 편견 없는 시각을 갖는 데 도움이 된다.

2. 걱정되는 문제와 관련된 사실을 수집할 때는, 때때로 나와 반대되는 입장을 변론하는 변호사처럼 행동한다. 달리 말하면 내 자신에 반하는 사실들, 즉 내 바람에 어긋나는 모든 사실, 내가 마주하고 싶지 않은 모든 사실들을 모으려고 노력한다.

그런 다음 내 입장과 반대되는 입장을 둘 다 적어본다. 그러면 흔히 진실은 양쪽 극단의 중간 어딘가에 있음을 발견하게 된다.

내가 말하려는 요점이 그것이다. 당신도, 나도, 아이슈타인도, 미국 연방 대법관도 사실을 제대로 확인하지 않고 어떤 문제에 대해 현명한 결정을 내릴 수는 없다. 토머스 에디슨은 이를 잘 알고 있었다. 그가 세상을 떠날 때까지 문제 해결을 위해 관련 사실들을 기록한 공책은 무려 2500권에 달했다.

그러므로 문제를 해결하기 위한 1단계 규칙은 바로 이것이다. '사실을 확인하라.' 호크스 학장의 조언대로, 편견 없이 모든 사실을 모으기 전까지는 닥친 문제를 해결하려는 시도조차 하지 마라.

그런데 세상의 모든 사실을 모은다 하더라도 이를 분석하고 해석하기 전에는 도움이 되지 않는다. 내가 값비싼 경험을 통해 알게 된 바로는 사실들을 적어보면 분석하기가 훨씬 쉬워진다. 단순히 사실들을 종이에 적어 문제를 명확하게 진술하기만 해도 현명한 결정을 내리는 데 큰 도움이 된다. 찰스 케터링의 말대로이다. "문제를 명확하게 진술하면 절반은 해결된 것이나 마찬가지다."

이 말이 현실에서 어떻게 효과를 발휘하는지 알려주겠다. 중국 속담에 백문이 불여일견(百聞而不如一見)이라는 말도 있으니, 이를 실제 행동으로 옮긴 사람의 예를 살펴보자.

내가 수년 전부터 알고 지내던 갈렌 리치필드라는 사람의 이야기다. 그는 미국 동부 지역에서 가장 성공한 사업가 가운데 한 사람이다. 리치필드는 일본이 상하이를 침공하던 1942년에 중국에 있었다. 그는 언젠가 우리 집에 방문했을 때 다음과 같은 이야기를 들려주었다.

"일본 놈들이 진주만을 공격하고 얼마 안 되어 상하이로 밀고 들어왔습니다. 저는 당시 아시아생명보험 상하이 지사장이었습니다. 일본군이 우리 회사에 해군 장성을 '청산인'으로 보내 우리 지사의 자산을 청산할 테니 협조하라는 명령을 내렸습니다. 그 상황에서 저는 선택의 여지가 없었습니다. 일본군에게 협조하거나 아니면 파국을 맞을 수밖에 없었는데, 그 파국이란 의심의 여지없이 죽음을 의미했습니다.

저는 하는 수 없이 일본군이 시키는 대로 하는 척했습니다. 하지만 일본군에게 자산 목록을 넘길 때 75만 달러 상당의 유가증권 한 묶음을 누락시켰습니다. 그 유가증권들은 우리 회사 홍콩 지사의 증권으로, 상하이 지사의 자산이 아니었기 때문입니다. 그래도 혹시 일본 놈들이 제가 한 일을 알아채면 끓는 물에 넣어 죽이지는 않을까 걱정이 되었습니다. 아니나 다를까 놈들이 결국 알아냈습니다.

놈들이 사실을 알아챘을 때 저는 사무실에 없었고, 회계 담당 부서장이 있었습니다. 부서장이 말하길, 일본군 장성은 책상을 탕탕 치며 불같이 화를 내고 제게 욕을 퍼부었다고 합니다. 나를 도둑놈, 반역자라고 불렀다는군요! 제가 일본군에게 맞선 사람이 되었던 겁니다! 그게 뭘 의미하는지 알 수 있었습니다. 저는 곧 브리지하우스에 처박힐 게 분명했습니다!

브리지하우스! 일본의 게슈타포들이 운영하는 고문실입니다! 제가 아는 사람 중에는 그곳에 끌려가느니 차라리 죽겠다며 스스로 목숨을 끊은 사람도 있고, 브리지하우스에서 열흘간 심문과 고문을 받다가 죽은 친구도 있었습니다. 그런데 이제

제가 그 브리지하우스에 끌려가게 될 처지가 된 겁니다!

제가 어떻게 했냐고요? 그 소식을 들은 건 일요일 오후였습니다. 저는 두려움에 벌벌 떨어야 하는 게 당연합니다. 만약 제 나름대로의 문제 대처 방식이 없었더라면 실제로 그랬을 게 틀림없습니다. 저는 오랫동안 걱정스러운 일이 생기면 늘 타자기 앞에 앉아서 다음과 같은 두 가지 질문을 치고, 그 질문에 대한 대답을 쳐보았습니다.

1. 지금 걱정하는 것은 무엇인가?
2. 그에 대해 내가 할 수 있는 일은 무엇인가?

전에는 이 두 가지 질문들을 써보지 않고 답을 생각했습니다. 하지만 몇 년 전부터는 그러지 않았습니다. 질문과 그에 대한 답을 쓰고 나면 생각이 명료해진다는 것을 알 수 있었기 때문입니다.

그래서 일요일 오후에 바로 상하이 YMCA에 있는 제 방으로 가서 타자기를 꺼냈습니다. 그리고 이렇게 써보았습니다.

1. 지금 걱정하는 것은 무엇인가?
   내일 아침 브리지하우스로 끌려갈까 두렵다.

2. 그에 대해 내가 할 수 있는 일은 무엇인가?
   나는 몇 시간 동안 자리에 앉아 내가 할 수 있는 네 가지 대

응 방법과 각각의 대응이 초래할 수 있는 결과를 적어보았
습니다.

첫째, 일본군 장성에게 설명한다. 하지만 그자는 영어를
하지 못한다. 통역사를 통해 설명을 하다 보면 그자의
성질을 다시 돋을 수 있다. 그러면 일본군 장성은 잔인
한 사람이니까 나를 죽일 수도 있고, 왈가왈부하지 않
고 그냥 나를 브리지하우스에 처넣을지도 모른다.

둘째, 도망친다. 불가능하다. 일본군들은 항상 나를 감시
하고 있다. YMCA에 있는 내 방에 들어가고 나갈 때도
허락을 받아야 한다. 내가 도망치려고 하면 붙잡혀 총
살당할 것이다.

셋째, 여기 내 방에서 머물며 사무실 근처에도 가지 않는
다. 그러면 일본군 장성이 나를 의심해서 군인들을 보
내 변명의 기회도 주지 않고 브리지하우스에 처넣어 버
릴 수 있다.

넷째, 월요일 아침에 평소처럼 사무실로 출근한다. 그러면
일본군 장성이 너무 바빠서 내가 한 일을 잊어버릴 수
도 있다. 생각이 난다 해도 어느 정도 화가 가라앉아 나
를 괴롭히지 않을 수도 있다. 그렇게 되면 모든 문제가
해결된다. 나를 괴롭힌다 하더라도 나에게는 설명할 수
있는 기회가 생긴다. 그러므로 월요일 아침에 평소처럼
사무실로 출근해서 아무 일도 없다는 듯 행동하면 브리

지하우스를 피할 수 있는 두 가지 가능성이 생긴다.

이 모든 생각 끝에 네 번째 계획대로 월요일 아침에 평소처럼 사무실로 출근하기로 결정하고 나자 마음이 아주 편안해졌습니다.

다음 날 아침 제가 사무실에 갔을 때 일본군 장성은 입에 담배를 물고 앉아 있었습니다. 예전처럼 저를 노려보았지만, 아무 말도 하지 않았습니다. 6주 뒤 일본군 장성은 다행히도 도쿄로 돌아갔고, 제 걱정은 끝났습니다.

앞서 말한 것처럼 일요일 오후에 자리에 앉아 제가 할 수 있는 여러 조치들과 그에 따른 예상 결과들을 적어보고 침착하게 판단한 덕분에 저는 목숨을 구했다고 할 수 있습니다. 그렇게 하지 않았더라면 우왕좌왕 망설이다가 충동적으로 잘못된 행동을 했을 겁니다. 내게 닥친 문제에 대해 생각해보지 않고 결정을 내렸다면, 일요일 오후 내내 걱정하느라 미칠 지경이었을 겁니다. 그날 밤에도 잠을 자지 못했겠죠. 그렇게 피곤하고 근심에 찬 얼굴로 월요일 아침에 사무실에 갔다면, 그 일본군 장성은 자연스럽지 못한 제 모습을 보고 수상하다 생각해 어떤 조치를 취했을지도 모릅니다.

이런 방식으로 결정을 내리는 것은 매우 중요합니다. 이는 수차례 경험을 통해 증명되었습니다. 확고한 결론에 도달하지 못해 다람쥐 쳇바퀴 돌 듯 미친 듯이 제자리를 맴도는 걸 멈추지 못한다면, 신경쇠약에 걸리고 지옥 같은 삶을 살게 됩니다.

명쾌하고 분명한 결정을 내리면 걱정의 50퍼센트는 사라집니다. 그리고 그 결정을 실행에 옮기기 시작하면 다시 40퍼센트의 걱정도 사라집니다.

따라서 다음과 같은 네 단계의 조치를 취하기만 하면 걱정의 90퍼센트는 사라지게 됩니다.

1. 내가 걱정하고 있는 것을 정확하게 적는다.
2. 내가 할 수 있는 것들을 적는다.
3. 무엇을 할지 결정한다.
4. 결정을 즉시 실행에 옮긴다."

갈렌 리치필드는 현재 뉴욕 존 스트리트에 있는 스타파크 앤드 프리먼 사의 동아시아 지역 담당 임원으로 있으며, 대형 보험 및 금융 관련 업무를 맡고 있다. 앞서 말한 바와 같이 리치필드는 오늘날 아시아에서 활동하는 가장 성공한 미국인 사업가 가운데 한 명이다. 그는 자신이 이룬 성공의 대부분은 이런 식으로 걱정을 분석하고 정면으로 대응한 방법 덕분이라고 내게 고백했다.

리치필드의 방법이 이토록 뛰어난 이유는 무엇일까? 효율적이고 구체적이며 문제의 핵심에 곧장 접근하기 때문이다. 이에 덧붙여 세 번째 규칙이자 필수적인 규칙으로 '해결하기 위해 행동하라'라는 규칙을 갖고 있다는 점에서 그의 방법은 뛰어나다. 행동하지 않으면 그 어떤 조사나 분석도 정력 낭비일 뿐 아무 소용이 없다.

윌리엄 제임스는 이렇게 말했다. "일단 결정하고 실행할 일만 남았다면 결과에 대한 모든 책임과 관심은 남김없이 잊어버려라(여기서 윌리엄 제임스는 관심(Care)이라는 단어를 걱정(Anxiety)이라는 단어와 동의어로 사용했다)." 제임스의 말은 일단 사실을 토대로 신중하게 결정을 했으면 행동으로 옮기라는 뜻이다. 다시 생각하려고 멈추지 마라. 머뭇거리며 걱정하거나 결정의 절차를 다시 밟기 시작해서는 안 된다. 자기불신으로 자신에 대한 믿음을 잃으면 또 다른 걱정거리가 생겨난다. 자꾸 뒤를 돌아보지 마라.

언젠가 나는 오클라호마에서 가장 유명한 석유 사업가 중 한 명인 웨이트 필립스에게 어떻게 결정을 실행에 옮기느냐고 물어보았다. 필립스는 이렇게 대답했다. "자신에게 닥친 문제에 대해 지나치게 생각하면 혼란스럽고 걱정에 휩싸이게 됩니다. 더 이상의 조사나 생각이 해로운 순간이 있습니다. 결정하고 나면 뒤돌아보지 말고 행동해야 하는 순간이 있습니다."

지금 당신이 가진 걱정을 해결하기 위해 갈렌 리치필드의 방법을 사용하는 게 어떻겠는가? 질문의 아래에 당신의 생각을 적어보기 바란다.

질문 1. 내가 걱정하는 것은 무엇인가?

질문 2. 내가 할 수 있는 일은 무엇인가?

질문 3. 나는 앞으로 이렇게 하겠다.

질문 4. 언제부터 시작할 것인가?

업무상 걱정을
절반으로 줄이는 방법

만약 당신이 비즈니스맨이라면 웃을지 모르겠다. "이 장 제목 참 웃기는군. 나도 직장 생활을 한 지 19년 정도 되어 세상 물정은 알 만큼 알고 있다고. 그런데 그런 나한테 업무상의 걱정을 절반으로 줄여주겠다니 어처구니가 없군."

분명 맞는 말이다. 몇 년 전에 내가 이 장의 제목을 봤다면 똑같이 생각했을 것이다. 이 제목은 많은 것을 약속하고 있지만, 약속만큼 값싼 것도 없으니 무슨 약속인들 못 하겠는가.

솔직하게 말해서 내가 당신의 업무상 걱정을 반으로 줄여주지 못할 수도 있다. 최종적으로 그렇게 할 수 있는 사람은 자기 자신 이외에는 없기 때문이다. 하지만 나는 다른 사람들이 어떻게 걱정을 줄였는지 당신에게 소개할 수 있고, 나머지는 당신의 몫이다!

이 책의 앞부분에서 나는 세계적으로 유명한 알렉시 카렐 박사의 말을 인용한 바 있다. "걱정에 대처할 줄 모르는 비즈니스맨은 오래 살지 못한다."

걱정이 이 정도로 심각한 문제라면 내가 당신의 걱정을 10퍼센트만 줄여주어도 만족스럽지 않을까? 그렇다고? 그럼 좋다! 지금부터 어느 경영 간부의 이야기를 들려주겠다. 그는 걱정의 50퍼센트가 아니라 문제를 해결하기 위해 회의시간을 75퍼센트나 줄였다.

게다가 내가 소개하는 이야기는 '무명씨'나 '오하이오에 거주하는 어떤 사람'이라는 식으로 지칭해 확인할 수 없는 모호한 이야기가 아니다. 리언 심킨이라는 실존 인물의 사례다. 그는 미국 최대의 출판사 가운데 하나인 사이먼앤슈스터의 공동 소유주이자 총 책임자다. 이 출판사는 뉴욕 주 뉴욕 가 20번지 록펠러 센터에 있다. 리언 심킨은 자신의 경험을 이렇게 이야기했다.

"15년 동안 제 업무 시간의 절반은 문제를 해결하기 위해 회의를 하는 시간이었습니다. 이렇게 해야 할까, 저렇게 해야 할까, 아니면 아무것도 하지 말아야 할까? 우리는 신경을 곤두세우고 의자에 앉아 머리를 쥐어짜거나 왔다 갔다 했습니다. 논쟁과 결론 나지 않는 이야기들이 계속되었고, 밤이 되면 완전히 녹초가 되곤 했죠. 남은 인생도 이런 식으로 계속 일할 수밖에 없다는 생각을 했습니다. 15년 동안 저는 그렇게 일해왔고, 더 나은 방법이 있다고는 생각하지 못했으니까요. 만약 누군가 제게 그런 걱정만 하는 회의를 하느라 소비하는 시간의 4분의 3, 그리고 그런 회의로 인한 심적인 부담 역시 4분의 3을 줄일 수 있다고 말했다면, 저는 그를 세상 물정 모르는 비현실적인 낙천주의자라고 생각했을 겁니다. 하지만 저는 그렇게 할 수 있는 방법을 찾아냈습니다. 그리고 지금까지 8년째 그 방법을 사용하고 있습니다. 그 방법을 사용하면서부터 업무 효율성이 높아졌을 뿐 아니라, 개인적으로도 훨씬 더 건강하고 행복해졌습니다.

마치 마술을 부리는 것처럼 들릴지 모르지만, 모든 마술이 그렇듯이 방법을 알고 나면 무척 쉽고 단순하다는 것을 알 수 있습니다.

그 비밀은 다음과 같습니다. 첫째, 저는 15년 동안 해오던 회의 방식을 당장 때려치웠습니다. 문제가 생긴 직원이 구체적으로 문제에 대해 설명하고 마지막에 '이제 어떻게 할까요?'라고 묻는 방식 말입니다. 둘째, 새로운 규칙을 만들었습니다. 누구든 제게 문제를 제시하고 싶은 사람은 먼저 다음과 같은 네 가지 질문에 대해 생각하고 답을 적어오도록 했습니다.

질문 1. 무엇이 문제인가?

(예전에는 다들 실제 문제가 무엇인지 정확히 알지 못한 채 걱정스런 회의를 하며 한두 시간씩 허비했습니다. 또한 문제가 무엇인지 구체적으로 적어놓지도 않고 열을 내며 토론을 하곤 했습니다.)

질문 2. 문제의 원인은 무엇인가?

(예전에는 문제의 근원을 분명히 확인하려는 노력도 없이 걱정스러운 회

의를 하며 시간을 허비했습니다. 이렇게 일했던 과거를 되돌아보면 간담이 서늘합니다.)

질문 3. 문제를 해결하기 위해 가능한 방법은 무엇인가?
(예전에는 회의에 참석한 사람이 한 가지 해결 방안을 제시하면 다른 사람이 반박하곤 했습니다. 감정이 격화되곤 했죠. 종종 주제에서 벗어나기도 했는데, 문제를 해결하기 위해 우리가 할 수 있는 다양한 방법들을 적어두는 사람은 아무도 없었습니다.)

질문 4. 당신은 어떤 방안을 제안하겠는가?
(예전에는 사람들이 회의에 들어오면서도 해결책에 대해 충분히 생각해보고 '제가 추천하는 해결책은 이것입니다'라고 기록해서 들어오는 법이 없었습니다. 나는 문제가 발생한 상황에 대해 오랫동안 걱정만 하다가 들어오는 사람들과 회의를 하곤 했습니다.)

이제는 회사에서 자신의 문제를 들고 찾아오는 사람은 거의 없습니다. 왜냐고요? 앞의 네 가지 질문에 대답하기 위해서는 우선 모든 사실을 확인해야 하고, 또 문제에 대해 철저히 생각해봐야 한다는 것을 알게 되었기 때문입니다. 그렇게 하고 나면 네 번 가운데 세 번은 상의하러 올 필요가 없다는 것을 깨닫게 됩니다. 마치 전기 토스터에서 식빵이 튀어 오르듯 적절한 해결책이 저절로 생각났기 때문입니다. 심지어 상의가 필요한 경우에도 토론하느라 허비하는 시간이 전에 비해 3분의 1로 줄어들었습니다. 합리적인 결론에 도달하기 위해 정돈되고 논리적인 과정을 거치기 때문입니다.

이제 사이먼앤슈스터의 회의실에서는 잘못된 문제에 대해 걱정하며 이야기하느라 소모되는 시간은 훨씬 줄어들고, 대신 문제를 해결하기 위한 행동은 훨씬 더 많아졌습니다."

미국 최고의 보험 판매원 중 한 명인 내 친구 프랭크 베트거는 이와 비슷한 방법을 썼더니 업무상의 문제가 줄었을 뿐 아니라 수입도 두 배로 늘었다고 내게 이야기해주었다. 그는 이렇게 말했다.

"몇 년 전 내가 보험을 판매하기 시작했을 때는 일에 대한 열정과 애정이 가득했어. 그러다 어떤 사건이 발생했지. 나는 너무나 낙담해서 내 일을 경멸했고 일을 그만두려고 했어. 만약 어느 토요일 아침에 그 생각이 떠오르지 않았다면 나는 그만두었을 거야. 그날 나는 앉아서 내가 걱정하는 이유의 근원이 무엇인지 확인해봐야겠다는 생각을 했어.

1. 나는 먼저 스스로에게 물었어. '도대체 문제가 뭐지?' 문제는 내가 고객들을 엄청나게 많이 방문하지만, 수입은 그만큼 많지 않다는 거였지. 잠재 고객을 찾아내는 건 잘하는데, 실제 계약으로 이어지는 경우는 많지 않았지. 고객들은 이렇게 말하곤 했어. '음, 생각해보겠습니다, 베트거씨. 다음에 다시 한 번 들러주세요.' 그런 식으로 계속 방문을 반복하느라 시간을 소모하는 게 나를 우울하게 만들

었어.

2. 나는 또 스스로에게 이렇게 물었어. '가능한 해결 방안은 무엇인가?' 하지만 이 질문에 대답하기 위해서는 사실들을 조사해봐야 했어. 그래서 지난 12개월간의 기록들을 꺼내 숫자를 살펴보았지.

그 결과 깜짝 놀랄 만한 사실을 발견했어! 수첩 기록들을 보니 내가 성공한 계약의 70퍼센트는 첫 번째 방문에서 성사되었다네! 그리고 23퍼센트는 두 번째 방문 만에 성사되었더군! 세 번, 네 번, 다섯 번 이상 방문하느라 시간을 소모하고 기진맥진한 끝에 성사된 계약은 다 합해도 오로지 7퍼센트밖에 되지 않았어. 달리 말하면 나는 전체 판매 실적의 고작 7퍼센트밖에 되지 않는 일에 업무 시간의 절반을 허비하고 있었던 거지!

3. 해답은 무엇인가? 해답은 분명했지. 나는 두 번 이상 방문하는 것을 당장 그만두고 나머지 시간을 새로운 잠재 고객을 개발하는 데 사용했어. 그 결과는 믿기 어려울 정도였어. 불과 얼마 되지 않아서 1회 방문당 수익이 2.80달러에서 4.27달러로 늘어났다네."

이미 말한 바와 같이 베트거는 현재 미국에서 가장 유명한 생명보험 판매사 중 한 명이다. 베트거는 필라델피아 주에 있는 피델리티 뮤추얼에서 일하고 있으며, 한 해 100만 달러 이상의 보험 계약을 하고 있다. 하지만 그도 거의 포기할 뻔한 순간이 있었다. 하지만 베트거는 문제를 분석함으로써 성공을 향해 나아갈 수 있었다.

당신의 업무상 문제에 다음의 질문을 적용할 수 있겠는가? 다시 한 번 내가 희망적이라고 생각하는 도전에 대해 말하자면, 이 질문은 당신의 걱정을 절반으로 줄여줄 수 있다. 그 질문은 다음과 같다.

1. 무엇이 문제인가?
2. 문제의 원인은 무엇인가?
3. 문제를 해결하기 위해 가능한 모든 방법은 무엇인가?
4. 당신은 어떤 방안을 제안하겠는가?

걱정을 분석하는
기본 테크닉

1. 사실을 확인하라. 컬럼비아 대학의 호크스 학장의 말을 기억하라. "세상의 걱정 가운데 절반은 어떤 결정을 내려야 할지 충분히 이해하지도 못한 채 결정을 내리려 하기 때문에 생겨난다."

2. 모든 사실들을 신중하게 검토한 후 결정을 내려라.

3. 신중하게 결론을 내린 후에는 행동하라! 결정을 실행하기 위해 열심히 노력하고 그 결과에 대한 모든 걱정은 떨쳐 버려라.

4. 당신 혹은 당신의 동료가 어떤 문제에 대해 걱정한다면 다음의 질문들에 답해보라.

   1) 무엇이 문제인가?

   2) 문제의 원인은 무엇인가?

   3) 문제 해결을 위해 가능한 모든 방법은 무엇인가?

   4) 최선의 해결책은 무엇인가?

3

걱정하는 습관을
없애는 방법

How to

stop

worrying

&

start living

머릿속에서 걱정을 몰아내는 법

나는 매리언 J. 더글러스가 내 수업을 듣던 몇 년 전 그날 밤을 절대 잊지 못한다(그가 개인적인 사정으로 이름을 밝히지 말라고 요청해서 익명으로 대신한다). 지금부터 평생교육 강좌가 시작되기 전 더글러스가 들려준 진짜 이야기를 들려주겠다. 그는 집안에 두 번씩이나 들이닥친 비극에 대해 털어놓았다. 첫 번째 비극은 눈에 넣어도 안 아픈 다섯 살짜리 딸을 잃은 것이었다. 그와 그의 아내는 상실의 아픔을 견디지 못할 거라고 생각했다. 하지만 얼마 지나지 않아 두 번째 비극이 그들을 찾아왔다. 그는 "10개월 만에 다시 얻은 예쁜 딸도 5일 후에 저희 곁을 떠났습니다"라고 말했다.

더글러스는 두 딸과의 이별 후 견딜 수 없이 고통스러웠다. 그는 이렇게 말했다. "아이들이 세상에 없다는 사실을 받아들일 수 없었습니다. 잠을 잘 수도, 식사를 할 수도, 제대로 휴식을 취할 수도 없었습니다. 혼란스럽고 세상을 살아갈 자신도 없었습니다." 마침내 더글러스는 의사를 찾아갔는데, 한 의사는 수면제를 처방했고, 어떤 의사는 여행을 다녀오라고 권유했다. 둘 다 시도해봤지만 어떤 처방도 소용이 없었다. 그는 이런 말도 했다. "제 몸이 덫에 붙잡혀 점점 조여오는 것 같았습니다." 당신이 슬픔에 잠겨 무력해진 경험이 있다면 비탄에 빠진 사람이 겪는 불안과 긴장감을 이해할 것이다.

"하지만 감사하게도 제게는 네 살 난 아들이 남아 있었습니다. 그 아이 덕분에 문제를 해결할 방법을 찾았습니다. 어느 날 오후, 한껏 풀이 죽어 있던 제게 아들이 다가와서 '아빠, 보트 좀 만들어주세요' 하며 졸랐어요. 저는 보트를 만들 기분이 아니었습니다. 솔직히 말하면 아무것도 하고 싶지 않았죠. 하지만 어린 녀석이 어찌나 고집을 피우던지 결국 두 손 두 발 다 들었습니다.

장난감 보트를 만드는 데 꼬박 세 시간이나 걸렸습니다. 다 만들었을 때쯤, 저는 보트를 만드는 세 시간이 처음으로 편안함과 마음의 평온을 맛본 시간이라는 걸 깨달았습니다. 그 사실을 깨닫자, 저는 무력감에서 빠져나왔고 분별력도 약간 생겼습니다. 그제야 저는 사람이 계획과 사고력을 요하는 일에 몰두하면 걱정할 틈이 없다는 사실을 알게 되었습니다. 보트를 만드는 순간에는 어떤 걱정도 할 수 없었기 때문에 저는 계속 바쁘게 할 일을 찾기로 결심했습니다.

다음 날 밤, 집 안 구석구석을 오가면서 해야 할 일의 목록을 작성했습니다. 책장, 계단, 바람막이 창, 블라인드, 문손잡이, 자물쇠, 물이 줄줄 새는 수도꼭지 등등 수리할 데가 수십 군데가

넘더군요. 놀랍게도 저는 2주 동안 손봐야 할 일을 242가지나 찾아냈습니다.

지난 2년간 목록에 적힌 일을 거의 다 했습니다. 그리고 무기력해졌던 일상을 다시 활기차게 보낼 수 있게 되었습니다. 매주 이틀 밤은 뉴욕에 가서 평생교육 강좌를 들었습니다. 시민 단체 활동에도 참여했으며, 현재는 학교 교육위원회 회장을 맡고 있습니다. 이 밖에도 수십 개의 회의에 참석합니다. 적십자나 다른 활동들을 위한 기금 모금에도 동참하고 있습니다. 요즘은 너무 바빠서 걱정할 틈이 없습니다."

걱정할 시간이 없다! 전쟁이 한창일 무렵 윈스턴 처칠이 하루 18시간을 일하면서 했던 말이다. 처칠은 전쟁을 이끌고 있다는 책임감이 너무 커서 근심이 많지 않느냐는 질문에 "너무 바빠서 걱정할 시간도 없소!"라고 답했다.

찰스 케터링도 자동차의 자동 점화 장치를 발명할 무렵 비슷한 곤경에 빠졌다. 케터링은 최근 은퇴 직전까지 세계적으로 유명한 GM연구소를 이끌었던 GM 부사장이었다. 하지만 그때만 해도 살림이 넉넉지 않아 건초를 쌓아두는 헛간을 실험실로 써야 했다. 먹을거리도 아내가 피아노 레슨으로 번 돈으로 사야 할 정도였다. 나중에는 보험사로부터 생명보험을 담보로 500달러를 대출받기까지 했다. 그의 아내에게 그 당시 걱정스럽지 않았냐고 묻자 그녀는 이렇게 말했다. "물론 걱정했죠. 너무 걱정되어 잠도 못 이뤘지만, 남편은 연구에 몰두하느라 걱정할 새가 없는 것 같았어요."

유명한 과학자인 파스퇴르도 "도서관이나 실험실에 가면 마음이 평온해진다"라고 말한 적이 있다. 왜 도서관이나 실험실에 가면 그런 마음이 드는 걸까? 그 이유는 도서관이나 연구실에서는 업무에 몰입하다 보니 자기 자신에 대해 걱정할 틈이 없기 때문이다. 연구자들이 신경쇠약에 시달린다는 말은 들어보지 못했다. 그들에게는 그런 사치를 부릴 여유가 없는 것이다.

어째서 단지 계속 바쁘게 지내는 것만으로 걱정과 불안이 사라질까? 아마도 심리학자들이 밝힌 아주 본질적인 법칙 때문일 것이다. 그 법칙이란, 아무리 명석한 사람도 정해진 시간 동안 두 가지 이상의 생각을 동시에 할 수 없다는 것이다. 믿어지지 않는가? 그렇다면 실험을 한번 해보자.

지금 몸을 뒤로 기대고 눈을 감은 뒤, 자유의 여신상과 내일 아침 일정에 대해 동시에 떠올린다고 가정해보자(자, 당신도 당장 시도해보라!).

당신은 두 가지 생각을 번갈아가면서 할 수는 있지만, 절대 동시에 할 수 없다는 걸 깨달았을 것이다. 감정도 그렇다. 신나는 일을 하면서 활기 넘치고, 열정적인 동시에 걱정에 사로잡히는 것은 불가능하다. 어떤 종류의 감정을 느낄 때 다른 종류의 감정을 동시에 느낄 수는 없다. 군의관들이 전쟁 통에 기적을 행할 수 있었던 것도 이러한 단순한 발견 덕택이었다.

군의관들은 전쟁을 치른 후 생긴 정신적 외상으로 인해 '신경증 환자'로 불렸던 군인들에게 '쉴 틈을 갖지 말라'라는 처방을 내렸다고 한다. 그들은 아침에 눈뜨는 순간부터 낚시, 사냥,

야구 경기, 골프, 출사, 정원 관리, 댄스 동호회 등 주로 야외 활동을 하며 하루를 보냈다. 덕분에 끔찍한 경험을 곱씹을 시간이 없었다. '작업 치료'란 군의관들이 약 대신 일을 처방하면서 사용한 용어다. 새로운 개념이 아니다. 기원전 5세기부터 그리스의 의사들은 이미 작업 치료를 옹호하고 있었다.

벤저민 프랭클린이 펜실베이니아 주 의원으로 활동할 시절, 퀘이커 교도들도 필라델피아에서 작업 치료를 사용하고 있었다. 1774년 어떤 사람이 퀘이커 교도들이 운영하는 요양원을 방문했을 때, 정신병을 앓고 있던 환자들이 바쁘게 리넨 섬유를 짜고 있는 광경을 보고 충격을 받았다고 한다. 불쌍하고 불운한 환자들이 착취당하고 있다고 생각한 그는 환자들이 간단한 일을 시작하면서부터 증상이 많이 완화되었다는 설명을 듣고 나서야 오해를 풀었다.

정신과 의사라면 누구나 바쁘게 일하는 것이 정신 질환에는 가장 효과가 좋은 마취제 가운데 하나라고 주장할 것이다. 헨리 W. 롱펠로도 아내가 세상을 떠나자 그 사실을 절실히 깨달았다. 어느 날 그의 아내는 촛불로 봉랍을 녹이다 옷에 불이 붙었다. 롱펠로는 아내의 비명 소리를 듣고 구하려고 달려갔지만, 아내는 끝내 화상으로 사망했다. 롱펠로는 끔찍한 경험에 대한 기억이 자꾸 떠올라 거의 제정신이 아니었다. 하지만 다행히도 롱펠로에게는 그의 보살핌이 필요한 세 명의 어린 자식들이 있었다. 슬픔에 잠긴 상황에서도 그는 아이들에게 아버지이자 어머니의 역할을 충실히 했다. 아이들과 산책을 나가거나 이야기를 들려주거나 놀아주었다. 또한 아이들의 우정을 다룬 〈아이들의 시간〉이라는 시를 썼으며, 단테의 시를 번역하기도 했다. 롱펠로는 이 모든 일들을 하느라 너무 바빠 그간의 고통을 완전히 잊고 마음의 평온도 되찾았다. 시인 테니슨은 가장 친한 친구인 아서 할람이 세상을 떠나자 "일에 몰두하지 않으면 절망에 빠져 피폐해질 것 같네"라고 말했다.

대부분의 사람들은 열심히 하루 일과에 몰두한다. 하지만 일이 끝난 후에 찾아오는 빈 시간들은 위험하다. 우리가 자유롭게 여가를 즐기고 가장 행복을 느낄 바로 그 시간에 걱정거리도 우울한 악마처럼 우리를 찾아온다. 이 시점에서 우리는 하루하루 잘 살고 있는 건지, 틀에 박힌 삶은 아니었는지, 오늘 상사가 한 말의 '속뜻'은 무엇이었는지, 점점 쓸모없는 인간이 되는 건 아닌지 생각하기 시작한다.

바쁜 일이 없으면 우리의 머릿속은 진공상태에 가까워진다. 물리학을 배운 학생이라면 '자연은 진공상태를 거부한다'라는 사실을 알고 있을 것이다. 당신과 내가 경험할 진공상태는 백열전구의 내부에 비유할 수 있다. 그 전구를 깨보면 이론으로 배운 것처럼 빈 공간에 공기가 자연스럽게 채워진다.

자연은 텅 빈 정신도 금세 채운다. 무엇으로 채우겠는가? 물론 감정으로 채울 것이다. 그 이유는 무엇일까? 걱정, 두려움, 증오, 질투, 시기와 같은 감정은 정글의 원시적인 힘과 역동적인 에너지에 이끌려 생기기 때문이다. 그런 감정의 힘은 파괴적이라 우리 마음속의 평온하고 온순한 생각과 감정을 모두 몰아낸다.

컬럼비아 대학에서 교육학을 가르치고 있는 제임스 L. 머셀 교수는 다음과 같이 말했다.

"걱정은 당신이 일에 몰입할 때보다는 하루 일과를 마쳤을 때 찾아옵니다. 당신은 닥치는 대로 상상하고, 말도 안 되는 모든 종류의 가능성을 떠올리면서 아주 작은 실수들도 확대해석할 것입니다. 당신의 정신은 짐도 싣지 않은 채 돌아가는 자동차와 같습니다. 이 자동차는 베어링이 타거나 산산조각이 날 정도로 위협적으로 달립니다. 걱정을 덜 하고 싶다면 건설적인 일에 온전히 몰입하는 게 좋습니다."

하지만 이런 사실을 깨닫고 실행에 옮기기 위해서 대학교수가 될 필요는 없다. 전쟁이 한창일 무렵 나는 '걱정을 없애려면 건설적인 일에 완전히 몰두해야 한다'라는 사실을 깨달았다는 시카고 출신의 주부를 만났다. 내가 그녀와 그녀의 남편을 만난 것은 뉴욕에서 미주리 주 농장으로 가는 열차의 식당 칸에서였다(사례를 얘기할 때 나는 이름이나 사는 곳 등 진실성을 담보해주는 구체적인 사실을 제시하려고 하는데, 유감스럽게도 이 부부의 이름과 세부적인 정보는 알아두지 못했다).

이 부부는 내게 자기 아들이 진주만 사건이 터진 직후 군대에 갔다며 이야기를 시작했다. 그녀는 하나뿐인 아들이 어디서 복무하는지, 안전한지, 아니면 작전에 투입되어 다치거나 목숨을 잃은 건 아닌지 걱정하느라 건강이 엉망이 되었다고 했다.

내가 그녀에게 걱정을 어떻게 극복했는지 묻자, 그녀는 "쉴 틈 없이 일했어요"라고 대답했다. 처음에는 가정부도 내보내고 모든 집안일을 혼자서 다 하면서 바쁘게 지내려 애썼다고 했다.

하지만 별 도움이 되지 않았다고 한다. 그녀는 이렇게 말했다. "문제는 제가 집안일을 생각 없이 기계적으로 하고 있었다는 거예요. 집안일을 하면서도 걱정은 걱정대로 하고 있었던 거죠. 그러던 어느 날, 침대를 정리하고 설거지를 하다가 문득 매시간 정신적으로 그리고 육체적으로 바빠질 수 있는 새로운 일이 필요하다는 걸 깨달았습니다. 그래서 대형 백화점의 영업 사원으로 일하기로 했습니다.

그게 도움이 됐어요. 저는 손님들이 우르르 몰려들어 가격, 크기, 색상에 대해 묻는 통에 정신없이 일했습니다. 지금 하는 업무 외에는 잠시도 딴생각할 여유가 없었습니다. 퇴근 후에는 쑤신 발을 푸느라 아무 생각도 들지 않았어요. 저녁을 먹자마자 침대에 누웠고 금세 잠이 들었어요. 걱정할 시간적 여유도 없었죠."

그녀는 존 쿠퍼 포이스가 자신의 책《불쾌한 일을 잊는 기술》에서 언급한 "주어진 일에 몰입하면 안정감, 심오한 내면의 평온함, 일종의 행복한 마비 상태가 찾아온다"라는 말을 직접 경험을 통해 깨달았다.

일에 몰입하면 안정감과 평온함을 찾을 수 있다니 얼마나 다행인가! 최근에 세계적인 여류 탐험가 오사 존슨은 자신이 어떻게 근심과 슬픔에서 해방되었는지 이야기했다. 당신도 그녀의 실화가 담긴《나는 모험과 결혼했다》라는 책을 읽어본 적이 있을 것이다. 여자라면 누구나 모험과 같은 결혼을 하게 되겠지만, 오사 존슨은 말 그대로 모험과 결혼했다.

열여섯 살이 되던 해에 그녀는 마틴 존슨과 결혼한 뒤, 캔자스 주 차누테를 떠나 보르네오의 야생 정글로 들어갔다. 그곳에서 부부는 25년간 아시아와 아프리카 대륙의 사라져가는 야생동물들을 촬영하며 전 세계를 누볐다. 9년 전 미국으로 돌아온 이들은 자신들이 찍은 유명한 영상을 보여주며 순회강연을 하고 있었다. 그런데 이동 중 태평양 연안을 향하던 덴버 발 비행기가 산으로 곤두박질쳤고, 그 와중에 남편이 목숨을 잃었다. 의사들은 오사가 절대 침대에서 일어나지 못할 거라고 했다. 하지만 그건 오사를 잘 모르고 하는 소리였다. 3개월 후 오사는 휠체어를 탄 채로 강의를 이어나갔다. 실제로 그녀는 휠체어를 타고도 그 시기에만 100명이 넘는 관중 앞에서 강의를 했다. 내가 어떻게 그럴 수 있었는지 물었을 때 그녀는 "슬픔을 느끼거나 걱정할 시간을 만들고 싶지 않았어요"라고 답했다.

오사 존슨은 일찍이 100년 전에 살았던 시인 테니슨이 말한 대로 "일에 몰두하지 않으면 절망에 빠져 피폐해진다"라는 이치를 깨달은 것이다.

버드 제독은 5개월 동안 완전히 고립되어 지낼 때 이러한 이치를 깨달았다. 그는 자연이 숨겨놓은 가장 오래된 비밀이자 미국과 유럽을 합쳐놓은 것보다 더 큰 미지의 대륙을 덮고 있는 거대한 만년설에 묻혀 혼자 지냈다. 근처에는 어떤 생명체도 존재하지 않았다. 추위가 너무 심해 바람이 불면 숨을 쉴 때마다 귓가를 스쳐간 바람이 입김을 얼리고 결정(結晶)이 되는 소리가 들리는 듯했다. 버드 제독은《홀로》라는 책에서 혼란스럽고 정신이 피폐해지는 어둠 속에서 보낸 5개월에 관해 들려준다. 낮도 밤처럼 어두웠기 때문에 그는 제정신을 유지하기 위해 끊임없이 바쁘게 움직였다고 했다.

제독은 이렇게 말했다. "늦은 밤 소등하기 전에 다음 날 해야 할 일들을 정리했습니다. 비상 터널을 만드는 데 한 시간, 쌓인 눈을 고르는 데 30분, 드럼통을 정리하는 데 한 시간, 식료품 저장 터널의 벽에 선반을 만드는 데 한 시간, 썰매의 부러진 다리를 고치는 데 두 시간을 배정하는 식이었습니다.

이런 식으로 시간을 나누는 건 굉장한 효과가 있었습니다. 제 자신을 스스로 통제하고 있다는 특별한 느낌을 가질 수 있었거든요. 그런 노력이나 그 비슷한 시도를 하지 않았다면 하루하루를 목적의식 없이 보냈을 겁니다. 목적이 없는 삶은 무의미한 나날이 되고 말죠. 그런 삶은 결국 파국을 맞기 마련입니다."

마지막 구절에 주목해보자. "목적이 없는 삶은 무의미한 나날이 되고 말죠. 그런 삶은 결국 파국을 맞기 마련입니다."

만약 우리에게 걱정거리가 생긴다면 평소 해오던 일이 치료제가 될 수 있다는 걸 잊지 말자. 이런 주장을 한 사람은 하버드 대 임상의학 교수를 지낸 리처드 C. 캐벗 박사로, 이 분야의 최고 권위자다. 박사는 자신이 쓴 《사람은 무엇으로 사는가》에서 이렇게 말했다. "의사로 일하면서 의심, 망설임, 동요, 두려움으로 정신이 마비될 정도의 고통을 겪던 사람들이 일을 통해 낫는 것을 볼 때마다 정말 행복했습니다. 일을 통해 얻는 용기는 에머슨이 주창했던 주체성과 흡사합니다."

우리가 바쁘게 일하지 않고 주저앉아 걱정만 한다면, 찰스 다윈이 '위버 기버'라고 불렀던 것이 잔뜩 불어날 것이다. 이런 '위버 기버'들은 옛날 얘기에 나오는 '그렘린', 즉 우리를 공허하게 만들고 행동력과 의지력을 파괴하는 작은 악마와 같다.

나는 조바심을 낼 시간조차 없이 바쁘게 살면서 '위버 기버'를 이겨낸 뉴욕의 사업가를 만난 적이 있다. 그의 이름은 트렘퍼 롱맨이며, 월 스트리트 트럼프 빌딩에 사무실을 두고 있었다. 롱맨은 내 평생교육 강좌를 수강하던 학생이었다. 그런데 걱정을 극복한 경험담이 무척 흥미로워서 수업이 끝난 후 식사를 함께하자고 제안했다. 우리는 자정이 넘도록 긴 대화를 나누었다. 그는 이렇게 말했다.

"18년 전 저는 걱정이 너무 많아서 불면증에 시달렸습니다. 긴장, 짜증, 초조함으로 밤새 잠을 이루지 못할 정도였죠. 이러다 신경쇠약이 오겠구나 싶더군요.

제게는 걱정할 만한 일이 있었습니다. 저는 뉴욕 브로드웨이에 위치한 크라운 식품 회사에서 자금 담당으로 일하고 있었습니다. 우리 회사는 딸기를 약 4리터 용량의 통에 담아 공급하는 데 50만 달러를 투자해둔 상황이었습니다. 과거 20년 동안 우리는 이런 방식으로 아이스크림 회사에 딸기를 공급해왔습니다. 그런데 내셔널 데어리나 보든스 같은 대형 아이스크림 업체들이 생산량을 늘리고 원가와 제조 시간을 줄이기 위해 약 160리터 용량의 큰 통으로 딸기를 공급받기를 원했습니다. 결국 우리 회사는 판매를 중단하게 되었죠.

우리에게는 50만 달러를 투자하고도 판매할 수 없는 딸기뿐 아니라 앞으로 12개월 동안 100만 달러 이상 구입해야 할 딸기 계약도 남아 있었습니다. 이미 은행에서 대출받은 35만 달러를 갚을 수도 없었습니다. 누가 봐도 걱정될 만한 상황이었습니다.

저는 곧장 캘리포니아의 왓슨빌에 있는 우리 회사 공장을 찾아갔고, 공장장에게 상황이 바뀌어서 사정이 어려워졌다고 설명했습니다. 그런데 믿지 않더군요. 오히려 뉴욕 본사가 판매 능력이 형편없다며 비난하기만 했습니다.

며칠간의 노력 끝에 저는 결국 공장장을 설득해서 딸기 포장을 중단시켰고, 샌프란시스코에 있는 딸기 시장으로 공급 통로를 바꿀 수 있었습니다. 문제가 거의 해결되었으니 걱정을 그만해야 했습니다. 그런데 그러지 못했습니다. 걱정도 습관이더군요. 이미 저는 그 습관에 길들여져 있었습니다.

뉴욕으로 돌아오자 걱정은 다시 시작됐습니다. 이탈리아에서 구매하는 체리, 하와이에서 구매하는 파인애플 등 모든 것이 걱정되기 시작했습니다. 저는 항상 긴장했고, 초조함으로 밤을 새는 날도 많았습니다. 그러다 보니 전에 말한 것처럼 신경쇠약에 걸리는 것도 시간문제였지요.

절망감에 빠져 있던 저는 불면증을 치료하고 걱정을 덜어줄 새로운 방법을 찾기로 했습니다. 그건 바로 바쁘게 일하는 거였죠. 제 능력을 십분 발휘해 문제를 해결하느라 걱정할 시간이 없었습니다. 하루에 7시간씩 일했던 제가 15~16시간씩 일하기 시작했습니다. 매일 아침 8시에 출근해서 밤 12시가 다 되도록 사무실에 남아 일하곤 했습니다. 새로운 업무들을 더 많이 하게 되니, 자정이 되어 집에 도착하면 침대에 눕자마자 잠이 들었습니다.

3개월 정도 이런 스케줄로 계속 생활했습니다. 그리고 걱정하는 습관을 고친 다음에는 다시 정상적인 7~8시간 근무 체제로 돌아왔습니다. 벌써 18년 전 일입니다. 그 이후로 불면증이나 걱정으로 고통을 받은 적은 없습니다."

조지 버나드 쇼의 말이 옳았다. 그는 "당신이 비참해지는 방법은 행복한지 아닌지 신경 쓸 여유를 갖는 것이다"라고 말했다. 그러므로 그런 생각을 할 여유조차 없도록 바쁘게 지내라! 스스로 할 일을 찾아라! 당신의 피는 순환하고, 정신은 활기를 되찾을 것이다. 머지않아 당신의 몸 안에 삶에 대한 긍정적 에너지가 빠르게 차올라 마음속의 걱정을 모두 몰아낼 것이다. 바쁘게 생활하라. 그리고 그 생활을 유지하라. 세상에서 가장 저렴하고 동시에 가장 효과가 좋은 처방이 아닐까?

걱정하는 습관을 없애려면 다음과 같은 방법을 따르라.

 걱정하는 습관을 없애는 방법 1

바쁘게 움직여라! 걱정에 사로잡힌 사람이
절망의 늪에 빠지지 않으려면 일에 몰두해야 한다.

사소한 일로 낙담하지 마라

　내가 평생 잊지 못할 극적인 이야기가 있다. 뉴저지 주 메이플우드에 사는 로버트 무어가 해준 이야기다. 그는 다음과 같이 이야기를 시작했다.

　"1945년 3월, 저는 제 인생에서 가장 큰 교훈을 얻었습니다. 그것도 인도차이나 해안의 수심 80미터에서 말입니다. 저를 포함한 88명의 선원은 바야 핵잠수함 S. S. 318호를 타고 가던 중이었습니다. 때마침 레이더에 일본 측 소형 호위함의 움직임이 포착되었습니다. 동이 트기 시작했기 때문에 수중 공격 태세를 갖췄습니다. 잠망경으로 보니 호위 구축함, 유조선, 기뢰 부설함도 눈에 들어왔습니다. 우리 측에서 호위 구축함을 향해 어뢰 세 발을 쏘았지만 빗나갔습니다. 어뢰에 이상이 생긴 것 같았습니다. 호위 구축함은 우리 측의 움직임을 눈치채지 못했는지 계속 항해하고 있었죠. 우리가 마지막 배인 기뢰 부설함을 공격할 준비를 하고 있는데, 갑자기 기뢰 부설함이 방향을

틀어 우리 쪽으로 곧장 다가오는 게 아니겠습니까. 일본군 비행기가 수심 18미터에 있던 우리 잠수함을 발견하고 기뢰 부설함에 무전을 보낸 것이었습니다. 우리는 탐지되는 걸 피하기 위해 수심 45미터까지 내려가 수중 폭뢰에 대비해 준비했습니다. 해치에는 추가로 잠금 장치를 하고, 잠수함에서 발생하는 모든 소리를 제거하기 위해 환풍기, 냉각기 등 모든 전동 장치의 작동을 중단했습니다.

3분쯤 지났을 때, 지옥 같은 상황이 벌어졌습니다. 주변에서 수중 폭뢰 여섯 발이 터지면서 우리 잠수함은 해저 84미터 깊이까지 밀려 내려갔습니다. 우리는 모두 두려움에 떨었습니다. 수심 300미터 이내에서 공격을 받으면 위험하고, 수심 150미터 이내에서 공격을 받으면 거의 치명적인데, 우리는 150미터의 절반 정도밖에 되지 않는 수심에서 공격당하고 있었습니다. 안전도 측면에서 보면 간신히 무릎 정도일 뿐인 깊이에서 공격받고 있었던 겁니다. 15시간 동안 일본 측 기뢰 부설함은 계속 폭탄을 투하했습니다.

폭뢰가 잠수함 반경 5미터 이내에서 터진다면 그 충격으로 잠수함에 구멍이 생깁니다. 이런 폭뢰 수십 발이 우리 잠수함으로부터 15미터 이내에서 터졌습니다. 승무원들에게는 '시큐어', 즉 각자의 침상에 조용히 누워서 침착하게 대기하라는 명령이 하달되어 있었습니다. 저는 너무 무서워서 숨조차 제대로 쉬기 힘들었습니다. '이렇게 죽는구나.' 저는 몇 번이고 중얼거렸습니다. '이렇게 죽다니. 정말 이렇게 죽는 건가.' 환풍기와 냉각기를 꺼둔 상태여서 잠수함 내의 온도는 섭씨 40도 가까이 되었지만, 두려움에 떨던 저는 스웨터와 안에 털을 댄 재킷까지 껴입었습니다. 그런데도 여전히 추위에 떨었고, 치아가 마주치며 딱딱 소리가 났습니다. 온몸이 차갑고 축축한 땀에 절어 있었습니다. 그런데 15시간 동안 계속되던 공격이 갑자기 멈췄습니다. 분명 일본 기뢰 부설함이 갖고 있던 폭뢰를 다 소진하고 돌아간 게 분명했습니다. 그 15시간은 마치 1500만 년처럼 느껴졌습니다. 이제껏 살아온 삶이 주마등처럼 스쳐 지나갔습니다.

지난날 내가 저지른 나쁜 행동, 쓸데없는 걱정거리가 떠올랐습니다. 저는 해군이 되기 전 은행에서 일했는데, 근무시간은 긴 데 비해 연봉도 낮고 승진할 가능성도 희박해서 걱정이 많았습니다. 집을 마련하거나, 새 차를 장만하거나, 아내에게 좋은 옷 한 벌 사줄 수 없는 것도 항상 고민이었습니다. 매번 잔소리하고 소리만 지르는 상사가 얼마나 끔찍했는지 모릅니다. 화가 나서 툴툴대며 집에 돌아오면 또 사소한 일로 아내와 다퉜습니다. 자동차 사고로 이마에 생긴 끔찍한 흉터를 보는 것도 힘들었습니다.

몇 년 전만 해도 이런 걱정들이 얼마나 컸던지! 하지만 폭탄이 터지고 죽음의 문턱에 다다르니 그런 것들이 얼마나 쓸데없는 걱정들로 느껴졌는지 모릅니다. 저는 그 순간 다시 삶이 허락된다면, 절대로 다시는 그런 일 따위로 걱정하지 않겠다고 맹세했습니다. 절대! 무슨 일이 있어도! 잠수함에서 보낸 고통스러운 15시간 동안 저는 시러큐스 대학에서 4년 동안 책을 통해 배운 것보다 더 많은 삶의 지혜를 배웠습니다."

우리는 종종 큰 어려움은 잘 헤쳐가면서 목덜미에 난 종기와 같이 아주 사소한 일로 낙담하곤 한다. 예를 들어 작가 새뮤얼 피프스는 《일기》에 해리 베인 경이 런던에서 참수당하는 광경을 상세히 기록해두었다. 해리 경은 처형대에 올라가면서 사형 집행인에게 살려달라고 요청한 게 아니라 목에 난 종기는 피해 달라고 부탁했다고 한다.

버드 제독도 지독하게 춥고 어두운 극지방의 밤을 보내면서 동료들이 큰일보다는 '목에 난 종기' 같은 사소한 일에 더 호들 갑을 떤다는 사실을 깨달았다. 그들은 위험, 고난, 영하 80도에 육박하는 추위도 불평하지 않고 견뎌냈다. 하지만 내가 아는 사람 중에는 다른 사람이 자기 자리에 물건을 놔두었다며 말을 걸지 않는 사람도 있고, 삼키기 전에 28번은 씹어야 하는 플레처주의자(미국의 영양식품 연구가인 플레처가 음식을 충분히 씹어서 먹을 것을 제창한 식사법을 따르는 사람들—옮긴이)가 없는 식당에서만 밥을 먹는 사람도 있다. 버드 제독은 "남극 기지에선 훈련된 사람도 아주 사소한 일에는 격렬하게 반응한다"라고 말했다.

당신도 어쩌면 이런 말을 보탤지 모른다. 부부들도 '사소한 일'로 격렬하게 다투다가 결혼 생활을 '세상에서 가장 고달픈 일'로 만들어버린다.

이는 권위자들도 인정하는 사실이다. 4만여 건의 이혼 사건을 중재해온 시카고 법원의 조지프 새바스 판사는 "불행한 결혼은 사소한 말다툼에서 시작된다"라고 지적했다. 뉴욕 카운티의 프랭크 S. 호건 지방 검사도 이렇게 말한다.

"형법 재판에서 다루는 사건의 절반은 사소한 이유로 발생합니다. 술집에서의 허세, 가족 간의 언쟁, 모욕적인 언사나 폄하하는 어휘의 사용, 무례한 행동과 같은 사소한 원인이 폭행과 살인으로 이어집니다. 처음부터 작정하고 잔혹하고 중대한 잘못을 저지르는 경우는 극히 드물다는 뜻입니다. 삶을 고달프게 만드는 것은 바로 우리의 자존감에 상처를 입거나 수치심을 느끼거나 허영심이 비난을 받기 때문입니다."

엘리너 루스벨트 여사는 결혼 후 고용한 첫 요리사의 요리 솜씨가 형편없어서 "며칠 동안 고민을 했다"라고 한다. 루스벨트 여사는 "하지만 지금 그런 일이 생긴다면 별일 아니란 듯이 웃어넘길 거예요"라고 말한다. 그렇다. 그게 바로 성숙한 감정 표현이다. 절대 군주였던 예카테리나 2세도 담당 요리사가 요리를 망쳤을 때 웃어넘겼다고 한다.

어느 날 나는 시카고에 있는 친구 집에서 저녁 식사를 하게 되었다. 내 친구는 고기를 썰던 중 실수를 했다. 나는 그 사실을 눈치채지 못했고, 설사 알아챘다 하더라도 별 신경을 쓰지 않았을 것이다. 하지만 친구의 아내가 남편의 실수를 발견하고는 모두가 보는 앞에서 몹시 화를 냈다. 그녀는 "여보, 지금 뭐하는 거예요! 밥도 하나 제대로 못 먹어요?"라고 소리쳤다.

그러고는 우리에게 "우리 남편이 이렇게 매번 실수를 해요. 그런데 고치려고 노력도 안 하는 것 같아요"라고 말했다. 어쩌면 내 친구가 노력을 하지 않았을지도 모르겠다. 하지만 나는 그런 부인을 20년 동안이나 견뎌온 친구를 칭찬하고 싶다. 솔직히 나 같으면 그렇게 꾸지람을 들으면서 북경오리에 상어지느러미로 식사를 하느니 차라리 마음 편하게 머스터드소스를 바른 핫도그를 먹는 쪽을 택하겠다.

그 일이 있은 지 얼마 후, 아내와 나는 저녁 식사에 친구들을 초대했다. 손님들이 도착하기 직전 아내는 세팅한 냅킨 중 세 장이 식탁보와 어울리지 않는다는 사실을 발견했다.

아내는 나중에 이렇게 얘기했다. "곧장 요리사에게 달려가서 알아보니 이미 그 냅킨 세 장을 세탁소에 맡겼다더군요. 손님들은 문 앞에 와서 서 있었어요. 냅킨을 바꿀 시간적 여유도 없었죠. 울고 싶은 심정이었어요. 제가 떠올린 생각은 '왜 이런 어이없는 실수로 저녁 시간 전체를 망쳐야 하지? 도대체 왜 상황을 그렇게 만들려고 하는 거야?' 하는 것이었어요. 저는 그냥 식사 시간을 즐기기로 했어요. 제 친구들이 저를 신경질적이고 괴팍한 주부보다는 조금 어설픈 주부로 생각하는 편이 낫잖아요. 어쨌든 식사하는 동안 아무도 그 냅킨이 이상하다는 걸 눈치채지 못했어요!"

유명한 법률 격언에 이런 말이 있다. "법률은 사소한 일을 돌보지 않는다." 걱정하는 사람도 이래야 한다. 마음에 평화를 얻고 싶다면 걱정을 멈춰야 한다.

사소한 일로 오랫동안 고통받지 않으려면 새롭고 즐거운 관점을 갖게 된 것처럼 가장해야 한다. 《그들은 파리로 갔다》 등 여러 권의 책을 쓴 내 친구 호머 크로이는 그 방법에 대해 아주 놀라운 예를 제시한다. 크로이는 책을 쓰고 있을 때 자기가 살고 있던 뉴욕의 집에서 라디에이터가 달가닥거리는 소리가 들리면 미친 듯이 화가 났다. 김이 지글지글 소리를 내면 크로이도 화가 나서 부글부글 끓었다. 크로이는 이렇게 말했다.

"친구들과 함께 캠프를 간 적이 있습니다. 활활 타오르는 불꽃 속에서 가지들이 탁탁하며 소리를 내더군요. 그런데 문득 그 소리가 라디에이터에서 나던 소리와 참 비슷하다는 생각이 들었습니다. 그런데 이 소리는 듣기 좋은데 왜 그 소리는 싫었던 걸까요? 저는 집으로 돌아오면서 '불꽃 속에서 나뭇가지가 내는 소리는 기분 좋다. 라디에이터에서 나는 소리도 나쁘지 않다. 소음이라고 생각하지 않고 자야겠다'라고 중얼거렸습니다. 그랬더니 정말로 아무 문제없이 잠을 잤습니다. 며칠간 라디에이터가 신경 쓰인 건 사실이었지만, 곧 완전히 잊어버렸습니다.

사소한 걱정거리를 대할 때도 마찬가지입니다. 우리는 사소한 걱정을 좋아하지 않으면서도 그 중요성을 너무 과장해서 생각하기 때문에 속을 끓이게 됩니다."

앙드레 모루아는 〈디스 위크〉라는 잡지에서 이렇게 말했다. "디즈레일리(영국의 정치가이자 소설가—옮긴이)는 '삶은 사소한 것에 신경 쓰기에 너무 짧다'라고 했습니다. 이 말은 제가 고통스러운 순간을 헤쳐나가는 데 많은 도움이 되었습니다. 우리는 종종 무시하고 잊어도 될 만한 사소한 일로 화를 냅니다. 우리는 이 땅에서 겨우 몇십 년을 살면서, 무엇과도 바꿀 수 없는 소중한 시간을 얼마 후면 우리 모두에게 잊힐 불평거리로 툴툴대면서 소비해버립니다. 그래서는 안 됩니다. 이제는 가치 있는 행동과 감정, 원대한 생각, 진실한 애정과 중대한 일에 전념해야 합니다.

삶은 사소한 일로 낭비하기에는 너무 짧기 때문입니다."

러디어드 키플링처럼 걸출한 인물도 때론 "삶이 사소한 일로 낭비하기에는 너무 짧다"라는 사실을 망각한다. 그 결과가 궁금한가? 키플링은 처남과 버몬트 주 역사상 가장 유명한 법정 싸움을 하게 된다. 이 전쟁은 너무 유명해져서 《러디어드 키플링의 버몬트 혈투》라는 책으로 출간되었다.

키플링은 버몬트 주에 살던 캐롤라인 발레스티어와 결혼 후, 버몬트 브래틀버로에 예쁜 집을 짓고 그곳에서 여생을 보낼 계획이었다. 그의 처남인 비티 발레스티어는 키플링과 둘도 없는 친구로 지냈다. 둘은 일도, 취미 생활도 함께하는 사이였다.

키플링은 처남에게서 땅 몇 마지기를 샀다. 다만 계절이 돌아올 때마다 그 땅에서 남는 건초를 처남이 베어가도 좋다는 단서가 달려 있었다. 어느 날 처남은 키플링이 이 건초지에 화원을 만들었다는 사실을 알게 되었다. 처남은 피가 부글부글 끓고 화가 나 길길이 뛰었다. 키플링도 이에 맞서 불같이 화를 냈다. 버몬트 주의 그린 산맥 너머로 어두운 기운이 흐르고 있었다!

며칠 후 키플링이 자전거를 타고 가던 중, 처남이 여러 마리의 말이 끄는 짐마차를 길가로 갑자기 몰고 들어오는 바람에 자전거에서 떨어지게 된다. 그러자 "당신 주위 사람들이 이성을 잃고 당신을 비난해도 당신만이라도 정신을 똑바로 차리고 있는다면"이라고 했던 키플링이 이성을 잃고 처남을 구속시키겠다며 떠들썩한 재판을 받게 한 것이다. 대도시에서 온 기자들이 마을로 몰려들었다. 뉴스는 순식간에 퍼져나갔다. 문제는 조금도 해결되지 않았다. 이 싸움으로 인해 키플링과 부인은 여생을 브래틀버로에서 보내려던 계획을 포기해야 했다. 이 모든 근심과 쓰라림이 사소한 건초 더미 때문에 생긴 것이라니!

페리클레스도 2400년 전 다음과 같이 말했다. "자, 여러분, 우리는 사소한 일로 너무 오랫동안 괴로워합니다." 우리는 정말로 그렇게 살고 있다.

다음은 해리 에머슨 포스딕 박사가 숲의 거인이 겨루는 힘겨운 싸움에 관해 말해준 아주 흥미로운 이야기다.

콜로라도 주 롱스피크의 산비탈에는 거대한 나무의 잔해가 있다. 동식물 연구가들의 말에 따르면, 이 나무는 400년 가까이 그곳에 서 있었다고 한다. 콜럼버스가 산살바도르에 도착했을 때 묘목이었고, 순례자들이 플리머스에 정착할 때쯤 반 정도 자라 있었다. 오랜 시간을 거치면서 번개가 14번이나 쳤고, 눈사태와 천둥도 셀 수 없이 겪었지만 모두 이겨내고 살아남았다. 하지만 결국 딱정벌레의 공격을 받아 무너졌다. 벌레들은 나무껍질을 타고 올라가 나무를 모두 갉아먹었고, 작지만 끊임없이 공격하자 나무는 점차 내부의 힘을 잃어갔던 것이다. 숲 속에 사는 이 대단한 거인은 나이가 들어 약해지거나, 번개나 폭풍의 공격으로 손상된 게 아니라 아주 작아서 사람이 엄지와 검지만으로 눌러 부술 수도 있는 딱정벌레 때문에 쓰러진 것이다.

우리 모두 숲 속의 거인과 같지 않은가? 이따금 겪는 폭풍, 산사태, 번개의 공격도 이겨내면서, 손가락 두 개로 눌러 부술 수 있을 만큼 작은 딱정벌레에게 정신이 갉아 먹히도록 내버려 두지는 않는가?

몇 년 전 나는 와이오밍 주 고속도로 관리자인 찰스 세이프레드와 그의 친구들 몇 명과 함께 와이오밍 주에 있는 티턴 국립공원을 여행했다. 우리는 공원에 있는 존 록펠러의 부지를 방문할 예정이었다. 하지만 내가 타고 있던 차가 길을 잘못 들어 헤매는 바람에 다른 차들이 들어간 지 한 시간이 지나서야 부지 입구에 도착했다. 세이프레드가 열쇠를 갖고 있었기 때문에 그는 덥고 모기가 들끓는 숲 속에서 한 시간 내내 우리를 기다렸다. 모기떼는 성인군자도 제정신을 못 차리게 만들 정도로 우글거렸다. 하지만 모기떼도 세이프레드를 어쩌지는 못했다. 그는 우리를 기다리는 동안 사시나무 가지를 꺾어 피리를 만들었다. 우리가 도착했을 때 그는 모기떼를 저주하고 있었을까? 세이프레드는 피리를 불고 있었다. 나는 사소한 것은 무시할 줄 알았던 한 사람을 기억하기 위한 기념품으로 그 피리를 간직하고 있다.

걱정하는 습관이 당신을 삼키기 전에 걱정하는 습관을 버리고 싶다면, 다음의 방법을 따르라.

 걱정하는 습관을 없애는 방법 2

무시하고 잊어버려도 될 사소한 일로 화내지 마라.
'인생은 사소한 일로 낭비하기엔 너무 짧다'라는 걸 잊지 마라.

걱정을 이기는 법칙

나는 어렸을 때 미주리 농장에서 자랐다. 어느 날 어머니를 도와 체리 씨를 빼고 있다가 느닷없이 울기 시작했다. 어머니가 물었다.

"데일, 왜 우는 거니?"

나는 울면서 말했다.

"내가 산 채로 땅속에 파묻힐까 봐 너무 무서워요!"

그 당시 나는 걱정이 아주 많았다. 폭풍우가 몰아치면 벼락에 맞아 죽을까 봐 걱정했다. 살림살이가 어려워지면 먹을 게 없어 굶어 죽을까 봐 무서웠다. 내가 죽어서 지옥에 갈까 봐 걱정했다. 형 샘이 내 큰 귀를 자르겠다고 위협하면 정말 무서웠다. 여자아이들 앞에서 인사하려고 모자를 살짝 올려 아는 척하면 여자아이들이 나를 보고 비웃을 것만 같았다. 나와 흔쾌히 결혼해줄 여자가 없을 것 같았다. 결혼하게 되더라도 결혼 직후 아내에게 무슨 말을 해야 할지 걱정스러웠다. 아마 우리는 어느 시골 교회에서 결혼식을 올리고 마차에 올라 농장으로 돌아오게 될 것이다. 농장으로 돌아오는 내내 도대체 아내에게 어떤 이야기를 해야 하지? 어떤 말? 어떤 이야기? 또 나는 쟁기 뒤를 따라 밭을 갈면서 이런 중요한 문제들을 곰곰이 생각하기도 했다.

시간이 흐르면서 나는 내가 걱정하는 문제의 99퍼센트는 절대 일어나지 않을 일이라는 것을 깨달았다.

이미 말한 것처럼 나는 한때 벼락에 맞아 죽을까 봐 걱정했다. 하지만 미국안전연구소에 의하면, 벼락에 맞을 확률은 35만 분의 1 정도에 불과하다고 한다. 산 채로 묻힐 거라는 걱정은 더욱 터무니없었다. 산 채로 묻힐 확률은 1000만 분의 1도 되지 않을 것이다. 하지만 한때 나는 이런 공포로 울었다. 8명 중 1명이 암으로 죽는다. 만약 내가 걱정할 일이 있다면, 벼락에 맞아 죽거나 산 채로 묻히는 것보다는 암으로 죽을까 봐 걱정해야 한다.

어린 시절이나 사춘기에는 이렇게 터무니없는 걱정을 할 만하다. 하지만 대다수 성인들도 터무니없는 걱정을 한다. 실제로 걱정할 만한 타당한 이유가 있더라도 평균의 법칙을 기억한다면 걱정의 대부분을 당장 없앨 수 있다.

세상에서 가장 유명한 보험 회사인 런던의 로이즈 보험사는 좀처럼 일어나지 않을 일을 걱정하는 사람들의 성향을 이용해 수많은 고객을 확보했다. 로이즈는 사람들이 우려하는 재난이 결코 일어나지 않는다고 장담하며 내기를 건다. 하지만 이것을 내기라고 말하지 않는다. 보험이라고 불렀다. 하지만 그것은 평균의 법칙에 근거한 진정한 내기다. 이 대단한 보험 회사는 200년 동안 건재했고, 인간의 본성이 변하지 않는 한 평균의 법칙에 의하면 거의 일어나지도 않을 재난과 관련된 온갖 종류의 보험을 팔면서 앞으로 50세기는 더 건재할 것이다.

평균의 법칙을 살펴본다면 이 법칙에서 드러난 사실에 매우 놀랄 것이다. 가령 앞으로 5년 안에 게티즈버그 전투 같은 피비린내 나는 전투에 참여해야 한다면, 나는 아마 너무 두려워서 가입할 수 있는 생명보험은 모조리 들으려 하고, 유언장을 작성하고, 현재의 모든 삶을 정리하려 할 것이다. 나는 아마도 이렇게 생각할 것이다. '그 전투에서 살아 돌아올 수 없을 거야. 내게 얼마 남지 않은 시간을 정리해야 해.'

하지만 평균의 법칙에 의하면, 평화로운 시기라도 50세에서 55세 사이를 무사히 살아남는 것은 게티즈버그 전투에서 살아남는 것만큼 어렵고 위험하다. 다시 말하면, 평화로운 시기에 50세에서 55세 사이 인구의 1000명당 사망자 수는 게티즈버그 전투에 참가한 16만 3000명 군인의 1000명당 사망자 수와 똑같다.

나는 캐나다 로키 산맥의 보 호(湖) 근처에 있는 제임스 심슨의 '넘티가 로지'라고 불리는 오두막에서 이 책의 상당 부분을 썼다. 어느 여름날 거기 머무를 때 샌프란시스코 퍼시픽 가 2298번지에 사는 허버트 H. 샐린저 부부를 만났다. 나는 안정적이고 차분한 샐린저 부인에게 걱정이 전혀 없는 것 같은 인상을 받았다. 어느 날 저녁, 벽난로 앞에서 나는 부인에게 걱정 때문에 고민해본 적이 있는지 물었다. "고민해본 적이 있냐고요?" 부인은 이어서 다음과 같은 이야기를 들려주었다.

"걱정 때문에 제 인생이 완전히 엉망이 되었던 걸요. 걱정을 극복하는 법을 배우기 전까지 저는 11년 동안 생지옥 속에서 살았답니다. 전 짜증이 심하고 성미가 불같았어요. 심한 불안감 속에서 살았고요. 저는 매주 샌머테이오에 있는 집에서 샌프란시스코까지 버스를 타고 쇼핑하러 갔어요. 하지만 쇼핑하는 중에도 걱정으로 안절부절못했죠.

'혹시 내가 다리미 코드를 뽑아놓지 않았으면 어떡하지? 불이 났을지도 몰라. 가정부는 뛰쳐나가고 아이들만 집에 남아 있을 거야. 아니면 밖에서 자전거를 타고 놀다가 차에 치여 죽었을지도 몰라.' 너무나 걱정한 나머지 식은땀이 흘렀고, 모든 게 제대로 되어 있는지 확인하기 위해 쇼핑 도중 집으로 달려가야 했어요. 당연히 첫 번째 결혼 생활은 엉망으로 끝났죠.

변호사인 두 번째 남편은 어떤 것에도 걱정하는 법이 없고, 조용하고 분석적인 사람이었어요. 제가 불안해하고 신경이 날카로워지면 이렇게 말했죠.

'자, 진정하고 이렇게 생각해봐요. 이게 정말 당신이 걱정할 만한 일일까요? 그 일이 실제로 일어날지 평균의 법칙으로 따져봅시다.'

한번은 우리가 뉴멕시코 주 앨버커키에서 칼스배드 동굴 국립공원을 향해 비포장도로를 달리던 중 엄청난 폭우를 만났어요.

자동차는 계속 미끄러졌죠. 통제할 수 없었어요. 저는 우리가 도로 옆 배수로로 빠져버릴지도 모른다고 생각했어요. 하지만 남편은 계속해서 저에게 이렇게 말했어요.

'난 아주 천천히 운전하고 있어요. 별일 없을 거예요. 혹시 차가 배수로에 빠지더라도 평균의 법칙에 의하면 우리는 다치지 않을 거요.' 나는 남편의 침착함과 믿음직한 모습에 평정심을 찾을 수 있었어요.

또 어느 여름에 캐나다 로키 산맥의 투캥 계곡으로 캠핑을 떠난 적이 있었습니다. 우리가 해발 2100미터 즈음에서 야영할 때 폭풍우가 몰아쳐서 텐트를 갈가리 찢을 것만 같았어요. 텐트는 나무등치에 묶여 있었죠. 바깥쪽 텐트는 심하게 흔들리고 바람에 펄럭거렸어요. 저는 텐트가 언제 바람에 날아가 버릴지 모른다고 생각했어요. 정말 무서웠어요! 그때도 남편은 제게 계속 말했어요.

'여보, 우린 지금 브루스터스 사 가이드와 함께 여행하고 있잖아요. 브루스터스 직원들은 이런 상황에 어떻게 해야 하는지 잘 알고 있을 거요. 이들은 60년이나 이 산에서 텐트를 쳤어요. 이 텐트는 몇 년 동안 바로 이 자리에 설치되었을 거요. 텐트는 아직 날아가지 않았고, 평균의 법칙에 따라 오늘 밤에도 날아가진 않을 거요. 혹시 날아간다 하더라도 다른 텐트로 피신하면 돼요. 그러니 진정해요.'

그래서 전 안심하고 푹 잘 수 있었어요.

몇 해 전에는 유행성 소아마비가 캘리포니아를 휩쓸었어

요. 예전 같았다면 완전히 히스테리 상태가 되었을 거예요. 하지만 남편은 제가 침착하게 행동하도록 설득했죠. 우리가 할 수 있는 모든 예방 조치를 취했어요. 아이들이 학교나 극장처럼 사람들이 많이 모이는 곳에 못 가게 했죠. 보건당국에 문의해본 결과, 그때까지 가장 심하게 유행성 소아마비가 돌았을 때도 캘리포니아 주 전체 아이들 중 그 병에 걸린 아이들은 1835명에 그쳤다는 사실을 알게 되었습니다. 보통은 200명이나 300명 정도 병에 걸렸고요. 그래도 그 수치는 여전히 저를 불안하게 했어요. 하지만 평균의 법칙에 의하면, 어떤 한 아이가 병에 걸릴 확률은 아주 희박했어요.

'평균의 법칙에 의하면 그 일은 일어나지 않을 것이다.' 이 한 문장이 제 걱정의 90퍼센트를 없애주었습니다. 덕분에 지난 20년간 제 삶은 기대했던 것보다 훨씬 아름답고 평화로웠답니다."

미국 역사에서 인디언을 물리친 전사로 가장 위대한 인물인 조지 크룩 장군은《자서전》에서 "인디언들의 거의 모든 걱정과 불행은 현실이 아니라 그들의 상상력에서 비롯된다"라고 말했다.

지난 수십 년을 되돌아보면 내 걱정 역시 마찬가지였다. 뉴욕 시 프랭클린 가 204번지에서 제임스 그랜트 유통 회사를 운영하는 짐 A. 그랜트는 자신도 그런 경험을 했다고 말했다. 그랜트는 플로리다 산 오렌지와 자몽을 한 번에 기차 10칸에서 15칸 분량으로 주문한다. 그러고는 온갖 불안한 생각을 떠올리며 자신을 스스로 괴롭혔다고 말했다. 기차 사고가 나면 어쩌지? 그래서 내 과일이 온 동네를 굴러다니면 어쩌지? 기차가 지나갈 때 다리가 무너지면 어쩌지? 물론 과일은 보험에 가입되어 있었다. 하지만 그랜트는 제시간에 과일을 배달하지 못할까 봐 걱정했고, 그래서 고객을 잃을까 봐 두려웠다. 그는 너무 걱정한 나머지 위궤양이 생긴 것 같아 의사를 찾아갔다. 의사는 그랜트가 지나치게 예민한 것 외에는 아무 이상이 없다고 말했다.

"그제야 정신이 번쩍 들었습니다." 그랜트가 말을 이었다. "그리고 스스로 질문하고 대답해보았습니다. '자자, 짐 그랜트, 지난 수년 동안 과일을 몇 칸이나 운송했지?' 대답은 이랬습니다. '대략 2만 5000칸.' 전 다시 저에게 물었습니다. '그중에서 몇 칸이 사고가 났지? 아마 5칸일 거야.' 저는 이렇게 되물었습니다. '2만 5000칸 중 겨우 5칸이라고? 이게 무엇을 의미할까? 바로 5000대 1의 확률이야. 다시 말해서 내 경험을 토대로 한 평균의 법칙에 의하면 5000칸 중 1칸만 사고가 났다는 거야. 도대체 내가 이토록 걱정할 이유가 뭐지?'

이번에는 이렇게 자문해보았습니다. '다리가 무너지는 사고가 생길 수도 있다! 하지만 이런 사고로 과일 차량을 잃은 적이 있었던가? 한 번도 없었다. 한 번도 무너지지 않은 다리와 5000분의 1 확률로 발생하는 열차 탈선 사고 때문에 위궤양을 의심할 만큼 걱정하다니 얼마나 어리석은가?'"

그랜트는 다음과 같이 말을 끝냈다. "이런 관점으로 문제를 보게 되자 제가 정말 바보같이 느껴지더라고요. 저는 즉시 모든 걱정을 평균의 법칙으로 해결했습니다. 물론 그 이후로 위궤양이 생긴 적도 없었습니다!"

앨 스미스가 뉴욕 주지사로 활동할 당시, 나는 그가 정치적 공격에 이렇게 대응하는 것을 여러 번 보았다. "타당한 근거가 있는지 검토해봅시다. (…) 타당한 근거가 있는지 검토해봅시다." 이어서 스미스는 수긍할 만한 결과를 제시했다. 이제 우리가 걱정할 일이 있다면 현명한 앨 스미스의 조언을 따르자. 우리를 괴롭히는 불안에 타당한 근거가 있는지 검토해보고 있다면 그게 무엇인지 살펴보자. 프레더릭 J. 말슈테트가 무덤 같은 참호에 누워 있을 때 이런 방법으로 불안을 이겨냈다. 뉴욕에서 진행된 성인 강좌에서 우리에게 털어놓은 그의 이야기를 들어보자.

"1944년 6월 초, 저는 오마하 시 해변 근처의 참호 속에 누워 있었습니다. 999 통신 중대 소속으로 우리는 노르망디에서 참호전에 투입되었습니다. 땅속에 파놓은 직사각형의 참호를 보자 이런 생각이 들었습니다. '이건 꼭 무덤 같구나.' 거기서 누워 자려고 할 때는 정말 무덤 속에 있는 것 같았습니다. '아마 여기가 내 무덤이 되겠지.' 이런 생각을 지울 수 없었어요. 오후 11시경 독일군 비행기가 폭격을 시작하자, 저는 두려워서 완전히 얼어붙었습니다. 처음 2~3일 밤은 전혀 잠을 잘 수 없었지요. 나흘, 닷새째 밤이 되자 신경쇠약에 걸리기 직전이었어요. 이대로 있다가는 미쳐버릴 것 같았죠. 그래서 저는

5일이 지났지만 나뿐 아니라 우리 소대원 모두 살아 있다는 사실에 주목했습니다. 오직 두 명만 부상당했을 뿐이었는데, 그것도 독일군 폭격이 아니라 우리 군 고사포에서 발사된 유탄으로 인해 다쳤습니다. 저는 무엇이든 건설적인 일을 하면서 걱정하는 걸 멈추려고 했습니다. 그래서 포탄 방어용으로 참호를 덮을 두꺼운 나무 지붕을 만들었죠. 우리 부대는 어마어마하게 넓은 지역에 흩어져 있었습니다. 이렇게 깊고 좁은 참호에서 내가 죽는 것은 이곳을 정통으로 공격받을 때뿐이며, 그럴 가능성은 1만 분의 1도 되지 않으리라 생각했죠. 이렇게 생각을 바꾸자, 며칠 후 폭격 속에서도 잠을 잘 수 있었습니다."

미 해군은 병사들의 사기를 높이기 위해 통계를 이용한 평균의 법칙을 이용했다. 해군에 복무했던 한 퇴역 군인은 자신과 동료들이 고옥탄 유조선에 배치되었을 당시의 일을 들려주었다. 고옥탄에 탄 이들은 모두 두려움으로 경직되었다. 만약 고옥탄 가솔린을 실은 유조선이 어뢰로 공격을 받으면 배가 폭발해 모두 날아가 버릴 것이다. 그러나 미 해군의 의견은 달랐다. 그들은 정확한 통계 수치를 병사들에게 보여주었다. 어뢰를 맞은 100척 중 60척은 여전히 물에 떠 있었고, 40척은 가라앉았으며, 그중 5척만이 10분 이내에 침몰했다는 것이다. 이는 배를 탈출할 시간이 충분하고 사상자가 극히 적으리라는 걸 의미했다. 이 수치가 사기를 높이는 데 도움이 되었을까?

"평균의 법칙을 알게 되자 제가 느꼈던 공포는 싹 사라졌습니다."

이 이야기를 전해준 클라이드 W. 마스(미네소타 주 세인트폴 월넛 가 1969번지에 거주)가 말했다. "모든 병사가 안도했습니다. 우리에게 탈출할 기회가 있었고, 평균의 법칙에 의하면 거의 죽지 않을 테니까요."

걱정이 당신을 쓰러뜨리기 전에 걱정하는 습관을 없애는 세 번째 방법은 다음과 같다.

 걱정하는 습관을 없애는 방법 3

"걱정할 만한 타당한 근거가 있는지 검토해보라."

스스로에게 이렇게 물어보자.
"평균의 법칙에 의하면 지금 걱정하는 일이
실제로 일어날 가능성이 얼마나 될까?"

피할 수 없다면 받아들여라

어린 시절, 내가 낡고 버려진 통나무집 다락방에서 친구들과 놀 때의 일이었다. 다락방을 내려오면서 나는 창문턱에 발을 디뎠다가 뛰어내렸다. 그때 집게손가락에 끼고 있던 반지가 뛰어내리는 순간 못에 걸려 손가락이 잘려버렸다.

나는 비명을 질렀다. 정말 무서웠다. 내가 죽을지도 모른다고 생각했다. 하지만 손가락을 치료한 이후부터 나는 내 손가락에 대해 단 한순간도 신경 쓰지 않았다. 걱정해봤자 무슨 소용이 있겠는가? (…) 나는 이 사실을 받아들였다.

지금은 내 왼손에 손가락이 네 개밖에 없다는 사실을 거의 잊고 지낸다.

몇 년 전 뉴욕 시내에 있는 한 건물의 화물 엘리베이터에서 어떤 남자를 보았다. 왼손이 잘려 있었다. 그에게 왼손이 없어서 많이 불편한지 물었다. 남자가 대답했다.

"아니요, 전혀요. 내 왼손이 없는지조차 몰라요. 제가 아직 결혼을 안 했거든요. 그래서 바늘에 실 꽂을 때나 왼손이 없어서 좀 불편하죠."

우리가 상황에 얼마나 빨리 적응하고 쉽게 잊는지 놀라울 따름이다.

네덜란드 암스테르담에 있는 대성당 유적에는 플랑드르 어로 적힌 이런 문구가 있다. "이것이 진실이다. 결코 달라지지 않는다."

인생을 살다 보면 피할 수 없는 현실을 만나게 된다. 그것은 결코 달라지지 않는다. 하지만 우리는 선택할 수 있다. 현실을 받아들이고 순응할 수도 있고, 현실을 부정하다가 결국은 신경 쇠약으로 우리 삶을 망칠 수도 있다.

개인적으로 내가 가장 존경하는 철학가인 윌리엄 제임스는 다음과 같이 현명한 조언을 한 바 있다. "현실을 기꺼이 받아들여라. 이미 일어난 사실을 받아들이는 것이 불행을 극복하는 첫걸음이다."

오리건 주의 포틀랜드 북동부 49번가 2840번지에 거주하는 엘리자베스 코니는 고통스러운 경험을 통해 이 사실을 깨달았다. 나는 최근에 그녀에게 편지를 받았다.

"북아프리카에서 우리 군이 승리해 온 미국이 이를 축하하던 바로 그날, 저는 국방부에서 한 통의 전보를 받았습니다. 내가 가장 사랑하는 조카가 전투 중에 실종되었다고 하더군요. 며칠 후 또 다른 전보가 도착했는데, 조카가 죽었다고 알려왔습니다.

저는 큰 슬픔에 빠졌습니다. 그 일이 있기 전까지 제 삶은 아주 행복했습니다. 저는 좋아하는 일을 하고 있었고, 조카의 뒷바라지를 해왔습니다. 조카는 제게 누구보다 씩씩하고 늠름한 아들 같았죠. 조카에게 모든 것을 아낌없이 다 주어도 하나도 아깝지 않을 정도였죠! (…) 그런데 그 전보가 온 겁니다. 세상이 무너져 내렸어요. 살아갈 이유가 없었죠. 일에 신경 쓰지 않게 되었고 친구들도 등한시했어요. 모든 것을 내버려 두었어요. 고통스럽고 화가 났죠. 왜 내가 가장 사랑하는 조카를 데려간 거야? 왜 하필 착한 우리 아이인 거지? 왜 우리 아이가 죽어야만 하느냐고? 전 도저히 그 사실을 받아들일 수 없었어요. 저는 감당할 수 없을 만큼 비탄에 빠져 일을 관두고 어디론가 숨어버리고 싶었어요.

모든 것을 관두려고 책상을 정리하다가 몇 년 전에 어머니가 돌아가셨을 때 조카가 저에게 쓴 편지를 발견했습니다. 편지에는 이렇게 쓰여 있었습니다. '물론 우리는 할머니가 보고 싶을 거예요. 특히 이모가 더 그리우시겠죠. 하지만 이모는 잘 이겨내실 거예요. 이모는 강하니까요. 전 이모가 가르쳐주신 걸 절대 잊지 않을 거예요. 내가 어디에 있든 우리가 얼마나 멀리 떨어져 있든 이모가 제게 가르쳐준 것, 웃는 법과 무슨 일이든 남자답게 헤쳐나가는 법을 항상 기억할 거예요.'

저는 그 편지를 읽고 또 읽었어요. 마치 조카가 제 옆에서 직접 이렇게 말하는 것 같았어요.

'이모가 제게 가르쳐주셨잖아요? 무슨 일이 생겨도 이겨내실 수 있어요. 활짝 웃고 힘차게 나아가세요.'

저는 다시 제 일터로 돌아갔습니다. 슬퍼하는 것도, 조카가 죽었다는 사실을 인정하지 않는 것도 그만두기로 했습니다. 계속

제 자신에게 말했어요. '모두 끝난 일이다. 현실은 바꿀 수 없다. 하지만 조카가 나에게 바라는 것처럼 나는 이겨낼 수 있어.'

저는 제 일에 온 정신과 힘을 쏟아부었습니다. 누군가의 아들인 군인들에게 편지도 보냈습니다. 새로운 취미와 친구를 찾기 위해 저녁 시간에 진행하는 성인 강좌에도 등록했습니다. 그러자 믿기지 않는 변화가 찾아왔습니다. 더 이상 과거의 일로 슬퍼하지 않게 되었어요. 제 조카가 저에게 바랐던 것처럼 저는 하루하루를 즐겁게 살아가고 있습니다. 제 삶에 평화가 찾아왔습니다. 제 운명을 받아들였습니다. 지금 저는 그 어느 때보다 충만하고 완전한 삶을 살고 있습니다."

엘리자베스 콘리는 우리가 조만간 배우게 될 교훈을 배웠다. 즉 우리는 피할 수 없다면 받아들이고 순응해야 한다. "이것이 진실이다. 결코 달라지지 않는다." 물론 쉽게 배울 수 있는 교훈은 아니다. 한 나라의 왕이라도 이 사실을 피해갈 수 없다. 조지 5세는 버킹엄 궁전에 있는 자기 서재에 다음과 같은 말을 벽에 걸어두었다. "무엇이 불가능한지, 무엇이 되돌릴 수 없는 일인지 유념하라."

쇼펜하우어는 이렇게 말했다. "받아들이는 것은 인생의 여정을 준비하는 데 가장 중요하다."

분명 상황만으로 우리가 행복해지거나 불행해지는 것은 아니다. 우리 기분을 결정하는 상황에서 우리가 어떻게 반응하느냐가 중요하다. 예수는 천국이 우리 안에 있다고 했다. 그 말은 지옥 역시 우리 안에 있다는 뜻이다.

우리는 재난과 비극을 인내하고 극복할 수 있다. 불가능하다고 생각할 수도 있지만 의외로 우리에게는 강한 능력이 있다. 우리는 우리가 생각하는 것보다 훨씬 강인하다.

지금은 고인이 된 부스 타킹턴은 생전에 항상 이렇게 말했다. "나는 인생에서 어떤 일이 일어나더라도 모두 받아들일 수 있지만, 단 하나 실명(失明)은 받아들이지 못했습니다. 그것만은 절대 견딜 수 없어요."

타킹턴이 60대였을 때 하루는 바닥에 놓인 카펫을 얼핏 보았는데, 색이 흐릿하고 무늬가 안 보였다. 그는 전문의를 찾아갔다. 그리고 비극적인 사실을 알게 되었다. 시력을 잃어가고 있던 것이다. 한쪽 눈은 거의 실명이었고, 다른 눈도 점점 나빠지고 있었다. 가장 두려워했던 일이 자신에게 닥쳤다.

타킹턴은 이 '최악의 불행'에 대해 어떻게 반응했을까? '그렇구나. 이제 내 인생은 끝이구나'라고 느꼈을까? 그렇지 않다. 놀랍게도 그는 아주 쾌활했다. 심지어 유머 감각을 보여주었다. 당시 타킹턴은 눈앞에 떠다니며 시야를 가로막는 점 때문에 매우 불편을 겪고 있었다. 하지만 점 중에 제일 큰 게 나타나면 그는 이렇게 말하곤 했다. "안녕하세요! 할아버지 또 오셨군요. 이 화창한 아침에 어디 가시는 길인가요?"

운명이 우리의 정신을 망칠 수 있을까? 그렇지 않다. 시력을 완전히 잃게 될 무렵 타킹턴은 이렇게 말했다. "인간이 어떤 것이라도 받아들일 수 있는 것처럼 시력을 잃게 된다는 사실도 내가 감당할 수 있다는 것을 알았습니다. 모든 감각을 잃는다 해도 우리는 마음의 감각을 통해 살아갈 수 있습니다. 우리가 알든 모르든 우리의 감각은 마음속에 있기 때문입니다."

시력을 되찾으려는 노력으로 타킹턴은 1년에 12번 넘게 수술을 했다. 부분 마취만 해서 말이다! 타킹턴이 이런 상황을 불평했을까? 그는 그래야만 한다는 것을 알고 있었다. 달리 방법이 없다는 걸 잘 알았고, 고통을 줄이는 유일한 방법은 솔직하게 받아들이는 것뿐임을 알았다. 타킹턴은 1인용 병실을 이용하지 않고 고통을 겪는 다른 사람들과 함께 지낼 수 있는 병실을 이용했다. 그리고 다른 이들을 위로했다. 의식이 멀쩡한 상태에서 진행된 눈 수술에 관해 말할 때면 자신이 얼마나 행운아인지 떠올렸다. "정말 훌륭해요! 과학 기술이 발전해서 인간의 눈처럼 연약한 부분도 수술할 수 있다니 정말 대단해요!"

보통 사람이라면 수술을 12번이나 해야 하고 실명을 견뎌야하는 상황이라면 아마 신경쇠약에 걸릴 것이다. 그러나 타킹턴은 말했다. "더 행복한 경험을 준다 해도 이것과 바꾸지 않을 겁니다."

이 일은 타킹턴에게 받아들이는 법을 가르쳐주었다. 인생에서 그가 견뎌내지 못할 시련은 없음을 가르쳐주었다. 존 밀턴이 말했던 것처럼 "실명이 되어 불행한 게 아니라 실명을 견딜 수 없어서 불행하다"라는 사실을 가르쳐주었다.

뉴잉글랜드의 유명한 페미니스트 마거릿 풀러는 언젠가 자신의 신조를 이렇게 밝혔다. "나는 온 우주를 받아들인다!"

영국의 평론가 토머스 칼라일은 그 말을 듣고 코웃음을 쳤다.

"신에게 맹세하고 어디 한번 해보시지!"

그렇다. 어찌할 수 없는 것은 신에게 맹세코 그냥 받아들여야 한다. 불평하고 거부하면서 자신의 고통만 키운다고 해서 현실은 바뀌지 않는다. 하지만 우리는 우리 자신을 바꿀 수 있다. 나도 알고 있다. 직접 경험했다.

나는 한때 나에게 닥친 어쩔 수 없는 상황을 받아들이기를 거부했다. 어리석게도 온갖 비난을 퍼부으며 그 사실을 거부했다. 밤에는 불면증에 시달렸다. 달갑지 않은 온갖 증상이 나타났다. 그렇게 1년 동안 나 자신을 고문한 끝에 처음부터 알고 있었지만 받아들이지 못했던 '내가 상황을 바꿀 수 없다는 사실'을 받아들여야 했다.

그때 나는 월터 휘트먼의 시를 읊어야 했다.

밤과 폭풍과 굶주림,
비웃음과 우연, 좌절을 마주하라.
나무가 그리하듯
동물이 그리하듯.

나는 12년 동안 소 떼를 치며 보낸 적이 있다. 하지만 초원에 비가 부족하다고 해서, 혹은 진눈깨비나 추위로 인해, 혹은 수소가 어린 암소에게만 관심을 가진다고 해서 암소가 열을 낸 적은 한 번도 보지 못했다. 동물들은 밤, 폭풍, 굶주림을 조용히 견딘다. 신경쇠약이나 위궤양에 걸리는 법이 없고 미치지도 않는다.

그렇다면 우리에게 닥친 모든 역경에 그저 순응해야 할까? 절대 그렇지 않다! 그것은 체념일 뿐이다. 상황을 바꿀 수 있다면 싸워야 한다! 하지만 정상적인 분별력으로 볼 때, 그 일이 결코 달라지지 않는다면 앞뒤 보지 말고 내가 가지지 못한 것을 애타게 찾지도 말자.

컬럼비아 대학의 학장을 지낸 딘 호크스는 〈엄마 거위 모음곡〉이라는 동요의 일부를 자신의 좌우명으로 삼았다.

하늘 아래 모든 병에는
약이 있기도 하고, 없기도 하다.
있다면 열심히 찾아라.
없다면 신경 쓰지 마라.

이 책을 쓰면서 나는 성공한 미국 사업가들을 인터뷰했다. 그들은 피할 수 없다면 기꺼이 받아들인 다음 걱정에서 완전히 자유로웠는데, 나는 그런 그들에게 깊이 감명받았다. 만약 그렇게 하지 않았다면 그들은 긴장감으로 무너졌을 것이다. 그들의 이야기를 들어보자.

전국 체인점 페니 스토어의 창립자인 J. C. 페니는 이렇게 말했다. "내가 가진 동전 한 푼까지 모조리 잃는다 해도 저는 걱정하지 않습니다. 걱정한다고 해결되는 것은 아무것도 없기 때문입니다. 내가 할 수 있는 최선을 다하고 결과는 신에게 맡깁니다."

헨리 포드 역시 같은 말을 했다. "내가 어찌할 수 없다면 일이 흘러가는 대로 내버려 둡니다."

크라이슬러 사의 회장인 K. T. 켈러는 걱정하지 않는 법을 이렇게 설명했다. "어려운 상황에 부딪혔을 때 내가 할 수 있는 게 있다면 합니다. 그렇지 않다면 그냥 잊어버립니다. 저는 미래의 일을 걱정하지 않습니다. 앞으로 무슨 일이 일어날지 아무도 알지 못하기 때문입니다. 미래에 영향을 주는 요인은 아주 많습니다! 그것을 이해하거나 무엇인지 말할 수 있는 사람은 아무도 없습니다. 그러니 왜 걱정을 하겠습니까?"

켈러 회장이 철학자 같다고 한다면 그는 쑥스러워할지 모르겠다. 그는 성공한 기업인이지만, 켈러 회장의 생각은 19세기 전 로마의 에픽테토스 철학자가 했던 말과 일치한다. 에픽테토스는 로마인을 이렇게 가르쳤다. "행복에 이르는 길은 단 하나다. 우리의 힘을 넘어서는 일은 걱정하지 않는 것이다."

'신이 내린 배우'라고 불리는 사라 베르나르는 피할 수 없는 것을 받아들이는 법을 잘 아는 인물로 단연 돋보이는 여성이다. 그녀는 반세기 동안 네 개의 대륙을 통틀어 가장 유명하고 사랑받는 연극 무대의 여왕이었다. 그녀는 71세 때 대서양을 항해하던 중에 폭풍우를 만나 갑판에서 떨어져 다리를 심하게 다쳤다. 다리의 정맥 혈관에 염증이 생겨서 다리가 자꾸만 오그라들었다. 통증이 너무 심해 의사는 다리를 잘라야 한다고 판단했다. 의사는 사라가 이 사실을 알면 화를 잔뜩 낼 것 같아 '신이 내린 배우'에게 말하기가 두려웠다. 분명 그녀의 히스테리가 폭발할 거라고 여겼다. 그러나 예상은 완전히 빗나갔다. 사라는 의사를 잠시 보더니 조용히 말했다. "잘라야만 한다면 잘라야죠." 그것은 어쩔 수 없는 일이었다.

이동 침대에 누워 수술실로 옮겨질 때 그녀의 아들은 울며 서 있었다. 사라는 손을 흔들며 밝게 말했다. "기다리렴. 금방 돌아올게."

수술실에 들어가기 전에 사라는 연극의 한 장면을 읊었다. 누군가가 그녀에게 그렇게 하면 스스로 용기를 내는 데 도움이 되는지 물었다. 사라가 말했다. "아니에요. 의사와 간호사를 격려하기 위해서랍니다. 그들이 훨씬 긴장했을 테니까요."

수술에서 회복된 후 사라 베르나르는 7년이나 더 전 세계를 돌며 관객의 마음을 사로잡았다.

엘시 매코믹은 〈리더스 다이제스트〉 칼럼에 다음과 같이 썼다. "피할 수 없는 것과 맞서기를 그만둔다면 삶을 더욱 풍요롭게 만들어줄 힘을 되찾게 될 것입니다."

피할 수 없는 일에 맞서 싸우면서 동시에 새로운 삶을 만들 만큼 넘치는 감정과 활력을 지닌 사람은 없다. 이것 아니면 저것을 선택해야 한다. 삶이 주는 눈보라 폭풍우를 유연하게 받아들이거나, 아니면 거기에 버티다가 부러지거나 둘 중 하나를 선택해야 한다.

미주리에서 농장을 경영할 때 봤던 일이다. 나는 농장에 20그루 정도의 나무를 심었다. 나무는 놀랄 만큼 빠르게 자랐다. 어느날 눈보라 폭풍우가 몰아쳐 나뭇가지마다 두꺼운 눈과 얼음이 뒤덮였다. 나무는 유연하게 휠 줄 모르고 뻣뻣이 버티다가 부러졌다. 이 나무들은 북쪽 숲의 지혜를 알지 못했다. 캐나다 상록수 숲을 여행할 때 나는 전나무나 소나무가 눈과 얼음으로 부러지는 것을 한 번도 보지 못했다. 상록수 숲은 가지를 굽히는 법, 피할 수 없는 것을 받아들이는 법을 알고 있었다.

유술(유도의 모태가 된 일본의 옛 무술—옮긴이) 사범들은 제자들에게 "버드나무처럼 휘어라. 참나무처럼 버티지 마라"라고 가르친다.

자동차 타이어가 어떻게 그 거친 길을 달릴 수 있을까? 처음에 제조업자는 충격을 버틸 수 있는 타이어를 만들었다. 그 타이어는 곧 갈가리 찢어졌다. 이번에는 충격을 흡수하는 타이어를 만들었다. 이번 타이어는 '잘 버텼다.' 우리도 충격을 흡수하면서 인생의 굴곡을 따라 흔들리며 나아가는 법을 배운다면 더욱 오랫동안 순조로운 여행을 즐길 수 있을 것이다.

충격을 흡수하지 않고 버틴다면 무슨 일이 벌어질까? 버드나무처럼 휘지 않고 참나무처럼 버틴다면 우리는 어떻게 될까? 대답은 간단하다. 우리 정신은 갈등과 충돌로 가득할 것이다. 걱정하고 긴장하고 스스로 혹사하며 노이로제 상태가 될 것이다.

더 나아가 냉혹한 현실 세계를 거부하고, 우리가 만들어낸 꿈의 세계로 도망간다면 결국 제정신을 잃게 될 것이다.

전쟁 당시 겁에 질린 수백만 군인들 역시 피할 수 없다는 사실을 받아들이거나 아니면 압박감에 무너지거나 했다. 윌리엄 H. 캐설리어스(뉴욕 주 글렌데일 67번가 7126번지 거주)의 경우를 살펴보자. 내가 뉴욕에서 진행한 성인교육 강좌에서 발표해 상을 받은 이야기다.

"해안 경비대에 입대하고 얼마 안 되어 저는 대서양에서 가장 위험한 지역에 배치되었습니다. 폭발물 감독관으로 임명되었죠. 생각해보세요. 비스킷 판매원이었던 제가 폭발물 감독관이 되었습니다! 수천 톤의 TNT 위에 서 있다니 생각만 해도 뼛속까지 오싹해집니다. 이틀 동안 교육을 받았는데 오히려 두려움만 커졌습니다. 첫 번째 임무는 지금도 잊을 수 없습니다. 캄캄하고 춥고 안개가 자욱한 그날, 뉴저지 주 베이언에 있는 캐번 곳의 오픈형 부두에서 제 첫 임무가 시작되었습니다.

저는 선박 5구역에 배치되었습니다. 다섯 명의 인부와 함께 내려가 작업을 했습니다. 인부들은 무거운 짐을 나를 만큼 튼튼했지만 폭발물에 관해서는 전혀 몰랐습니다. 그들은 우리 배 한 척은 거뜬히 날려버릴 수 있는 TNT를 1톤씩 등에 지고 날랐습니다. 그리고 이 초대형 폭탄을 밧줄 두 개를 이용해 아래로 내렸습니다. 저는 제 자신에게 계속 말했습니다. 밧줄 하나라도 미끄러지거나 끊어진다면! 안 돼! 정말 무서웠습니다. 저는 벌벌 떨고 있었지요. 입은 바짝바짝 타들어 갔고, 무릎은 후들거렸으며, 심장이 쿵쾅거렸죠. 하지만 달아날 수 없었습니다. 그러면 탈영이 될 테니까요. 저뿐 아니라 부모님에게도 수치스러운 일이 되겠죠. 탈영으로 저격당할지도 모릅니다. 저는 도망칠 수 없었습니다. 자리를 지켜야 했죠. 저는 인부들이 무성의하게 초대형 폭탄을 나르는 모습을 계속 지켜보았습니다. 배는 지금 당장에라도 폭발할 것 같았습니다. 이렇게 등골이 오싹한 공포가 한두 시간 흐른 후, 저는 점차 정신을 차리기 시작했습니다. 그리고 제 자신에게 말했습니다. '자자, 그래! 내가 폭발로 죽을 수도 있다. 그래서 어쩌자고! 뭐가 다른 거야! 그렇게 죽는 게 훨씬 간단하잖아. 암으로 죽는 것보다 낫지. 바보같이 굴지 마. 어차피 언젠가는 죽어. 난 꼭 이 일을 해야 해. 아니면 저격당하겠지. 그러니 이 일을 기꺼이 받아들이는 거야.'

이렇게 여러 시간 동안 스스로 되새기자 마음이 편안해지기 시작했습니다. 피할 수 없는 상황을 받아들이도록 나를 계속 설득한 결과 걱정과 두려움을 극복했습니다.

여기서 배운 교훈은 절대 잊지 않을 겁니다. 어쩔 수 없는 상황이 닥쳤을 때, 그래서 자꾸 걱정될 때마다 저는 어깨를 한번 으쓱하곤 말합니다. '잊어버려.' 저처럼 비스킷 판매원에게도 분명 효과가 있는 방법입니다."

만세! 우리의 비스킷 판매원에게 큰 박수를 보내주자.

십자가에 못 박힌 예수 이외에 역사상 가장 유명한 최후의 장면으로 소크라테스의 죽음을 들 수 있다. 지금부터 1만 년이 지나도 인류는 문학 사상 가장 감동적이고 아름다운 플라톤의 묘사를 읽고 간직할 것이다. 나이 든 맨발의 소크라테스를 질투하고 시기한 아테네의 몇몇 사람들은 혐의를 날조해 소크라테스에게 사형을 선고했다. 소크라테스에게 우호적인 간수는 독이 든 컵을 가져다주며 말했다. "어쩔 수 없는 것이라면 덤덤히 받으십시오." 소크라테스는 독배를 들었다. 그는 평온하게 죽음을 받아들였다.

"어쩔 수 없는 것이라면 덤덤히 받으십시오." 이 말이 등장한 건 기원전 399년의 일이다. 하지만 걱정으로 가득한 오늘날 그 어느 때보다 더 절실히 필요한 말이다. "어쩔 수 없는 것이라면 덤덤히 받으십시오."

지난 8년 동안 나는 걱정을 없애는 법에 관련된 책이나 기사라면 모조리 찾아 읽었다. 모든 책이 공통으로 조언하는 가장 좋은 방법을 알고 싶은가? 욕실 거울에 붙여놓고 얼굴을 씻을 때마다 걱정도 함께 씻어버릴 수 있는 그 문장은 이러하다. 돈으로는 살 수 없는 이 기도문은 뉴욕 브로드웨이 120번가에 있는 유니온 신학대학의 라인홀트 니부어 교수가 쓴 것이다.

신은 나에게
내가 어쩔 수 없는 것을 받아들이는 평정심을,
변화시킬 수 있는 것을 바꾸는 용기를,
그리고 이 둘을 분별할 수 있는 지혜를 주셨다.

걱정이 당신을 쓰러뜨리기 전에 걱정하는 습관을 없애는 네 번째 방법은 다음과 같다.

 걱정하는 습관을 없애는 방법 4

피할 수 없다면 받아들여라.

당신의 걱정을 '손절매'하라

주식 매매로 돈을 많이 버는 방법을 알고 싶은가? 방법을 알고 싶은 사람은 수백만 명도 넘을 것이다. 그리고 만일 내가 그 답을 알고 있다면 내 책은 엄청난 가격에 팔릴 것이다. 하지만 일부 성공한 주식 중개인들이 사용하는 방법 중에 참고할 만한 것이 있다. 이 사례는 뉴욕 동부 42번가 17번지에 사무실을 두고 투자 상담사로 일하는 찰스 로버츠에게서 들은 이야기다. 그는 이렇게 말했다.

"저는 원래 텍사스 출신으로 제 친구가 주식시장에 투자해 보라며 준 2만 달러를 들고 뉴욕으로 오게 되었습니다. 그동안 주식시장을 좀 안다고 자부했지만 동전 한 푼까지 모두 잃었습니다. 사실 상당한 이익을 본 거래도 더러 있었지만 결국엔 전부 다 잃었죠.

제 돈을 잃는 건 그리 신경 쓰이지 않았지만, 친구들의 돈을 잃은 건 비록 제 친구들이 감당할 수 있는 수준이라고 해도 기분이 언짢았습니다. 우리의 모험이 아주 불행하게 결론이 나서 친구들을 다시 보기가 두려웠지만, 놀랍게도 친구들은 그 일을 오락거리 정도로 여긴데다 구제 불능이라고 할 정도로 낙천주의자들이었습니다.

나중에서야 제가 주먹구구식으로 투자해놓고 운에 맡기거나 타인의 말만 믿고 있었다는 사실을 알게 되었습니다. H. I. 필립스가 말했듯 저는 '귀로 주식 투자를 했던' 셈이었습니다.

저는 실수를 되새겨보면서 주식시장으로 돌아가기 전에 성공의 비결을 알아내리라 마음먹었습니다. 그래서 그 비결을 찾기 위해 가장 성공적인 증권 투자자 가운데 한 명인 버튼 S. 카슬즈를 수소문해 알게 되었습니다. 그는 매년 주식 투자에 성공을 거둔 인물로 명성이 자자했는데, 그런 경력은 단지 기회나 행운에 따른 결과가 아님을 알았기 때문에 저는 그에게 상당히 많은 것을 배울 수 있으리라 확신했습니다.

카슬즈는 제가 이전에 어떻게 거래했는지 몇 가지 물어본 다음, 주식 거래에서 제가 알아야 할 가장 중요한 원칙을 말해주었습니다. 그가 말했습니다. '나는 모든 주식시장 계약 건마다 손절매 주문을 해놓는다네. 한 주당 50달러에 주식을 매입했다면 45달러로 손절매 주문을 걸어놓지. 그러면 그 주식이 5포인트 이하로 떨어질 때 자동으로 팔리기 때문에 손실은 5포인트로 제한되거든.' 노련한 스승은 계속 말을 이었습니다.

'일단 괜찮은 매매가 이루어지면 거기서 평균 10포인트, 25포인트 또는 50포인트까지 수익이 날 거야. 따라서 손실을

5포인트로 제한하면 거래 기간 중 절반 이상이 잘못되더라도 충분히 돈을 벌지 않겠나?'

저는 그 원칙을 바로 받아들여 그때 이후로 계속 사용했습니다. 덕분에 저와 제 고객은 큰 손실을 피할 수 있었습니다.

그 후로 주식시장뿐만 아니라 다른 방면으로도 손실을 줄이는 원칙을 사용할 수 있음을 깨달았습니다. 어떤 난처한 일이 닥치거나 무척 화가 날 때도 저는 손절매 주문을 하기 시작했는데 마법처럼 효과가 있었습니다.

예를 들면 저는 어떤 친구와 종종 점심을 함께하는데, 그 친구는 약속 시간에 맞춰 오지 않는 경우가 많았습니다. 한번은 점심시간 30분이 지나도록 나타나지 않아 저를 애태웠죠. 결국 저는 걱정을 손절매하는 주문을 하겠다고 그에게 통보했습니다. 저는 이렇게 말했죠. '빌, 자네를 기다리는 데 정확히 10분만 할애하겠다고 손절매 주문을 넣었네. 자네가 10분 이상 늦게 도착한다면 우리의 점심 약속은 이미 흘러간 강물이라 생각하게. 다시 말해 나는 가버릴 거네.'"

아쉬워라! 내가 오래전에 이 방법을 알았더라면 얼마나 좋았을까? 나의 조급함, 노여움, 자기합리화의 욕구, 후회, 그 밖의 온갖 정신적, 감정적 부담감을 손절매할 생각을 예전부터 했더라면 얼마나 좋았을까! 나는 왜 마음의 평화를 망칠 정도로 위협적인 각 상황들을 부풀리느라 지혜롭게 행동하지 못했을까? 어째서 내 자신에게 '데일 카네기, 여기 봐. 이 상황이 정말 야단법석을 떨 정도로 가치 있는 건가? 더 이상은 안 돼' 하고 스스로에게 물어보지 않았을까? 왜 그러지 않았을까?

하지만 적어도 한 번은 현명하게 처신한 적이 있었다. 그때는 내 인생의 위기라고 할 수 있을 정도로 심각한 상황이었다. 수년간 고생하고 장래 계획을 세우며 미래를 꿈꾸던 일이 한 줄기 가느다란 연기처럼 사라져버리는 모습을 우두커니 서서 지켜봐야 했다. 그 내막은 다음과 같다.

나는 30대 초반에 평생 소설을 쓰기로 결심했고, 제2의 프랭크 노리스나 잭 런던, 또는 토머스 하디 같은 사람이 되고 싶었다. 얼마나 진지했는지 2년을 유럽에서 보내면서 본격적으로 소설을 쓰기 시작했는데, 당시는 제1차 세계대전 직후인지라 미국에서 돈을 마구 찍어내는 바람에 돈을 많이 가져가지 않아도 충분히 지낼 수 있었다. 그곳에서 2년을 보내면서 나는 일생의 역작을 썼다. 그리고 제목을 《눈보라》라고 붙였다.

제목은 어울렸다. 책 제목에 걸맞게 출판사의 반응은 다코타 평원의 눈보라만큼 싸늘했기 때문이다. 내 책의 출간 업무를 맡아주기로 했던 에이전트는 내가 특별한 능력이나 타고난 재능이 없으며 상상력도 없기 때문에 내 책은 읽을 만한 가치가 없다고 말했다. 나는 그 말을 듣자 심장이 멎는 것 같았다. 멍한 상태로 사무실을 나왔다. 그가 방망이를 휘둘러 내 머리를 쳤다고 해도 그렇게까지 놀라지는 않았을 것이다. 나는 굳어버렸다. 나는 인생의 갈림길에 섰고 엄청난 결정을 해야 했다. 어떻게 해야 하지? 어느 방향으로 가야 할까? 몇 주가 지나서야 멍한 상태에서 겨우 빠져나올 수 있었다. 그 당시에는 "걱정을 손절매하라"라는 말을 들어본 적이 없었다. 하지만 지금 와서 돌이켜보니 내가 바로 그렇게 했다는 걸 알 수 있었다. 소설 쓰던 일은 그 자체로 값진 경험이었기 때문에 땀 흘리며 보낸 지난 2년을 더 생각하지 않기로 하고 앞으로 나아갔다. 나는 성인들을 가르치고 반을 꾸리던 원래의 내 일로 돌아가 남는 시간에 전기와 지금 당신이 읽고 있는 것과 같은 논픽션을 썼다.

그런 결정을 내가 지금 기쁘게 생각하고 있을까? 기쁜 정도일까? 나는 그때를 돌이켜 생각할 때마다 완전히 신이 나서 거리에서 춤이라도 추고 싶은 기분이 든다! 솔직히 말하면 그때 이후로 내가 제2의 토머스 하디가 아니라는 사실에 단 하루도, 아니 단 한 시간도 슬퍼한 적이 없다.

100년 전 어느 날 밤, 가면올빼미가 월든 호숫가 숲에서 끽끽대고 있을 때, 헨리 소로는 집에서 만든 잉크에 자신이 키우던 거위의 깃털을 담가 일기를 썼다. "어떤 일에 드는 비용은 짧게든 길게든 그 일과 교환해야 하는 인생의 양이다." 달리 말하면 어떤 일에 대해 과하게 우리의 인생을 지불하는 사람은 어리석은 사람이라는 뜻이다.

하지만 길버트와 설리번은 그렇게 어리석었다. 그들은 쾌활하게 말하고 명랑한 음악을 창작할 줄 알았지만, 그들 자신은 비참할 정도로 유쾌하게 사는 방법을 몰랐다. 그들은 〈인내심〉, 〈군함 피너포어〉, 〈미카도〉 등 사랑스런 희가극을 만들어 세상을 기쁘게 해줬지만, 자신들의 감정을 조절하지는 못했다. 그들이 수년간 다투며 자신들의 삶을 고단하게 만들었던 것은 고작 카펫 하나 정도의 가치에 지나지 않았다! 설리번은 자신들이 산 극장을 위해 새로운 카펫을 주문했다. 그러자 길버트가 영수증을 보고 벌컥 화를 냈다. 그들은 법정 분쟁까지 했고, 다시는 서로 말을 하지 않았다. 새로 창작할 때는 설리반이 곡을 써서 길버트에게 우편으로 보냈다. 그러면 길버트는 가사를 써서 다시 설리번에게 우편으로 보냈다. 함께 연극의 막을 올려야 했지만 서로 무대 반대쪽에 서서 다른 방향으로 인사했고, 결국 서로를 보지 않았다. 그들은 링컨과는 달리 자신의 분노를 손절매하는 현명함이 없었다.

남북전쟁이 한창이던 어느 날, 링컨의 친구들이 그의 비열한 적을 신랄하게 비난하자 링컨이 이렇게 말했다. "자네들이 갖고 있는 개인적인 분노가 내 분노보다 더 큰 것 같군. 어쩌면 내가 가진 분노가 너무 작을지도 모르겠네. 하지만 나는 그게 결코 도움이 된다고는 생각하지 않네. 싸우는 데 인생의 절반을 낭비해도 좋을 정도로 시간이 많은 사람은 없다네. 누구든 나에 대한 공격을 멈춘다면, 나는 그 사람과의 지난 일은 절대 기억하지 않는다네."

내가 에디스 숙모라고 부르는 나이 든 우리 숙모도 링컨이 보여주었던 이런 용서의 정신을 가졌더라면 얼마나 좋았을까. 에디스 숙모와 프랭크 삼촌은 땅이 척박하고 물도 부족했으며 잡초투성이의 농장에 살고 있었는데, 이 농장을 담보로 융자까지 받고 있었다. 5센트짜리 동전 하나라도 아끼려면 힘겹게 살아야 했지만, 에디스 숙모는 허전한 보금자리를 화사하게 꾸며

줄 커튼이나 다른 물건들을 사길 좋아했다. 그래서 숙모는 미주리 주 메리빌에 있는 댄 에버솔의 포목점에서 그런 자그마한 사치품들을 외상으로 샀다. 프랭크 삼촌은 빚이 걱정이었다. 자신은 농부인데 외상 영수증이 쌓여가는 것을 보자 두려웠고, 아내가 더 이상 외상으로 물건을 사지 못하게 해달라고 댄 에버솔에게 몰래 말했다. 숙모는 이 말을 듣고 너무 화가 나서 거의 50년이나 지난 지금까지도 화를 풀지 못하고 있다. 나는 숙모가 그 이야기를 한 번에 그치지 않고 여러 번 말하는 것을 들었다. 내가 마지막으로 숙모를 봤을 때 숙모는 70대 후반이었다. 그때 내가 숙모에게 말했다.

"에디스 숙모, 프랭크 삼촌이 숙모를 창피하게 만든 건 잘못하셨어요. 하지만 거의 50년도 넘은 이야기를 계속 불평하는 건 실제로 삼촌이 잘못한 것보다 솔직히 너무 심하다고 생각하지 않으세요?"

아마도 나는 벽에 대고 말한 것 같다. 에디스 숙모는 자신이 키워온 쓰라린 추억을 회상하고 원망하느라 몹시 비싼 대가를 치렀다. 마음의 평화를 대가로 치른 셈이다.

벤저민 프랭클린은 일곱 살 무렵, 70년이나 기억하게 될 실수를 했다. 호루라기에 푹 빠진 일곱 살 사내아이였던 그는 너무 신이 나서 장난감 가게로 갔고, 계산대에다 가진 동전을 모두 올려놓으며 가격도 묻지 않고 호루라기를 달라고 했다. 그리고 70년이 흐른 뒤 프랭클린은 친구에게 보내는 편지에 이렇게 썼다. "그 뒤에 나는 집에 와서 온 집 안을 돌아다니며 호루라기를 불어댔지. 호루라기가 있어서 얼마나 기뻤는지!" 하지만 형과 누나가 실제 호루라기 값보다 훨씬 더 많은 돈을 냈다는 사실을 알게 되었고, 깔깔깔 웃으며 놀려댔다. 그러자 프랭클린은 친구에게 이렇게 썼다. "나는 속상해서 울었다네."

오랜 세월이 흐르고 프랭클린이 프랑스 대사가 되어 세계적으로 유명한 인물이 되었을 때도 그는 자신이 호루라기 값을 너무 많이 내서 '호루라기로 얻을 수 있는 기쁨보다 원통함이 더 컸던' 사실을 여전히 기억하고 있었다.

하지만 프랭클린이 얻은 교훈에 비하면 저렴한 대가를 치른 셈이었다. 그는 이렇게 말했다. "내가 자라면서 세상으로 나와 사람들의 행동을 관찰하며 생각해보니, 나는 실제 호루라기 값보다 너무 많이 준 사람들을 많이 만나게 되었습니다. 다시 말하면 인간이 겪는 가장 큰 불행은, 그 일의 가치를 잘못 평가해 호루라기 값을 너무 많이 지불해 생겼음을 알게 되었습니다."

길버트와 설리번은 호루라기 값을 너무 많이 치렀다. 에디스 숙모도 마찬가지였고, 많은 경우를 생각해보면 나 역시 마찬가지였다. 그리고 전 세계적으로 유명한 두 편의 소설《전쟁과 평화》,《안나 카레니나》를 쓴 불멸의 레오 톨스토이도 마찬가지였다.《브리태니커 백과사전》에 따르면, 레오 톨스토이는 자신의 인생에서 마지막 20년 동안은 "전 세계에서 분명 가장 존경받는 사람이었을 것"이라고 한다. 톨스토이가 죽기 전 1890년에서 1910년까지 20년 동안 끊임없이 찬사가 이어졌고, 추종자들은 그의 얼굴이라도 한번 보려고, 목소리라도 한번 들으려고, 심지어 옷 가장자리라도 스쳐보려고 집으로 찾아갔다. 톨스토이가 말한 문장은 모두 다 공책에 옮겨졌으며, 마치 '신성한 지침서'처럼 여겨졌다. 하지만 일반적인 삶의 관점에서 보면, 70대의 톨스토이는 일곱 살 적 프랭클린보다 훨씬 더 분별력이 부족했다! 아니, 전혀 분별력이 없었다.

이 말의 의미는 다음과 같다. 톨스토이는 아주 많이 아끼며 사랑한 소녀와 결혼했다. 사실 부부는 아주 행복해서 천국같이 완전하고 황홀한 세상에서 계속 함께 살게 해달라고 신에게 무릎 꿇고 기도했다. 하지만 톨스토이가 결혼한 여자는 천성적으로 질투가 많았다. 그녀는 소작농처럼 변장해서 톨스토이의 행동을 감시하고, 심지어 숲 속까지 따라다녔다. 두 사람은 크게 다투었다. 그녀는 더 질투가 심해졌고, 심지어 자식까지 질투해서 자기 딸의 사진을 총으로 쏴 구멍을 내기도 했다. 한번은 바닥에 엎드려 아편 병을 입술에 대고 자살하겠다며 협박하기도 해서 이 광경을 본 아이들이 방구석에 웅크리고 앉아 공포에 질려 비명을 지르기도 했다.

그래서 톨스토이는 어떻게 했을까? 그가 살림살이를 뒤집어엎고 가구를 부쉈다고 해도 충분히 그럴 만했으니 나는 그를 비난하지 않겠다. 하지만 톨스토이는 훨씬 더 심한 짓을 했다. 자기만의 일기장을 가지고 있었던 것이다! 그렇다. 일기장에 아내에 대해 온갖 험담을 적었다! 그 일기장이 바로 그의 '호루라기'였던 것이다! 톨스토이는 후세 사람들이 자신에게 잘못이 있는 게 아니라 아내에게 있다고 생각하고 아내를 탓할 거라고 확신했다. 이 행동에 대해 아내는 어떻게 반응했을까? 저런, 그녀는 일기장을 한 장씩 찢어 태워버렸다. 반대로 남편을 악당으로 만드는 자신만의 일기를 쓰기 시작했다. 《누구의 잘못인가》라는 제목으로 소설을 써서 남편을 집안의 미치광이로 묘사하고, 자신은 순교자로 그렸다.

무엇을 위해서 그 모든 일이 일어났을까? 왜 두 사람은 하나밖에 없는 집을 톨스토이의 묘사처럼 '정신병원'으로 만들었을까? 분명 그럴 만한 이유는 많았다. 하지만 그중 하나는 우리에게 강한 인상을 심어주려는 강렬한 욕구 때문이었다. 그렇다. 우리가 바로 누구의 잘못인지 판단할 후대의 사람들이다. 그럼 우리는 잘못한 사람을 찾아서 이미 저승에 있을 그 사람을 비난해야 할까? 아니다. 우리는 우리 자신의 문제를 너무 걱정하느라 톨스토이 걱정까지 하면서 낭비할 시간이 없다. 이 비참한 두 사람이 호루라기로 지불한 값은 얼마인지! 단지 두 사람 중 어느 누구라도 "그만"이라고 말할 생각을 못했기 때문에 진정으로 지옥 같은 곳에서 자그마치 50년을 살았다. 둘 중 어느 누구라도 "이 문제에 대해서 지금 당장 손절매합시다. 우리 삶을 낭비하고 있잖소. 이만하면 됐다고 말합시다!"라고 할 가치를 충분히 깨닫지 못한 것이다.

그렇다. 진정한 마음의 평화를 누리기 위한 위대한 비밀은 가치를 제대로 아는 것이라고 나는 믿는다. 그래서 우리가 일종의 개인적인 황금률을 개발한다면 우리가 하는 걱정의 절반 정도는 즉시 없앨 수 있다고 확신한다.

그러므로 걱정이 우리를 쓰러뜨리기 전에 걱정하는 습관을 없애는 다섯 번째 방법은 다음과 같다.

 걱정하는 습관을 없애는 방법 5

살아가면서 이미 저지른 잘못으로 인해 더 큰 잘못을 저지르고 싶은 생각이 들 때마다 잠깐 멈추고 스스로에게 다음의 세 가지 질문을 던져보라.

1. 내가 걱정하고 있는 문제는 나에게 얼마나 가치 있는 일인가?

2. 이 걱정에 대해 어느 지점에서 '손절매' 주문을 넣고 잊어버릴까?

3. 이 호루라기를 위해 정확히 얼마의 값을 치러야 할까?
   원래 값어치보다 이미 훨씬 더 많은 돈을 지불한 것은 아닌가?

톱밥을 톱질하려 들지 마라

  이 문장을 쓰는 지금 나는 창밖으로 정원에 있는 공룡 발자국 화석을 보고 있다. 이탄암과 돌로 된 지층 속에 묻혀 있던 발자국이다. 예일대 피바디 박물관에서 구입한 것인데, 1억 8000만 년 전에 만들어진 것이라는 박물관장의 편지도 함께 받았다. 다운증후군 환자라고 해도 저 발자국을 바꿔보겠다고 1억 8000만 년 전으로 거슬러 올라가겠다는 허튼 망상은 하지 않을 것이다. 마찬가지로 180초 전에 일어난 일을 바꿀 수가 없다고 걱정하는 것도 어리석은 일이다. 하지만 우리 중 대다수는 분명히 이런 행동을 하고 있다. 우리는 180초 전에 일어난 일을 바꾸기 위해 무언가를 하고 있을지 모른다. 하지만 분명히 말하건대, 우리는 그때 일어난 일을 절대 바꿀 수 없다.

  과거가 건설적일 수 있는 유일한 방법은 과거의 실수를 차분히 분석하고, 거기서 교훈을 얻은 다음 잊어버리는 것이다.

나는 이 사실을 잘 알고 있다. 하지만 과연 나에게 이 사실을 실천할 용기와 분별력이 있었을까? 이 질문에 답하기 위해 수년 전에 겪었던 엄청난 경험에 대해 말해야겠다. 나는 30만 달러 이상을 흘리고 다니는 바람에 조그만 이익도 남기지 못한 경험이 있다. 상황은 이렇다. 나는 큰 규모로 성인교육 분야의 사업을 시작했고, 다양한 도시에 지점을 열었으며, 간접비와 광고비에 돈을 아낌없이 투자했다. 하지만 나는 강의를 하느라 너무 바빠서 재정을 돌볼 시간도, 의지도 없었다. 너무 순진했던 나는 지출을 주의 깊게 살펴볼 유능한 관리자가 필요하다는 사실조차 깨닫지 못했다.

1년이 지난 후 나는 마침내 정신이 번쩍 들 정도의 놀라운 사실을 알게 되었다. 엄청난 매출에도 불구하고 순수익이 전혀 없다는 사실이었다. 이 사실을 안 뒤부터 나는 두 가지 일을 해야 했다. 첫째, 흑인 과학자인 조지 워싱턴 카버가 평생 저축한 4만 달러를 은행 파산으로 잃게 되었을 때 했던 일을 나도 해야 했다. 누군가 그에게 은행이 파산했다는 소식을 들었느냐고 묻자, 카버는 "네, 들었습니다"라고 대답한 뒤 전과 다름없이 가르치던 일을 계속했다. 카버는 은행 파산으로 인한 손실을 마음속에서 완전히 지워버리고 다시는 언급하지 않았다.

둘째, 내 실수를 분석하고 실수를 통해 배우는 것이었다. 하지만 솔직히 말해 나는 이 두 가지 중 어떤 일도 하지 않았다. 대신 걱정의 소용돌이 속으로 휘말려 들어가 몇 개월을 멍하니 보냈다. 잠도 못 자고 체중도 줄었다. 이 엄청난 실수를 돌아보고 교훈을 얻는 대신, 전과 똑같이 살면서 비교적 작지만 똑같은 실수를 반복했다.

자신의 어리석음을 인정하기는 곤혹스럽다. 하지만 나는 '20명에게 해야 하는 것을 가르치는 것보다 가르친 내용대로 실천하는 20명 중의 한 사람이 되기가 더 어렵다'라는 것을 오래전에 깨달았다.

나도 뉴욕에서 조지 워싱턴 고등학교를 다니면서 앨런 손더스(뉴욕 브롱크스 우디크레스트 가 939번지)를 가르쳤던 브랜드와인 선생님 같은 사람에게 배울 기회가 있었다면 얼마나 좋았을까!

손더스는 위생 과목을 담당하던 폴 브랜드와인 선생님이 이제까지 자기가 배웠던 것 중에서 가장 귀중한 교훈을 가르쳐주었다고 말했다. 그는 이렇게 말했다. "저는 당시 10대에 불과했지만, 걱정을 달고 사는 사람이었습니다. 제가 실수한 기억을 다시 꺼내어 휘젓고 조바심을 내곤 했죠. 저는 시험지를 제출할 때가 되면 밤늦게까지 잠을 자지 못했고, 제가 겪지도 않은 두려움 때문에 손톱을 물어뜯곤 했습니다. 저는 언제나 제가 한 일을 돌이켜보며 살았고, '다르게 하고 싶었는데…' 하고 바랐습니다. 그러고는 계속 '더 잘할 수 있었는데…' 하고 속으로 중얼거렸습니다.

그러던 어느 날 우리 반 학생들이 과학 실험실에 모두 모였는데, 브랜드와인 선생님이 눈에 잘 띄도록 책상 가장자리에 우유병을 놓아두었습니다. 우리는 모두 우유를 뚫어져라 쳐다보며 자리에 앉았고, 위생 수업에서 우유로 뭘 할지 궁금해했습니다. 그런데 갑자기 브랜드와인 선생님이 일어나시더니 우유병을 싱크대에 처넣고는 쨍그랑하며 깨뜨리시더니 이렇게 외쳤습니다. '쏟아진 우유 때문에 울지 마라!'

그러고 나서 선생님은 우리 모두에게 싱크대로 와서 산산조각 난 상황을 보라고 했습니다. 그러고는 이렇게 말했습니다. '잘 봐두거라. 너희들이 평생 이 수업을 기억하기 바란다. 너희들이 보다시피 우유는 배수구로 내려가서 이제 없다. 머리카락 뭉치든 세상의 어떤 것이든 일단 배수구로 내려가면 다시 끌어올릴 수 없지. 조금만 생각해보고 사고를 방지하려 했다면 우유를 쏟지 않았을 수도 있다. 하지만 지금은 너무 늦었지. 우리가 할 수 있는 일이라곤 손실로 처리하고 잊어버린 다음, 계속해서 다음 일을 하는 것뿐이란다.'"

손더스는 내게 이렇게 말했다. "탄탄하게 공부했던 기하학과 라틴어를 지금은 다 잊어버렸지만, 당시 잠깐 봤을 뿐인 그 일은 오래도록 기억에 남았습니다. 사실 4년 동안 고등학교에 다니면서 배운 그 어떤 지식보다도 그 시범에서 실제 생활에 대해 더 중요한 교훈을 배웠습니다. 그 시범은 내게 할 수 있다면 우유를 흘리지 않도록 해야 하지만, 일단 엎질렀다면 배수구로 다 흘러갔기 때문에 완전히 잊어버리라는 걸 가르쳐주었습니다."

어떤 독자들은 "우유를 엎지르고 나서 울지 마라" 같은 너무나 진부한 격언에 코웃음을 칠 것이다. 나도 이 말이 진부하고 평범하며 특별할 게 없다는 것을 잘 알고 있다. 당신이 이 말을 수천 번이나 들어봤다는 것도 알지만, 이 진부한 격언이야말로 모든 시대에 통하는 지혜의 정수라는 것도 알고 있다. 인류가 혹독하게 경험한 결과 이런 격언이 나왔고, 수없이 많은 세대를 거쳐 지금까지 전해져 내려왔다. 역대 위대한 학자들이 걱정을 주제로 쓴 모든 글을 여러분이 읽어본다 해도 "다리에 도착하기도 전에 미리 건널 걱정은 하지 마라" 또는 "우유를 엎지르고 나서 울지 마라" 같은 진부한 격언보다 더 기본적이면서도 심오한 말을 찾지는 못할 것이다. 이 두 격언을 적용시켜보는 대신 콧방귀나 뀐다면 이 책은 전혀 필요 없을 것이다. 사실 오래된 격언대로 산다면 거의 완벽한 삶을 살아가겠지만, 실제로 적용하지 않고 단지 알기만 한다면 격언의 힘을 빌릴 수는 없다. 따라서 이 책의 목적은 새로운 것을 말하는 게 아니라 당신이 이미 알고 있는 것을 상기시키고 정강이를 차서 실제 삶에 적용할 수 있도록 동기를 부여하는 것이다.

나는 지금은 작고한 프레드 풀러 셰드 같은 사람을 항상 존경해왔다. 그는 오랫동안 진실로 통하는 이야기를 새로운 방식으로 생생하게 표현하는 재능이 있었다. 〈필라델피아 불리틴〉의 편집장이던 셰드는 어느 날 대학 졸업반 학생들에게 이런 질문을 던졌다. "얼마나 많은 나무를 톱질해보셨습니까? 손들어보세요." 대부분이 손을 들자 셰드가 다시 질문했다. "얼마나 많은 톱밥을 톱질해보셨습니까?" 그러자 한 명도 손을 들지 않았다.

"당연히 톱밥을 톱질할 수 없죠!" 셰드가 소리쳤다. "이미 톱질된 것이니까요! 과거도 마찬가지입니다. 이미 지나간 일, 이미 한 일을 걱정하기 시작한다면 단지 톱밥을 톱질하려는 것과 똑같습니다."

야구의 거장 코니 맥이 81세가 되었을 때, 나는 그에게 진 경기에 대해 걱정해본 적이 있는지 물었다. "물론이죠. 하지만 오래전에 그런 어리석은 짓을 그만두었습니다. 그래 봐야 전혀 도움이 안 된다는 걸 깨달았기 때문이죠. 이미 흘러가 버린 냇물로 물레방아를 돌릴 수는 없지 않겠어요?"

그렇다. 이미 흘러가 버린 냇물로는 물레방아를 돌릴 수 없고, 어떤 곡물도 갈 수 없다. 하지만 얼굴에 있는 주름을 더 만들거나 배에 궤양을 만들어 자극할 수는 있다.

지난 추수감사절에 나는 잭 뎀프시와 저녁을 함께 먹었다. 그는 칠면조 요리에 크랜베리 소스를 발라 먹으면서 자신이 헤비급 챔피언십 경기에서 터니에게 패한 싸움에 대해 언급했다. 그때의 패배는 자존심에 큰 충격을 주었다고 그는 말했다. "경기 중간쯤 갑자기 제가 너무 늙어버렸다는 생각이 들었습니다. 10라운드 후반부에 저는 여전히 두 발로 설 수 있었지만 그게 제가 할 수 있는 전부였습니다. 제 얼굴은 맞아서 부어올랐고, 찢어졌으며, 눈은 거의 감겨 있었습니다. 시합 후 심판이 터니의 손을 들어 승리했음을 발표하는 걸 봤습니다. 더 이상 전 세계 챔피언이 아니었습니다. 저는 링에서 내려와 관중 사이를 뚫고 탈의실로 돌아갔습니다. 제가 지나갈 때 어떤 사람들은 제 손을 잡으려 했고, 어떤 사람들은 눈물을 머금었습니다.

1년 뒤에 저는 터니와 다시 경기했지만 소용없었습니다. 저는 완전히 패배했습니다. 이 모든 것을 걱정하지 않기란 어려웠지만 저는 제 자신에게 말했습니다. '나는 더 이상 과거 속에 살거나 엎질러진 우유를 두고 울지 않겠어. 이런 일은 한 방 쳐서 날려버리면 돼. 이런 일로는 절대 쓰러지지 않을 거야.'

그리고 뎀프시는 정확히 그렇게 했다. 어떻게 했을까? 계속해서 자기 스스로에게 '나는 과거에 대해 걱정하지 않을 것이다'라고 다짐했을까? 아니다. 그렇게 하면 과거에 대해 계속 생각하고 걱정하게 될 뿐이다. 뎀프시는 과거를 받아들였고, 패배를 인정했으며, 앞으로 할 일에 더 집중했다. 그는 브로드웨이에서는 잭 뎀프시 레스토랑을, 57번가에서는 그레이트 노던 호텔을 운영했다. 그리고 권투 시합을 개최하고 복싱 전시회를 열었다. 뎀프시는 자신이 맡은 일을 해내느라 너무 바빠서 과거에 대해 걱정할 시간도 없었고, 걱정에 빠져들지도 않았다. "저는 챔피언이었을 때보다 지난 10년간 더 좋은 시간을 보냈습니다." 뎀프시가 말했다.

나는 역사와 전기를 읽거나 노력하는 사람들을 관찰하면서, 그 유능한 사람들이 걱정이나 비극을 떨쳐버리고 아주 행복하게 살아가는 모습을 보며 놀라고 또 영감을 받는다.

전에 싱싱 교도소를 방문한 적이 있는데, 수감자들이 밖에 있는 보통 사람들처럼 행복해 보여서 아주 놀랐다. 그래서 싱싱 교도소의 교도소장인 루이스 E. 로스에게 물어보았다. 그랬더니 그의 말로는, 처음에 범죄자들이 싱싱 교도소에 도착하면 대개 분노하고 억울해한다고 한다. 하지만 몇 달 지나고 나면 생각이 있는 대다수 죄수들은 자신의 불운한 과거를 떨쳐내고 차분하게 교도소 생활을 받아들이며 정착하는 데 최선을 다한다고 했다. 교도소장 로스는 싱싱 교도소의 수감자 중 한 명이 정원사였는데, 교도소 담장 안에서 야채나 꽃을 키우며 노래를 불렀다는 이야기를 들려주었다.

싱싱 교도소 안에서 꽃을 재배하며 노래하던 그 수감자는 우리보다 더 분별력 있는 사람이었다. 그는 다음과 같은 내용을 알고 있었던 것이다.

> 손가락이 쓰네. 그리고 영장도.
> 다시 움직여가니 너의 경건함과 지혜도
> 그 손을 다시 불러 반 줄도 지우게 하지 못하고,
> 너의 모든 눈물로도 한 단어조차 지우지 못하네.

그러므로 왜 눈물을 낭비해야 하겠는가? 우리는 어리석은 실수로 죄를 지은 적이 있고, 옳지 않은 일을 할 때도 있다! 그래서 어쩌겠는가? 그렇지 않은 사람이 있을까? 나폴레옹조차도 자신이 이끈 중요한 전투에서 3분의 1 정도는 패했다. 아마 우리의 승률이 나폴레옹보다 나쁘지는 않을 것이다. 누가 알겠는가?

어쨌든 왕이 거느린 모든 말과 군사들을 동원하더라도 과거의 한순간도 되돌릴 수 없다. 그러니 여섯 번째 규칙을 기억하자.

 걱정하는 습관을 없애는 방법 6

톱밥을 톱질하려 들지 마라.

걱정이 당신을 무너뜨리기 전에
걱정하는 습관을 없애는 방법

1. 계속 바쁘게 지내면서 머릿속에서 밀려드는 걱정을 몰아 내라. 충분히 행동해야 '꼬리에 꼬리를 무는 걱정'을 가장 잘 끊어낼 수 있다.

2. 사소한 것에 과잉반응을 하지 마라. 그저 조그만 개미에 불과한 사소한 일들이 당신의 행복을 망치게 놔두지 마라.

3. 걱정을 없애기 위해 평균의 법칙을 사용하라. 자신에게 물어보라. "이 일이 조금이라도 일어날 확률은 얼마인가?"

4. 피할 수 없다면 받아들여라. 우리 힘으로 어찌할 수 없는 상황이라면 스스로에게 이렇게 말하라. "이것이 진실이다. 결코 달라지지 않는다."

5. 당신의 걱정을 손절매하라. 걱정할 가치가 있는지, 얼마나 많이 걱정해야 하는지 결정하고 더 이상 생각하지 마라.

6. 과거는 무덤 속에 두어라. 톱밥을 톱질하려 하지 마라.

4

평안과 행복을 가져다주는
정신 자세를 기르는 7가지 방법

How to

stop

worrying

&

start living

인생을 변화시키는 여덟 단어

몇 년 전, 한 라디오 프로그램에서 이런 질문을 받은 적이 있다. "인생을 살아오면서 깨달은 가장 큰 교훈은 무엇인가요?"

답은 쉬웠다. 내가 지금까지 얻은 가르침 중 생각의 중요성이야말로 단연코 가장 필수적인 교훈이었다. 만약 내가 당신의 생각을 읽을 수 있다면 나는 당신이 누구인지 알 수 있을 것이다. 우리의 생각은 우리가 누구인지를 결정짓는다. 우리의 정신 자세는 우리의 운명을 결정하는 X인자다. "온종일 생각하는 모든 것, 그것이 바로 그 사람이다"라고 랠프 에머슨은 말했다. 이것 외에 달리 무엇이 될 수 있겠는가?

이제 나는 모든 의심을 넘어서 확신을 가지고 우리가 해결해야 할 가장 큰 문제며 거의 유일한 문제는 올바른 생각을 선택하는 것이라는 사실을 알고 있다. 만약 그렇게 할 수 있다면 우리는 모든 문제를 해결할 수 있는 탄탄대로 위에 서게 되는 것이다. 로마제국을 통치했던 위대한 철학자 마르쿠스 아우렐리우스는 이 사실을 여덟 단어로 정의했다. 당신의 운명을 결정지을 수도 있는 그 여덟 단어는 이것이다. "우리의 생각이 우리의 삶을 만든다(Our life is what our thoughts make it)."

그렇다. 우리가 행복한 생각을 한다면 행복해지는 것이다. 비참한 생각을 하면 비참해지는 것이고, 두려운 생각을 하면 두려워지는 것이다. 몸이 아프다는 생각을 하면 아마 병이 날 것이고, 실패를 생각하면 분명 실패할 것이다. 자기 연민에 빠져 있다면 모든 사람들이 당신을 피하려 할 것이다. 노먼 빈센트 필은 이렇게 말했다. "당신은 당신이 생각하는 당신이 아니다. 당신의 생각, 그게 당신이다(You are not what you think you are; but what you think, you are)."

내가 모든 문제에 대해 습관적으로 지나치게 낙천적인 자세를 옹호하고 있다고 생각하는가? 그렇지 않다. 안타깝게도 인생은 그 정도로 호락호락하지 않다. 하지만 부정적인 자세보다는 긍정적인 자세를 갖는 것을 지지한다. 다시 말해 우리는 직면한 문제에 신경을 써야 하지만 걱정할 필요는 없다는 말이다. 신경 쓰는 것과 걱정하는 것의 차이는 무엇일까? 구체적으로 설명해 보겠다. 나는 매번 뉴욕의 꽉 막힌 길을 건널 때마다 지금 하고 있는 일에 신경을 쓰지만 걱정을 하지는 않는다. 신경을 쓴다는 것은 문제점이 무엇인지 깨닫고, 침착하게 앞으로 나아가 문제를 마주하는 것을 의미한다. 그리고 걱정한다는 것은 아무 소용 없는 원을 마냥 그리며 제자리를 빙빙 도는 것을 말한다.

어떤 이는 심각한 문제에 신경을 쓰면서도 여전히 턱을 치켜

들고 단추 구멍에 카네이션을 꽂은 채 걸을 수 있다. 나는 로웰 토머스가 그렇게 행동하는 걸 보았다. 언젠가 나는 로웰 토머스의 유명한 기록영화(제1차 세계대전에 참전했던 앨런비 로렌스에 관한 영화—옮긴이)를 상영하는 자리에서 영광스럽게도 그와 가까워질 수 있는 기회가 생겼다. 토머스와 그의 조수들은 여섯 군데 전쟁터에서 전쟁 사진을 촬영했고, 특히 T. E. 로렌스와 그가 이끄는 아라비아 군대의 사진 기록, 그리고 팔레스타인에서 정복 활동을 벌이던 앨런비에 관한 영상 기록을 가지고 돌아왔다. 토머스는 '팔레스타인의 앨런비와 아라비아의 로렌스'라고 이름 붙인 사진을 함께 보여주는 강연을 열어 런던은 물론 전 세계에서 선풍적인 인기를 끌었다. 위험천만한 모험담을 들려주고 사진을 보여주는 이 강연이 코번트 가든 왕립 오페라 극장에서 계속되는 바람에 결국 런던의 오페라 시즌이 6주나 연기되어버렸다. 런던에서 놀라운 성공을 거둔 후 로웰 토머스는 수많은 나라들을 돌며 성공적인 강연을 이어갔다. 이후 그는 인도와 아프가니스탄에서의 삶에 대한 기록영화를 준비하면서 2년을 보냈다. 하지만 믿기지 않을 정도로 수많은 불운이 닥치면서 불가능할 것 같았던 일이 벌어졌다. 토머스가 런던에서 빈털터리가 되어버린 것이다. 그 시기에 나는 그와 함께 있었다.

우리는 저렴한 식당에서 싼 음식을 먹어야 했던 걸로 기억한다. 그마저도 유명한 스코틀랜드 출신의 예술가 제임스 맥베이에게 돈을 빌리지 않았다면 먹지 못했을 것이다. 여기서부터가 이야기의 핵심이다.

로웰 토머스는 엄청난 빚을 지고 크게 낙심하던 그때에도 그 문제에 신경을 썼지 걱정을 하지는 않았다. 자신이 패배감에 젖어버린다면 채권자를 포함한 모두에게 쓸모없는 인간으로 비춰질 거란 걸 알고 있었다. 그래서 로웰은 매일 아침마다 하루를 시작하기 전에 꽃 한 송이를 사서 단추 구멍에 끼우고는 고개를 들고 활기찬 걸음으로 몸을 좌우로 흔들며 옥스퍼드 거리를 활보했다. 그는 긍정적이고 용기를 주는 생각을 하면서 패배감 앞에서 무너지지 않았다. 토머스에게 실패는 충분히 예상한 일이었고, 정상에 오르기를 원한다면 각오해야만 하는 필요한 훈련이었다.

우리의 정신 자세는 물리적인 힘에서조차 믿기 힘든 효과를 낸다. 영국의 유명한 심리학자 J. A. 해드필드는 《힘의 심리학》이라는 자신의 책에서 이 사실에 대한 아주 좋은 예를 언급한다. "나는 정신적인 부분이 물리적인 힘에 작용하는 영향을 알아보는 실험을 하기 위해 세 명의 남성에게 참가 요청을 했다." 해드필드는 그들에게 악력 측정기를 온 힘을 다해 쥐라고 말했다. 그는 이 실험을 세 가지 다른 상황에서 시행했다.

일반적으로 깨어 있는 상황에서 세 명의 남성에게 실험을 시행한 결과 평균 악력은 46킬로그램이었다. 그런 다음 해드필드가 그 세 명의 남성들에게 그들이 매우 약하다고 최면을 건 후 실험을 했더니 기존의 악력에 3분의 1 수준도 안 되는 고작 13킬로그램의 악력이 나왔다(이들 중 한 명은 수상 기록이 있는 권투 선수였고, 그는 약하다는 최면에 걸렸을 때 자신의 팔이 '아기 팔처럼 작게 느껴진다'라고 말했다).

그다음으로 해드필드는 세 명의 남성에게 그들은 매우 강하고 평균 64킬로그램의 악력이 나올 거라는 최면을 건 후 세 번째 실험을 진행했다. 그 결과 힘이 강하다는 긍정적인 생각이 그들의 마음을 지배했고, 자신들의 실제 힘보다 거의 다섯 배증가한 힘을 냈다. 우리의 정신 자세는 이처럼 믿기지 않을 정도의 힘을 갖고 있다.

생각이 가진 마법 같은 힘에 대한 실례를 보여주기 위해 미국 역사 속의 놀라운 이야기를 하려 한다. 이 이야기로 책을 쓸 수도 있겠지만 그 내용을 요약해보자면 이렇다. 남북전쟁이 끝난 직후의 어느 싸늘한 10월 밤, 세상을 떠도는 방랑자보다 나아 보일 게 없는, 집 없고 가진 것 없는 한 여인이 매사추세츠 주 에임즈베리에 살고 있는 퇴역 해군 대령의 아내 웹스터 부인의 집 문을 두드렸다.

문을 연 웹스터 부인은 '뼈와 살가죽만 남아 45킬로그램도 채 안 될 것 같아' 금방이라도 쓰러질 것 같은 작은 생명체를 보았다. 글로버 부인이라는 이 낯선 여인은 밤낮으로 자신을 괴롭히는 문제를 생각하고 해결책을 마련하기 위해 머물 곳을 찾고 있다고 설명했다.

"여기서 지내는 게 어때요? 이 큰 집에서 나 혼자 지내고 있어요." 웹스터 부인이 대답했다.

웹스터 부인의 막내 사위 빌 엘리스가 뉴욕에서 휴가차 방문하지 않았다면 글로버 부인은 웹스터 부인과 계속 함께 살았을지도 모른다. 사위가 글로버 부인을 발견하고는 "이 집에서 부랑자와 함께 있을 수 없어!"라고 소리치며 갈 곳 없는 그녀를 문밖으로 내쫓았다. 폭우가 쏟아지고 있었다. 글로버 부인은 빗속에서 몸을 떨며 얼마간 서 있다가 또다시 거처를 찾아 길을 걷기 시작했다.

이제부터 이 이야기의 정말 놀라운 부분이 시작된다. 빌 엘리스가 집 밖으로 내쫓았던 그 부랑자는 이 세상의 다른 어떤 여성보다도 더 인류의 사고에 큰 영향력을 끼칠 운명이었다. 그녀는 '크리스천 사이언스'의 창시자로, 현재 수많은 헌신적인 신도들에게 메리 베이커 에디로 알려진 인물이다.

그런데도 지금까지 그녀의 병과 슬픔, 비극 말고는 알려진 사생활이 거의 없다. 그녀의 첫 번째 남편은 결혼 후 바로 세상을 떠났다. 두 번째 남편은 그녀를 버리고 유부녀와 눈이 맞아 함께 달아났다가 이후 빈민 시설에서 생을 마감했다. 에디 부인에게는 아들이 하나 있었는데, 가난과 질병, 시기 때문에 결국 네 살 된 아들을 포기해야만 했다. 결국 아들을 찾을 길이 모두 사라져버렸고 31년 동안 다시는 아들을 볼 수 없게 되었다.

자신의 병든 몸 때문에 에디 부인은 스스로 '정신 치유의 과학'이라고 칭하는 분야에 수년 동안 관심을 갖고 있었다. 하지만 그녀 인생의 극적인 전환은 매사추세츠 주의 린에서 일어났다. 몹시 추운 어느 날, 에디 부인은 시내를 걷다가 빙판길에서 넘어져 의식을 잃게 되었다. 척추를 다치면서 온몸에 경련이 일어났다. 의사조차도 그녀가 죽을 거라고 생각했다. 설사 살아나는 기적이 일어난다 해도 다시는 걷지 못할 거라고 단언했다.

침대에 누워 죽음을 기다리면서 메리 베이커 에디는《성경》을 펼쳤고, 그녀의 주장에 따르면 성령의 인도로 〈마태복음〉에 나오는 다음 구절을 읽게 되었다고 한다. "침상에 누운 중풍병자를 사람들이 데리고 오거늘 예수께서 (…) 중풍병자에게 이르시되 작은 자야 안심하라. 네 죄 사함을 받았느니라. (…) 일어나 네 침상을 가지고 집으로 가라 하시니 그가 일어나 집으로 돌아가거늘."(마태복음 9장 2절~7절)

"그 경험은 나에게 스스로 잘 사는 방법과 다른 이들 역시 잘살게 하는 방법을 발견하는 중요한 계기가 되었습니다. 모든 일의 원인은 마음에서 비롯되며, 결과는 정신적 현상이라는 과학적인 확신이 섰습니다"라고 에디 부인은 말했다.

메리 베이커 에디는 이런 방식으로 신흥 종교의 창시자이자 대여사제가 되었다. 크리스천 사이언스는 여성이 세운 유일한 종교 신앙으로 전 세계로 전파되었다.

지금쯤 되면 아마도 이런 생각이 들 것이다. '카네기 이 사람, 크리스천 사이언스를 믿으라고 말하고 있군.' 그건 아니다. 당신은 틀렸다. 나는 크리스천 사이언스 신자가 아니다. 하지만 나는 세월이 흐를수록 생각이 가진 굉장한 힘을 더 깊이 믿게 된다. 35년간 성인들을 가르치면서 사람들이 생각을 바꾼다면 걱정, 두려움, 다양한 질병을 몰아낼 수 있고, 자신들의 삶을 바꿀 수도 있다는 것을 알게 되었다. 나는 안다! 안다!! 안다!!! 이런 믿기 힘든 변화를 나는 수없이 목격했다. 이제는 너무 자주 목격해서 더 이상 이런 변화들이 궁금하지 않을 정도다.

한 예로 이런 변화가 미네소타 주의 세인트폴 웨스트 아이다 호 가 1469번지에 살고 있는, 내 강좌를 수강하던 프랭크 웨일리라는 사람에게도 나타났다. 웨일리는 신경쇠약을 앓고 있었다. 무엇이 그 병의 원인이었을까? 바로 걱정이다. 프랭크 웨일리는 내게 이렇게 말했다.

"저는 모든 걸 걱정했습니다. 너무 말라서 걱정, 머리가 빠진다는 생각에 걱정, 결혼 자금을 모으지 못할까 봐 걱정, 좋은 아버지가 되지 못할 거라는 생각에 걱정, 결혼하고 싶은 여자를 놓칠까봐 걱정, 잘 살고 있지 못하다는 생각에 걱정. 다른 사람들이 보는 제 인상도 걱정이었습니다. 위궤양이 있는 것 같아 그것도 염려가 되었습니다. 더 이상 일을 할 수가 없어서 직장을 그만둬야했습니다. 마치 제 자신이 제 안에 불안과 긴장을 잔뜩 쌓아놓아 안전밸브 따위는 없는 보일러가 된 것만 같았습니다. 압력을 견딜 수 없어서 어딘가는 터질 듯했는데, 결국 그렇게 되었습니다. 만약에 신경쇠약에 걸려본 적이 없다면 하나님에게 절대 걸리지 않게 해달라고 기도하십시오. 어떤 신체의 아픔도 고통이 가득한 마음의 극심한 통증보다 심하지는 않으니까요.

신경쇠약이 너무 심해서 가족에게조차 말할 수가 없었습니다. 제 생각을 통제할 수 없었죠. 두려움으로 가득 차 있었고, 조그마한 소리에도 소스라치게 놀라곤 했습니다. 모두를 피하게 되었고, 분명한 이유가 전혀 없는데도 울음을 터뜨리곤 했습니다.

하루하루가 고통의 연속이었습니다. 모든 사람에게, 심지어 신에게조차 버림받은 기분이었습니다. 강으로 뛰어내려 모든 걸 끝내고 싶었습니다.

저는 대신 주변 환경이 변하면 도움이 될 거라는 희망을 품고 플로리다로 여행을 떠나기로 결심했습니다. 기차에 올라서자 아버지께서 편지를 건네며 플로리다에 도착할 때까지 열어보지 말라고 당부하셨습니다. 여행객들이 가장 많이 찾아오는 시기에 플로리다에 도착했습니다. 호텔에 묵을 수 없었기에 차고에 딸려 있는 방 하나를 빌렸습니다. 마이애미에서 출발하는 비정기 화물선에서 일자리를 구하려 해봤지만 운이 없었습니다. 그래서 대부분의 시간을 해변에서 보냈습니다. 저는 집에 있을 때보다 플로리다에서 더 비참했습니다. 그때서야 아버지가 뭐라고 쓰셨는지 보려고 편지를 열어보았습니다. 편지에는 이렇게 쓰여 있었습니다.

'아들아, 집에서 2400킬로미터나 멀리 떨어져 있지만 크게 달라진 건 느끼지 못하고 있겠지. 그렇지? 그러리란 걸 아버지는 알고 있었단다. 네 모든 문제의 원인을 그곳으로 함께 데려 갔기 때문이지. 그리고 그 모든 문제의 원인은 바로 네 자신이란다. 네 몸과 정신은 아무 문제가 없단다. 너를 거칠게 내동댕이치는 이 상황들은 네가 마주친 것들이 아니라 네 스스로 생각해낸 것들이란다. 사람은 마음먹는 대로 된다. 아들아, 이걸 깨달았을 때 너는 치유될 것이니 그때 집으로 돌아오거라.'

아버지의 편지를 읽고 나니 화가 났습니다. 저는 아버지의 따뜻한 위로를 기대했지만 훈계뿐이었습니다. 너무 화가 나서 편지를 읽고는 절대 바로 집으로 돌아가지 않겠다고 결심했습니다. 그날 밤 마이애미의 한 골목길을 걷다가 예배를 드리고 있던 교회에 발길이 닿았습니다. 갈 곳이 없었기에 저는 교회 안으로 들어가 설교를 들었습니다. '자신의 마음을 정복한 자는 도시를 정복한 자보다 강하다.' 하나님의 성스러운 집에 앉아 아버지가 편지에 적어주셨던 이야기를 듣고 있노라니 머릿속에 쌓여 있던 쓰레기들이 모두 쓸려 나가는 것 같았습니다. 살면서 처음으로 또렷하고 분별력 있게 생각할 수 있었습니다. 그러고는 제 자신이 얼마나 바보였는지 깨달았습니다. 온 세상과 모든 이를 변화시키길 바라는 제 모습에 충격을 받았습니다. 자신의 마음이라는 카메라 렌즈에 초점을 맞추는 것이야말로 유일하게 변화가 필요했던 부분이었던 겁니다.

다음 날 아침 짐을 싸서 집으로 돌아갔습니다. 일주일 뒤 직장으로 복귀했습니다. 4개월 후, 헤어질까 봐 전전긍긍했던 여자와 결혼하게 되었습니다. 지금 저희 부부는 다섯 명의 아이들을 키우며 행복한 가정을 꾸려가고 있습니다. 하나님은 물질적인 측면과 정신적인 측면 모두를 도와주셨습니다. 절망적이었던 시절에는 18명의 직원을 관리하는 작은 부서의 야간 감독으로 일했습니다. 지금은 상자 제조 공장의 관리자로서 450명이 넘는 직원들을 관리하고 있습니다. 삶이 훨씬 풍요로워지고 우호적으로 변했습니다. 이제 저는 삶의 진정한 가치에 감사하게 되었습니다. 모든 이의 삶에서 그렇듯 걱정이 생기는 그 순간, 저는 스스로에게 카메라 렌즈의 초점을 다시 맞추라고 말합니다. 그러고 나면 모든 게 괜찮아집니다.

우리의 마음과 몸을 다스리는 생각의 힘이 얼마나 큰지 어렵게 알아냈던 힘겨운 시절이 있어서 고맙다고 솔직히 말할 수 있습니다. 이제 저는 저에게 불리한 생각이 아닌 저를 위한 생각을 할 수 있게 되었습니다. 이제 저를 괴롭히던 모든 것들은 외부 환경이 아니라 바로 제가 그렇게 생각한 것이라는 아버지의 말씀이 옳다는 걸 알게 되었습니다. 그 사실을 깨닫자 곧 병이 나았습니다."

우리 마음의 평화와 기쁨은 우리가 어디에 있는지, 무엇을 가지고 있는지, 누구인지에 의해 좌우되는 게 아니라 우리의 정신 자세에 달려 있다는 것을 나는 굳게 믿는다. 외부 조건은 영향력이 거의 없다. 예를 들어 버지니아 주의 하퍼스 페리에 있던 연방 정부 무기고를 점거하고 노예제도 폐지 운동을 선동하다가 교수형에 처해졌던 존 브라운의 경우를 보자. 그는 자신의 관에 앉은 채 교수대로 실려 갔다. 그와 나란히 끌려가고 있던 죄수는 이 상황이 두렵고 걱정스러웠다. 하지만 존 브라운은 침착했다. 그는 버지니아 주의 블루리지 산맥을 바라보며 이렇게 감탄했다. "이 얼마나 아름다운 나라인가! 지금까지 이런 아름다운 풍경을 진심으로 바라볼 기회가 한 번도 없었다니."

또 다른 예로 남극을 탐험한 첫 영국인인 로버트 팰콘 스코트와 그의 동료들의 이야기가 있다. 이들이 탐험에서 돌아오는 길은 아마도 인간이 다녀온 그 어떤 여정보다 고통스러운 여정이었을 것이다. 식량도 연료도 모두 바닥났다. 11일간 밤낮으로 맹수처럼 으르렁거리며 휘몰아치는 사납고 매서운 눈보라에 극빙 꼭대기 부분이 잘려나가면서 더 이상 행군을 할 수 없게 되었다. 스코트와 그의 동료들은 자신들이 죽어가고 있다는 사실을 알고 있었고, 이런 비상사태를 대비해 아편을 어느 정도 가지고 왔다. 많은 양의 아편을 피웠다면 그들은 자리에 누워 다시는 깨어나지 않을 즐거운 꿈을 꿀 수 있었을 것이다. 하지만 그들은 아편을 피우지 않았고 '환호의 노래를 부르며' 죽어갔다. 8개월 후 수색대가 얼어붙은 그들의 몸속에서 작별 편지를 찾아내면서 이 사실이 알려지게 되었다.

그렇다. 용기와 침착이라는 새로운 생각을 마음속에 간직한다면 우리는 교수대로 실려 가는 관에 앉아 주변 풍경을 즐길 수 있을 것이고, 배고픔 속에서 얼어 죽어가는 그 순간에도 '환호의 노랫소리'가 텐트에 가득 울려 퍼질 것이다.

300년 전 존 밀턴은 눈이 멀고 나서 이 사실을 깨달았다.

마음은 자신만의 자리가 있으니
그 안에서 스스로 지옥을 천국으로,
천국을 지옥으로 만든다.

나폴레옹과 헬렌 켈러는 밀턴의 말을 입증하는 가장 적합한 예다. 나폴레옹은 인간들이 보통 갈망하는 영광, 힘, 부를 모두 가졌지만 자신의 유형지였던 세인트 헬레나 섬에서 이렇게 말했다. "내 생애 행복했던 날은 단 6일도 되지 않았다." 반면에 헬렌 켈러는 보지도 듣지도 말하지도 못했지만 인생을 이렇게 표현했다. "인생은 정말 아름답다."

반세기를 살면서 무엇인가를 배웠다면 그건 바로 '나 자신 말고는 이 세상 어떤 것도 내게 평화를 가져다줄 수 없다'라는 사실이다.

나는 랠프 에머슨의 《자기신뢰》에 쓴 구절을 그대로 옮겼을 뿐이다. "정치적 승리, 집값 상승, 건강 회복, 떨어져 지냈던 친구와의 재회 또는 다른 외부 요소가 정신을 단련시켜주고 마치 행복한 날들이 기다리고 있는 것처럼 보이게 한다. 믿지 마라. 그렇게 될 수 없다. 나 자신 말고는 이 세상 그 어떤 것도 내게 평화를 가져다줄 수 없다."

위대한 철학자 에픽테토스는 '몸속의 종양과 종기'를 제거하는 일보다 마음속에서 잘못된 생각을 몰아내는 일에 더 집중해야 한다고 경고했다.

에픽테토스가 1900년 전에 한 말이지만 현대 의학은 그의 주장을 뒷받침해준다. G. 캔비 로빈슨 박사는 존스홉킨스 병원에 입원한 다섯 명의 환자 중에서 네 명은 정서적 중압감과 스트레스에서 비롯된 질환을 앓고 있다고 말했다. 기질적 장애를 갖고 있는 환자들의 경우도 같은 이유로 발생하는 경우가 있다. 로빈슨 박사는 이렇게 말했다. "결국 이러한 질병들의 원인은 인생과 인생의 문제들에 대한 부적응에서 비롯된다."

프랑스의 위대한 철학자인 몽테뉴는 자신의 좌우명을 이렇게 밝혔다. "인간은 일어난 일보다는 그에 대한 자신의 해석 때문에 상처를 받는다." 그리고 일어나는 일에 대한 우리의 생각은 전적으로 우리에게 달려 있다.

내 말의 의미가 무엇일까? 골칫거리들로 인해 쓰러질 지경이고, 신경이란 신경은 다 곤두서서 날카로워져 있는 당신의 면전에다 대고, 의지를 갖고 노력하기만 하면 당신의 정신 자세를 바꿀 수 있다는 엄청난 주장을 하고 있는 것일까? 그렇다. 정확히 그걸 의도한 것이다. 그리고 그것만이 전부가 아니다. 이제 어떻게 정신 자세를 바꿀 수 있는지에 대해 보여주겠다. 어느 정도의 노력은 필요하겠지만 그 비결은 간단하다.

실용심리학에 관한 지식이 그 누구보다도 풍부했던 윌리엄 제임스는 다음과 같은 소견을 제시했다. "인간은 감정에 따라 행동하는 것 같아 보이지만, 실제로 행동과 감정은 상호적인 관계를 갖고 있다. 그리고 행동은 의지에 의해 조절이 가능한데, 행동을 통제하면 통제가 더 어려운 감정도 간접적으로 조절할 수 있게 된다."

다시 말해서 윌리엄 제임스는 마음을 변화시킴으로써 감정을 즉각적으로 변화시킬 수는 없지만 행동을 조절하는 것은 가능하다고 주장한다. 그리고 행동을 변화시켰을 때 감정은 저절로 바뀌게 된다는 것이다.

"그러므로 즐겁지 않을 때 의도적으로 기분을 전환시킬 수 있는 방법은 유쾌한 마음을 갖고 이미 유쾌한 것처럼 말하고 행동하는 것이다."

이런 단순한 속임수가 과연 효과가 있을까? 이 방법은 성형 수술과 같은 효과가 있다. 시도해보라. 얼굴 가득 크고 환하게 진정한 미소를 짓고, 어깨를 활짝 펴고 숨을 깊이 들이마시고 노래를 불러보라. 노래를 못한다면 휘파람을 불어보라. 휘파람도 못 분다면 흥얼거려보아라. 곧 윌리엄 제임스가 한 말의 의미를 깨닫게 될 것이다. 신체적으로 굉장히 행복한 것처럼 행동하는 동안에 우울하고 침체되어 있기는 불가능하다.

이는 어느 누구에게도 기적을 가져다줄 수 있는 자연의 기본적인 진리 가운데 하나다. 이 비밀을 알았더라면 캘리포니아에 살고 있는 한 여성은 24시간 안에 자신의 모든 고통을 없애버릴 수 있었을 것이다(이름은 밝히지 않겠다). 안타깝게도 그녀는 나이가 많은 미망인이었다. 하지만 그녀는 행복한 것처럼 행동하려고 했을까? 그러지 않았다. 그녀에게 기분이 어떠냐고 물으면 그녀는 "오, 괜찮아요"라고 대답했다. 하지만 그녀의 표정과 불만스러운 목소리는 마치 이렇게 말하고 있는 듯했다. "오, 세상에! 당신은 제가 어떤 고생을 했는지 결코 모르실 거예요." 그녀는 자기 앞에서 행복해하는 당신을 비난하는 것처럼 보인다.

하지만 그녀는 다른 수많은 여성들보다 경제적으로 여유가 있었다. 그녀의 남편은 그녀에게 여생을 보내기에 충분한 보험금을 남겨주었고, 결혼한 자녀들은 그녀에게 살 곳을 마련해주었다. 하지만 나는 그녀가 미소 짓는 것을 거의 본 적이 없다. 그녀는 결혼한 딸의 집에서 몇 달씩 머무르면서도 세 명의 사위가 모두 인색하고 이기적이라고 불평했다. 그리고 '자신의 노년'을 위해서 돈은 쓰지 않으면서 딸들이 자신에게 선물을 주지 않는다고 불평했다. 그녀는 자신과 가족 모두에게 드리워진 어두운 그림자 같은 존재가 되었다!

그런데 꼭 그렇게 되어야만 했던 것일까? 참 안된 일이다. 변하려는 의지만 있다면 그녀는 스스로를 비참하고 고통스럽고 불행한 늙은 여자에서 가족에게 존경받고 사랑받는 어머니로 변화시킬 수 있다. 그녀가 변하기 위해 해야 할 일은 즐겁게 행동하는 것뿐이다. 불행하고 고통스러운 자신에만 초점을 맞추지 말고 다른 사람에게도 사랑을 나누어줄 수 있는 것처럼 행동해야 한다.

나는 인디애나 주 텔 시 11번가 1335번지에 살고 있는 H. J. 잉글러트라는 남자를 알고 있다. 그는 이러한 비결을 발견한 덕분에 지금까지 살아 있다. 10년 전 잉글러트는 성홍열을 앓았다가 회복되었지만, 또다시 신염이라는 신장병이 발병했다는 사실을 알게 되었다. 잉글러트는 돌팔이 의사까지 포함해 다양한 분야의 의사들을 모두 찾아갔지만 아무 소용이 없었다.

그러고 나서 바로 얼마 전부터는 다른 합병증까지 앓게 되었다. 혈압이 치솟았기 때문이다. 그는 의사를 찾아갔고, 최고 혈압이 214까지 올라간다는 말을 듣게 되었다. 의사는 병이 심각한데다 계속 악화되고 있으니 빨리 주변 정리를 하는 게 좋겠다고 충고했다. 그는 이렇게 말했다.

"집으로 돌아와서 보험금을 모두 지불했는지 확인하고, 신에게 내 잘못에 대해 용서를 구한 다음 우울한 생각에 잠겼습니다. 저는 주변의 모든 사람들을 불행하게 만들었습니다. 아내와 다른 가족들은 우울해졌고, 저 역시도 우울한 감정에 깊이 빠져들었습니다. 하지만 자기 연민에 빠져 있던 일주일이 지나고 스스로에게 이렇게 말했습니다. '바보처럼 굴고 있잖아! 아직 1년 안에 죽을 것도 아닌데 살아 있는 동안이라도 행복해지려고 노력하는 게 어때?'

어깨를 활짝 펴고 웃으며 평소처럼 행동하려 했습니다. 처음에는 노력이 필요했고, 즐겁고 유쾌하게 행동하도록 애써야 했지만, 그런 태도는 곧 제 가족은 물론 저에게도 도움이 되었습니다.

제가 가장 먼저 깨달은 점은 실제로 기분이 좋아지기 시작했다는 겁니다! 상황은 점점 좋아졌습니다. 그리고 이미 무덤 속에 있어야 할 때를 몇 달이나 넘긴 오늘도 저는 살아 있고 행복할 뿐만 아니라 혈압도 떨어졌습니다! 저는 한 가지 사실을 확실히 알게 되었습니다. 만약 죽어간다는 생각에만 빠져 있었다면 의사의 예측은 분명히 현실이 될 겁니다. 하지만 저는 오직 정신 자세를 변화시키면서 제 몸이 스스로 치유할 수 있는 기회를 주었습니다."

여기 질문이 하나 있다. 만약에 단지 즐겁게 행동하고 건강과 용기에 대한 긍정적인 생각을 하는 것만으로도 이 남자의 목숨을 구할 수 있다면 왜 사소한 우울증을 계속해서 견뎌야 하는 걸까? 단지 즐겁게 행동하는 것만으로 행복을 만들어낼 수 있다면 왜 자신과 주변의 모든 사람들을 불행하고 우울하게 만드는 걸까?

오래전 나는 내 인생에 오래도록 깊은 영향을 미치게 된 책을 한 권 읽었다. 제임스 레인 앨런의 《위대한 생각의 힘》이라는 책인데, 그 책에는 이런 구절이 나온다.

"우리가 사물과 타인에 대한 생각을 바꾼다면 사물과 타인들 역시 우리를 다르게 대할 것이다. (…) 빠르게 생각을 바꾸어보자. 그렇게 되면 물리적인 환경이 급격하게 변화하는 것에 놀라게 될 것이다. 사람들은 자신이 원하는 것을 끌어당기는 게 아니라 자신의 모습과 닮은 것들을 끌어당긴다. (…) 우리의 최후를 빚어내는 신은 우리 안에 있다. 바로 우리 자신이다. (…) 인간이 성취하는 모든 것은 자신의 생각이 직접적으로 영향을 미친 결과다. (…) 인간은 생각을 키워야만 발전하고 극복하고 성취할 수 있다. 이를 거부할 때 인간은 약하고 비참한 존재로 남아 있을 수밖에 없다."

〈창세기〉에 따르면 창조주는 인간에게 온 세상의 지배권을 주었다. 엄청난 선물이었다. 하지만 나는 이런 엄청난 특권에는 관심이 없다. 내가 원하는 건 내 생각을 스스로 지배하는 지배권과 두려움을 지배하는 지배권, 내 마음과 영혼을 지배하는 지배권이다. 그리고 내 행동을 통제하는 것만으로 내가 원할 때는 언제나 이 지배권을 확보할 수 있다는 사실을 나는 알고 있다. 행동을 통제하는 것이 다시 내 반응을 통제하기 때문이다.

그러니 윌리엄 제임스의 이 말을 기억하자. "내면의 자세를 두려움에서 투지로 바꾸는 간단한 변화만으로도 악이라 부르는 것들이 상쾌하고 기운이 돋는 선으로 바뀔 수 있다."

행복을 위해 맞서 싸우자! 즐겁고 건설적인 생각을 할 수 있게 해주는 하루의 계획을 실행하면서 행복해지려고 노력하자. 그런 계획을 하나 소개하겠다. 이 계획의 이름은 '오늘만큼은'이다. 이 계획이 커다란 깨우침을 준다고 생각된 나는 수백 부를 만들어 배포했다. 이 계획은 36년 전 시빌 F. 파트리지가 만든 것이다. 이 계획에 따라 살아가다 보면, 대부분의 걱정은 사라지고 프랑스 사람들이 말하는 'la joie de vivre', 즉 '삶의 기쁨'을 풍족하게 누릴 수 있을 것이다.

오늘만큼은

1. 오늘만큼은 행복할 것이다. "대부분의 사람들은 마음먹은 만큼 행복하다"라는 에이브러햄 링컨의 말은 사실이다. 행복은 내면에서 나오는 것이지 외부에서 오는 게 아니다.
2. 오늘만큼은 모든 것에 나를 맞추겠다. 내 기대에 맞추려고 하지 않고 가족과 일, 행운을 다가오는 그대로 받아들이고 나 스스로를 거기에 맞출 것이다.
3. 오늘만큼은 몸을 돌보겠다. 몸은 내 삶을 위한 완벽한 장비다. 그러니 운동하고 몸을 돌보고 영양을 섭취하면서 함부로 다루거나 방치하지 않도록 하겠다.
4. 오늘만큼은 내 마음을 단단히 단련하겠다. 뭔가 유용한 것을 배우겠다. 빈둥빈둥 시간만 보내지 않고 생각하고 집중하며 무언가를 읽어보겠다.
5. 오늘만큼은 세 가지 방법으로 내 영혼을 단련하겠다. 선의를 베풀고 티 내지 않겠다. 윌리엄 제임스가 제안했듯이 단련을 위해 하기 싫은 일을 최소한 두 가지는 하겠다.
6. 오늘만큼은 호감 있는 사람이 되겠다. 될 수 있는 한 멋있게 보이도

록 하고, 어울리게 옷을 입고, 조용히 말하고 예의바르게 행동하며, 칭찬에 관대해지겠다. 결코 비난하고 단점을 찾으려 들거나 다른 이를 통제하고 개선시키려 하지 않겠다.

7. 오늘만큼은 오늘 하루만 살도록 하겠다. 인생의 모든 문제에 한꺼 번에 맞서려 하지 않겠다. 평생 동안 해야 한다면 질리게 될 일도 열두 시간 동안이라면 할 수 있지 않은가.

8. 오늘만큼은 계획을 세워보겠다. 매시간 할 일을 적어보겠다. 정확하 게 따르지 않더라도 적어놓겠다. 계획은 서두름과 망설임이라는 성 가신 두 가지를 없애준다.

9. 오늘만큼은 30분 동안 조용히 나 자신에게 집중하며 긴장을 풀겠 다. 이 30분 동안 때로는 삶에 대한 좀 더 나은 관점을 갖기 위해 신을 생각하겠다.

10. 오늘만큼은 두려워하지 않겠다. 특히 행복해지기를, 아름다움을 즐기기를, 사랑하기를, 내가 사랑하고 나를 사랑하는 이들을 믿는 것을 두려워하지 않겠다.

만약 우리에게 평안과 행복을 가져다줄 정신 자세를 기르고 싶다면, 여기 첫 번째 규칙이 있다.

 평안과 행복을 가져다주는 정신 자세를 기르는 방법 1

즐겁게 생각하고 행동하라. 그러면 기분이 좋아질 것이다.

앙갚음은 대가가 크다

　수년 전 어느 날 밤, 나는 옐로스톤 공원을 구경하다가 다른 관광객들과 함께 울창한 소나무와 전나무 숲을 향해 있는 관람석에 앉았다. 우리는 숲 속 공포의 존재인 회색 곰을 보기 위해 기다리고 있었다. 잠시 뒤 회색 곰은 환하게 비친 빛을 향해 성큼성큼 걸어 나오더니 공원에 딸린 호텔 부엌에서 내다버린 쓰레기 더미를 집어삼키기 시작했다. 삼림 관리원인 마틴데일 대령은 말 위에 앉은 채 회색 곰에 관해 관광객들에게 설명해주었다. 대령은 회색 곰이 아마도 버팔로나 코디액 불곰 정도를 제외하고는 서구 세계의 그 어떤 동물도 이길 수 있다고 말했다.

　하지만 나는 그날 밤 회색 곰이 숲에서 나와 환한 불빛을 받으며 자기와 함께 음식을 먹도록 허락한 동물이 유일하게 하나 있다는 것을 알게 되었다. 그 동물은 바로 스컹크였다. 회색 곰은 자신의 커다란 앞발을 한번 휘두르기만 해도 스컹크를 죽일 수 있다는 걸 알고 있었다. 하지만 왜 그러지 않았을까? 왜냐하면 회색 곰은 그러는 게 득이 되지 않는다는 걸 경험으로 알고 있었기 때문이다.

나도 그 사실을 알고 있었다. 어린 시절 미주리 주의 농장에서 자라면서 나는 관목들 사이에 덫을 놓아 네 발 달린 스컹크를 잡았고, 성인이 되어서는 뉴욕의 인도 위를 지나고 있는 두 발의 스컹크와 마주치기도 했다. 이 쓰라린 경험에 비추어보며 네 발이건 두 발이건 간에 어느 스컹크를 괴롭혀도 내게 이로울 건 없다는 사실을 깨달았다.

적을 증오하면 우리는 그들에게 우리를 지배할 힘을 주게 된다. 우리의 잠, 식욕, 혈압, 건강, 행복을 지배하도록 놔두는 것이 되어버린다.

적들이 우리를 얼마나 걱정하게 하고, 괴롭히며, 앙갚음을 하고 있는지 알기만 하면 그들은 기뻐서 춤을 출 것이다. 우리가 품은 증오는 적에게 상처를 주게 되는 게 아니라 우리 자신의 낮과 밤을 마치 지옥처럼 혼란스럽게 만든다.

다음과 같은 말을 한 사람은 누구일까? "이기적인 사람들이 당신을 이용하려고 하면 무시해버리고 똑같이 갚아주려고 하지 마라. 복수를 하려고 하면 상대보다 스스로에게 더 큰 상처를 입히게 될 것이다." 몽상적인 이상주의자가 했을 법한 말처럼 들린다. 하지만 그렇지 않다. 밀워키 경찰청에서 발행한 간행물에 실렸던 말이다.

복수를 하려고 하면 어떤 상처를 입게 될까? 여러 방식으로 상처를 받는다. 〈라이프〉지에 의하면, 당신의 건강마저도 해칠 수 있다. 〈라이프〉지에는 이런 내용이 실려 있다. "고혈압에 시달리는 사람들의 주된 성격적 특성은 원망이었다. 지속적으로 억울한 감정을 품게 되면 만성적인 고혈압과 심장 질환도 함께 생길 것이다."

예수가 "원수를 사랑하라"라고 말씀하신 것은 올바른 길에 대해서만 설교하신 게 아니다. 20세기 의학에 대해서도 알려주시고 있었다는 걸 알 수 있다. 예수가 "일곱 번씩 일흔 번을 용서하라"라고 말씀하신 것은 당신과 나에게 고혈압, 심장 질환, 위궤양, 그리고 다른 질병들을 예방하는 법을 알려주시기도 한 것이다.

내 친구 중 한 명이 최근에 심각한 심장마비를 겪었다. 그녀의 주치의는 내 친구를 침대에 눕게 하고는 어떤 일이 있어도 화를 내지 말라고 했다. 의사들은 심장이 약한 사람이 화를 내면 죽을 수도 있다는 걸 알고 있었다. 지금 내가 죽을 수 있다고 했는가? 몇 년 전 워싱턴 주의 스포캔에서 식당을 운영하는 사람이 화를 내다가 죽었다. 나는 지금 워싱턴 주 스포캔의 경찰청장인 제리 스워타웃이 보낸 편지를 들고 있는데 이렇게 쓰여 있다. "몇 년 전 우리 마을인 스포캔에서 카페를 운영하던 68세의 윌리엄 폴커버는 카페의 요리사가 커피를 주전자 채로 마시겠다고 고집 부리는 데 격렬히 분노하다가 사망했습니다." 카페 주인은 너무 분개한 나머지 권총을 들고 요리사를 쫓아다니기 시작했고, 권총을 들고 있는 상태에서 심장 발작으로 숨을 거두고 말았다. 검시관의 보고에 따르면 분노로 인해 심장 발작이 일어났다고 한다.

예수가 "원수를 사랑하라"라고 말씀하신 것은 우리의 외모를 가꾸라는 뜻이기도 했다. 내가 아는 여성 가운데는 얼굴에 주름이 가득하고, 분노와 원망으로 표정이 굳고 일그러진 사람이 있다. 당신이 알고 있는 여성 가운데도 그런 사람이 있을 것이다. 이 세상 어떤 미용술로도 용서, 친절, 사랑으로 가득한 마음이 주는 효과의 절반만큼에도 미치지 못할 것이다.

미움은 먹는 즐거움마저도 앗아간다. 성경에는 이런 구절이 있다. "채소를 먹으며 서로 사랑하는 것이 살진 소를 먹으며 서로 미워하는 것보다 나으니라." 적들을 향한 증오는 우리를 지치게 하고, 초조하게 만들며, 겉모습을 망치는 것은 물론, 심장병의 원인이 되어 건강을 해치고 수명을 줄인다. 만약 이런 사실을 적들이 안다면 기뻐하며 두 손을 비비고 있지 않겠는가?

적을 사랑할 수 없을지라도 최소한 스스로를 사랑해야 한다. 적이 우리의 행복, 건강, 겉모습을 좌지우지하지 못할 정도로 스스로를 많이 사랑하자. 셰익스피어는 이렇게 표현했다.

적의를 너무 불태우지 마라.
그것이 너를 먼저 불태울 테니.

'일곱 번씩 일흔 번까지라도' 원수를 용서하라고 하신 예수의 말씀은 사업상의 교훈이기도 하다. 지금 내 앞에는 스웨덴의 웁살라 프라데가탄 24번지에 사는 조지 로나에게서 받은 편지가 놓여 있다. 수년간 로나는 비엔나에서 변호사로 일했지만 제2차 세계대전 때 스웨덴으로 피신했다. 로나는 무일푼이었고 일거리가 절실히 필요했다. 여러 개 언어로 말하고 쓸 수 있었던 그는 무역 관련 회사에서 해외 연락 담당으로 일하고 싶었다. 대부분의 회사에서는 전쟁 때문에 그런 일자리가 없었지만, 혹시 필요하면 연락하겠다는 식으로 로나를 거절했다. 하지만 한 남자는 로나에게 이런 편지를 보내왔다. "당신은 내가 하는 사업에 대해 잘못 알고 있습니다. 당신은 틀린데다가 어리석습니다. 나는 연락 담당 직원 따위는 필요하지 않습니다. 내가 필요했다 하더라도 당신은 스웨덴어로 글을 능숙하게 쓰지 못하기 때문에 당신을 고용하지 않았을 거요. 당신의 지원서는 실수투성이오."

그 편지를 읽자 로나는 도널드 덕처럼 분통을 터뜨렸다. '나보고 스웨덴어로 글을 제대로 쓰지 못한다니, 이 사람 도대체 무슨 소리야? 이 남자가 쓴 편지야말로 실수투성이잖아!' 그래서 조지 로나는 상대가 분통을 터뜨릴 것으로 예상되는 내용의 편지를 썼다. 그러다가 어느 순간 잠시 멈추었다. 그는 스스로에게 물어보았다. '잠깐 기다려봐. 이 남자의 말이 틀렸다는 걸 어떻게 확신하지? 스웨덴어를 공부하기는 했지만 모국어가 아니기 때문에 나도 모르게 실수를 했을 수도 있어. 내가 실수를 한다면 일자리를 구하기 위해서는 더 열심히 공부해야 해. 이 남자는 의도치 않게 나에게 도움을 준 것일 수도 있어. 무례하게 편지를 썼다 하더라도 내가 그에게 빚을 졌다는 사실은 바

꾸지 않아. 그러니까 그에게 편지를 써서 감사하다고 인사를 해야겠어.'

그래서 로나는 신랄하게 썼던 편지를 찢어버리고 새로운 편지에 이렇게 썼다.

"연락 담당 직원이 필요하지 않음에도 불구하고 제게 답변을 해주셔서 감사합니다. 귀사가 하는 일에 대해서 잘못 생각했던 점은 죄송합니다. 제가 지원서를 보낸 이유는 그쪽 분야에 대해 알아보았을 때 귀사가 그 분야의 선두주자라고 소개를 받았기 때문입니다. 편지를 쓸 때 문법적인 실수를 했다는 사실을 몰랐습니다. 죄송하고 부끄럽습니다. 이제부터 스웨덴어를 더욱더 열심히 공부하고 실수를 고치려고 합니다. 제가 발전할 수 있도록 도움을 주셔서 감사합니다."

며칠 후 로나는 그 사람으로부터 만나고 싶다는 내용의 답변을 받았다. 로나는 그를 만나러 갔고 일자리도 구했다. 로나는 "상냥한 말이 화를 식힌다"라는 사실을 스스로 깨닫게 되었다.

우리는 성자처럼 적을 사랑하지는 못할 수도 있지만, 우리 자신의 건강과 행복을 위해 최소한 용서를 하고 잊어버리도록 하자. 그렇게 하는 것이 현명하다. 공자는 이렇게 말했다. "부당한 취급을 받거나 도둑질을 당하더라도 마음에 담아두고 계속 생각하지만 않는다면 아무것도 아니다." 언젠가 나는 아이젠하워 장군의 아들 존에게 아버지가 원망을 마음에 쌓아두시기도 하느냐고 물었다. 아들은 이렇게 대답했다. "아니요. 아버지는 좋아하지 않는 사람들에 대해 고민하느라 시간을 낭비하지 않습니다."

오래된 격언 중에 이런 말이 있다. "미련한 사람은 화를 내지 못하지만 현명한 사람은 화를 내지 않는다." 이 말은 뉴욕 시장을 지냈던 윌리엄 J. 게이너의 신조이기도 하다. 그는 황색신문들로부터 격렬한 비난을 받기도 했고, 미치광이에게 총을 맞아 죽을 뻔하기도 했다. 병원 침대에 누워 죽음과 맞서는 가운데서도 게이너는 이렇게 말했다. "매일 밤 나는 모든 것과 모든 사람을 용서합니다." 지나치게 이상적인가? 너무 달콤하고 낙관적인가?

그렇다면 《염세주의 연구》라는 책을 쓴 독일의 유명한 철학자 쇼펜하우어에게 조언을 구해보도록 하자. 그는 인생을 헛되고 고통스러운 모험이라고 생각했다. 쇼펜하우어가 가는 곳마다 우울함이 배어났다. 하지만 그토록 절망의 심연에 있던 쇼펜하우어조차 이렇게 외쳤다. "가능하다면 어느 누구에게도 적대감을 갖지 말아야 한다!"

버나드 바루크는 윌슨, 하딩, 쿨리지, 후버, 루스벨트, 트루먼 등 여섯 명의 대통령으로부터 신임받는 조언자였다. 나는 언젠가 그에게 적의 공격에 동요한 적이 있는지 물었다. 바루크는 이렇게 대답했다. "어느 누구도 나에게 굴욕감을 주거나 나를 동요시킬 수는 없습니다. 제가 그렇게 하도록 두지 않으니까요." 마찬가지로 우리가 그렇게 되도록 두지 않는 한, 어느 누구도 당신과 나에게 굴욕감을 주거나 동요시킬 수 없다.

나뭇가지와 돌멩이로 내 뼈를 부러뜨릴 수는 있지만

말로는 결코 나에게 상처를 줄 수 없다.

긴 세월 동안 인류는 예수와 같이 적에게 어떠한 악의도 품지 않는 인물들을 숭배해왔다. 나는 가끔 캐나다 재스퍼 국립 공원에 가서 서양에서 가장 아름답다고 손꼽히는 에디스 카벨산을 바라보곤 한다. 그 산의 이름은 1915년 10월 12일, 독일군에게 총살당해 성녀처럼 죽어간 영국의 간호사 에디스 카벨을 기리기 위해 지어진 것이다. 그녀의 죄는 무엇이었을까? 카벨은 벨기에에 있는 자택에서 부상을 입은 프랑스와 영국의 군인들을 숨겨주고 먹여주며 간호해주었고, 네덜란드로 탈출할 수 있도록 도와주었다. 10월의 어느 아침, 영국인 목사가 임종 미사를 위해 브뤼셀의 군 수용소에 수감되어 있던 그녀의 감방에 들어서자, 에디스 카벨은 사후에 길이 기억될 만한 말을 한다. "애국심만으로는 충분하지 않다는 걸 알고 있습니다. 저는 어느 누구도 증오하거나 원망하지 않으려 합니다."

카벨이 사형되고 4년 후, 그녀의 시신은 영국으로 옮겨졌고 웨스트민스터 사원에 묻혔다. 오늘날 영국에서는 불멸의 존재 중 하나가 된 그녀의 화강암 상이 런던의 국립 초상화 전시실의 맞은편에 서 있다. "애국심만으로는 충분하지 않다는 걸 알고 있습니다. 저는 어느 누구도 증오하거나 원망하지 않으려 합니다."

적을 용서하고 잊기 위한 확실한 방법 중 하나는 우리 자신과는 비교도 할 수 없을 만큼 대단한 목적을 이루는 데 집중하는 것이다. 그럴 경우 우리 자신이 이루고자 하는 목적에만 집중하게 되어 다른 사람들의 모욕과 적의가 문제되지 않을 것이다. 예를 들어 1918년에 미시시피 주의 어느 전나무 숲에서 일어날 뻔했던 매우 극적인 사건에 대해 이야기해보도록 하겠다. 사형! 흑인 교사이자 목사였던 로렌스 존스는 사형을 당하기 직전이었다. 몇 년 전 나는 로렌스 존스가 세운 파이니우즈 컨트리 스쿨을 방문해 학생들과 이야기를 나누었다. 지금은 전국적으로 알려진 학교지만, 지금 이야기하려는 사형 사건은 한참 전의 일이다.

그 사건은 제1차 세계대전이 한창이라 사람들이 감정적으로 긴장되어 있던 시기에 일어났다. 미시시피 주의 중심부에 독일군이 흑인들을 선동해 반란을 일으키도록 부추긴다는 소문이 퍼졌다. 사형당하기 직전에 놓인 로렌스 존스는 이미 말했다시피 흑인이었고, 반란을 부추긴 죄로 고소되었다. 백인 남성들로 이루어진 한 무리가 교회를 지나가다가 로렌스 존스가 신자들에게 설교하는 것을 들었다. 그는 "인생은 전투입니다. 우리 흑인들은 갑옷을 입어야 살아남고 성공하기 위해 싸워야 합니다"라고 말하고 있었다.

'싸움!' '갑옷!' 이런 말만으로도 충분했다! 흥분한 젊은 백인 무리는 한밤에 서둘러 사람들을 불러 모아서는 교회로 돌아가 목사를 밧줄로 묶은 채로 약 1.5킬로미터 떨어진 곳까지 끌고 갔다. 그러고는 땔감 더미 위에 세운 다음, 성냥에 불을 붙여 교수형과 동시에 화형에 처하려 했다. 그때 누군가가 외쳤다. "이 자가 타 죽기 전에 할 말이 있는지 봅시다! 말해봐라! 말해봐 라!" 땔감 위에 서서 목에 밧줄을 감은 채로 로렌스 존스는 자 신의 인생과 대의에 대해 얘기했다.

그는 1907년 아이오와 대학을 졸업했다. 훌륭한 인품과 학 식, 그리고 음악적 재능을 갖춘 존스는 학생들과 교수들 모두 에게 인기가 많았다. 졸업과 동시에 그는 자신을 크게 키워주 겠다는 호텔 경영자의 제안도 거절하고, 그의 음악 교육을 후 원해주겠다는 부유한 남성의 제의도 거절했다. 왜? 존스는 한 가지 비전을 이루고자 하는 열망이 강렬했기 때문이다. 부커 T. 워싱턴의 생애에 관한 책을 읽은 존스는 가난하고 문맹인 흑인들을 교육시키는 데 평생을 바치겠다고 마음먹었다. 그래 서 존스는 남부에서도 가장 뒤처진 미시시피 주의 잭슨이라는 곳에서 남쪽으로 40킬로미터 떨어진 장소로 갔다. 자신의 시 계를 담보로 1달러 65센트를 받은 그는 나무의 그루터기를 책 상으로 사용하기로 하고 숲 속에 학교를 열었다. 존스는 자신 을 화형시키려고 하는 분노한 백인 무리에게 교육을 받아본 적 없는 남자와 여자아이들을 가르치고, 그 아이들이 훌륭한 농 부, 정비공, 요리사, 가정부가 될 수 있도록 훈련시키면서 겪은 어려움에 대해 들려주었다. 존스는 파이니 우즈 컨트리 스쿨을 지어 교육을 계속할 수 있도록 땅, 목재, 돼지, 소, 금전을 제공 해준 백인 남성들에 대해서도 이야기했다.

존스가 이야기를 마치자, 사람들이 존스에게 자신을 끌고 와서 목을 매달고 화형시키려던 사람들을 증오하지 않겠냐고 물었다. 그러자 그는 자기 자신보다는 훨씬 위대한 대의를 이루는 데 바쁘기 때문에 미워할 겨를이 없다고 대답했다. "나는 싸우고 후회할 겨를이 없습니다. 그리고 어느 누구도 내가 그들을 미워할 만큼 나를 비천하게 만들지 못합니다."

존스가 자신을 위해서가 아닌 그가 달성하고자 하는 대의를 위해 진심 어린 마음으로 이야기하고 설득력 있게 애원하자, 백인 남성 무리는 수그러들기 시작했다. 드디어 무리 중에 있던 한 남북전쟁 참전 용사가 입을 열었다. "나는 이 친구가 사실을 말하고 있다고 생각하네. 나는 이 친구가 말한 백인도 알고 있네. 이 친구는 훌륭한 일을 하고 있어. 우리가 실수를 했군. 우리는 이 친구를 사형시키는 대신 도와줘야 하네." 그 퇴역 군인은 자신의 모자를 사람들에게 돌렸고, 파이니 우즈 컨트리 스쿨의 설립자인 그를 교수형시키기 위해 모였던 이들은 52달러 40센트를 모아 존스에게 기증했다.

1900년 전에 에픽테토스는 뿌린 대로 거두며, 운명은 거의 언제나 우리가 지은 잘못의 대가를 치르게 한다고 지적했다. 그는 이렇게 말했다. "길게 보면 모든 인간은 자신이 지은 죄에 대한 대가를 치르게 됩니다." 이 사실을 기억하는 사람은 어느 누구에게도 화를 내지 않고, 원망하지 않으며, 욕하지 않고, 탓하지 않고, 공격하지 않고, 미워하지 않을 것이다.

미국 역사상 링컨만큼 비난과 미움을 받고 배신을 당한 사람도 없을 것이다. 그럼에도 링컨 전기의 고전이 된 헌든의 책을 보면 링컨은 이렇게 묘사되어 있다. "링컨은 자신의 좋고 싫은 감정에 따라 그 어느 누구도 판단하지 않았다. 링컨이 공격을 당했다면 그러한 행위는 그의 적과 마찬가지로 어느 누구도 할 수 있다는 것을 링컨은 알고 있었다. 어느 누군가가 링컨을 비방하거나 학대했더라도, 그가 정부 관료로서 어느 자리의 최적임자라면 링컨은 자신의 친구에게 그 자리를 주는 마음으로 그 자를 그 자리에 앉혔다. 링컨은 자신의 적이거나 싫어하는 사람이라는 이유로 누군가를 물러나게 한 적이 한 번도 없었다."

링컨은 자신이 고위직에 임명한 사람들, 예를 들어 매클렐런, 시워드, 스탠턴, 체이스로부터 비난받고 모욕을 당했다. 링컨의 법률 파트너였던 헌든에 의하면, 그럼에도 불구하고 링컨은 "어떤 일을 했다고 칭송받거나, 그 사람이 한 어떤 일, 혹은 하지 않은 어떤 일 때문에 비난을 받아서는 안 된다"라고 믿었다고 한다. 왜냐하면 '우리 모두는 조건, 상황, 환경, 교육, 습관, 유전의 산물이며, 이런 것들이 우리의 현재와 미래를 결정하기 때문'이다.

링컨의 생각이 옳은 것 같다. 당신과 내가 우리들의 적과 동일한 신체적, 정신적, 정서적 특성들을 물려받았고, 같은 경험을 했다면 그들과 똑같이 행동했을 것이다. 다르게 행동하기는 어렵다. 수(Sioux) 족 인디언들이 기도하는 것처럼 관대한 마음을 가져보자. "오, 위대하신 신이여. 제가 다른 사람의 입장이 되어보기 전에는 그 사람을 판단하거나 비난하지 않도록 해주소서." 그러므로 우리는 적을 증오하는 대신 그들을 불쌍히 여기고 우리가 그들의 모습처럼 되지 않은 것에 감사하자. 적들에게 비난과 저주를 퍼붓는 대신 그들을 이해하고, 동정하고, 도움을 주고, 용서하고, 그들을 위해 기도하자.

나는 매일 밤 《성경》을 읽거나 성경 구절을 외운 후 무릎을 꿇고 '가족 기도'를 드리는 가정에서 자랐다. 미주리 주의 한 외딴 농가에서 아버지가 예수의 가르침을 외우는 소리가 아직도 들리는 듯하다. "원수를 사랑하고, 나를 저주한 이들을 축복하고, 나를 미워하는 이들에게 선하게 대하며, 악의를 갖고 나를 이용하고 박해한 이들을 위해 기도하라."

아버지는 예수의 말씀에 따라 살려고 노력하셨고, 이 세상의 많은 우두머리들과 왕들이 종종 찾으려고 했으나 실패한 내면의 평안을 예수의 말씀에서 찾았다.

평화와 행복을 가져다주는 정신 자세를 기르고 싶다면, 다음의 규칙을 기억하자.

 평안과 행복을 가져다주는 정신 자세를 기르는 방법 2

적에게 앙갚음하려 하지 마라. 적에게 앙갚음하려 들면 적보다는 내 자신이 상처를 더 많이 받게 된다. 아이젠하워 장군이 그랬듯이 좋아하지 않는 사람들에 대해 고민하느라 1분도 낭비하지 말자.

감사할 줄 모르는 사람들 때문에
기분 상하지 않는 방법

최근에 나는 텍사스에서 사업가를 한 명 만났는데, 그는 화가 잔뜩 나 있었다. 그를 만나면 15분 내에 그가 화난 이유를 듣게 될 것이라고 누군가 말해주었는데, 정말 그랬다. 그 사업가를 화나게 만든 사건은 11개월 전의 일이었다. 하지만 지금도 그는 그때의 화를 가라앉히지 못하고 있었다. 그 사업가는 그 일 말고는 다른 어떤 것도 얘기할 수 없었다. 당시 그는 크리스마스 보너스로 종업원 34명에게 약 300달러씩 총 1만 달러를 주었는데, 아무도 고맙다는 인사를 하지 않았다고 한다. 그는 화가 나서 이렇게 투덜거렸다. "그들에게 한 푼이라도 줬다는 사실이 후회스럽습니다!"

"화난 사람은 항상 독으로 가득 차 있다"라고 공자는 말했다. 그 사업가는 너무나 독으로 가득 차 있어서 솔직히 불쌍해 보일 정도였다. 사업가의 나이는 약 60세였다. 오늘날 생명보험사들은 평균적으로 80세에서 자기 현재 나이를 뺀 것의 3분의 2쯤 더 살 것으로 계산한다. 그러므로 그는 기껏해야 14년 내지 15년 정도 더 살 수 있을 것이다. 하지만 그 사업가는 이미 지나간 일 때문에 화내고 속상해하면서 얼마 남지 않은 인생 가운데 거의 1년을 낭비했으니, 불쌍하지 않을 수 없었다.

그 사업가는 분노하고 신세를 한탄하면서 지내는 대신, 왜 자신이 감사의 표현을 듣지 못했는지 스스로에게 물어봤어야 했다. 어쩌면 그는 직원들에게 봉급은 조금 주면서 일은 과하게 시켰는지도 모른다. 어쩌면 직원들은 자신들이 받은 크리스마스 보너스를 선물이 아니라 당연히 받아야 할 대가라고 여겼는지도 모른다. 어쩌면 그가 너무 깐깐하고 가까이 하기 어려운 사람이라 누구도 감히 고맙다는 인사를 하지 못했을지도 모른다. 어쩌면 어차피 세금으로 내야 했을 돈을 보너스로 받았다고 생각할지도 모른다.

다른 한편으로는 그 직원들이 이기적이고, 천박하고, 경우 없는 사람들일 수도 있다. 이런 이유, 저런 이유가 있을 수도 있다. 당신과 마찬가지로 나 역시 자세한 내막은 알지 못한다. 하지만 사무엘 존슨 박사가 했던 말은 알고 있다. "감사는 숭고한 수양의 열매다. 교양이 없는 사람에게는 감사라는 열매가 맺히지 않는다."

이것이 내가 말하고자 하는 요점이다. 그 사업가는 감사를 기대하는, 인간적이면서도 괴로운 실수를 범했다. 그는 인간의 본성을 몰랐던 것이다.

만일 당신이 사람의 목숨을 구해주면 그 사람이 감사해할 것 같은가? 아마 기대할 것이다. 판사가 되기 전에 형사 사건 전문 변호사로 활약하던 새뮤얼 라이보비츠는 전기의자에서 죽음을 맞을 뻔한 78명의 목숨을 구해주었다. 당신 생각에는 그들 중 몇 명이나 그를 찾아가 감사의 표시를 했을 것 같은가? 아니면 크리스마스 카드라도 보낸 사람은 몇 명이나 될 것 같은가? 그렇다. 아무도 없었다.

어느 날 오후, 예수는 10명의 나병 환자를 치료해주었다. 그럼 그 환자들 중 몇 명이나 예수를 찾아가 감사하다고 말했을까? 단 한 명뿐이었다. 〈누가복음〉을 보라. 예수가 사도들을 돌아보며 "나머지 아홉은 어디에 있느냐?"라고 묻고 있다. 하지만 그때 이미 그들은 모두 도망가고 없었다. 감사의 말 한마디 없이 사라진 것이다. 당신에게 묻겠다. 나 혹은 당신이, 아니면 이 텍사스의 사업가가 작은 친절을 베풀었다고 해서 예수가 받은 감사보다 더 큰 감사를 기대할 이유가 있는가?

하물며 돈 문제인데! 돈이 관련된 경우에는 더욱 가망이 없다. 예전에 찰스 슈왑은 은행의 펀드 자금을 빼돌려 주식시장에서 투기했던 한 은행원을 구해준 이야기를 내게 들려주었다. 그는 그 은행원이 감옥에 가지 않도록 돈을 대신 갚아주었다. 그 은행원이 고마워했을까? 물론이다. 아주 잠깐 동안은. 이후 그 은행원은 슈왑에게 적의를 품고 그를 비방하고 다녔다. 자신이 감옥에 가는 것을 막아준 바로 그 사람을!

만약 당신이 친척에게 100만 달러를 준다면 그 사람이 당신에게 고마워할 거라고 기대하는가? 앤드류 카네기가 그랬다. 하지만 만약 앤드류 카네기가 무덤에서 돌아왔다면, 그 친척이 자신을 비난하는 것을 보고 깜짝 놀랐을 것이다. 왜 비난하느냐고? 그의 표현을 빌리자면, 앤드류가 자선단체에는 3억 6500만 달러씩이나 기부하면서 자신에게는 그야말로 '기껏 100만 달러만' 떼어주고 말았기 때문이란다.

이런 게 인간이다. 인간의 본성은 언제나 그렇다. 그리고 당신이 살아 있는 동안에는 절대로 바뀌지 않을 것이다. 그렇다면 받아들여야 하지 않겠는가? 로마제국을 통치한 황제들 가운데 가장 현명하다고 꼽히는 마르쿠스 아우렐리우스처럼 인간의 본성에 대해 현실적으로 생각해야 하지 않을까? 그는 자신의 일기에 이렇게 썼다. "나는 오늘 지나치게 말이 많은 사람들을 만날 것이다. 이기적이고 자기중심적이고 고마워할 줄 모르는 인간들. 하지만 나는 놀라거나 마음 상하지 않을 것이다. 그런 사람들이 없는 세상은 상상할 수도 없기 때문이다."

옳은 말이다. 그렇지 않은가? 만약 당신과 내가 고마워할 줄 모르는 사람들에 대해 불평하고 다닌다면 잘못은 어디에 있는 것일까? 인간 본성일까, 아니면 인간 본성에 대해 무지한 우리들일까? 남들이 감사해하기를 기대하지 말자. 그러면 어쩌다 감사의 표현을 받을 경우 너무나 즐겁고 반가울 것이다. 그리고 감사의 표현을 받지 못하더라도 마음 상하는 일은 없을 것이다.

이게 내가 이번 장에서 말하고자 하는 핵심이다. 감사함을 잊어버리는 것이 인간의 본성이다. 그러므로 다른 사람이 감사하기를 바라며 살아간다면 자신의 마음을 아프게 하기 십상이다.

내가 알고 지내는 뉴욕의 어떤 여성은 항상 외롭다고 불평을 늘어놓는다. 그녀의 친척들은 그녀를 가까이하려 하지 않는데 그럴 만도 하다. 그녀를 찾아가면 조카들이 어렸을 때 자기가 얼마나 잘해주었는지에 대해 몇 시간씩 이야기한다. 그 애들이 홍역, 볼거리, 백일해에 걸렸을 때 간호해준 이야기, 수년간 그 아이들을 먹이고 재워준 이야기, 조카 중 한 명에게는 경영 대학원에 진학하는 데 보탬을 준 이야기, 다른 한 아이는 결혼할 때까지 데리고 살았다는 이야기 등을 늘어놓는다.

그럼 조카들이 그녀를 찾아왔을까? 물론 의무감에서 가끔은 온다. 하지만 그들은 방문하기를 꺼려했다. 몇 시간 동안 앉아서 잔소리 아닌 잔소리를 듣고 있어야 하기 때문이다. 그녀가 격하게 쏟아내는 불평들, 자신의 신세를 한탄하는 한숨소리를 끝도 없이 듣고 있어야 한다는 걸 알기 때문이다. 조카들이 억지로라도 방문하도록 그녀가 야단치고 호통치고 괴롭혀도 조카들이 잘 오지 않으면 그녀는 비장의 무기를 사용하기도 한다. 바로 심장 발작이었다.

진짜 심장 발작일까? 물론 그렇다. 그녀는 '신경 과민성 심장'을 갖고 있으며 심계항진을 앓고 있다는 진단을 받았다.

하지만 의사들은 자신들이 해줄 수 있는 게 아무것도 없다고 했다. 그녀의 병은 감정에서 생겨난 것이기 때문이다.

이 여성이 진짜로 원하는 것은 사랑과 관심이다. 하지만 그녀는 그것을 '감사'라고 부른다. 그러나 그녀는 감사나 사랑을 얻지 못할 것이다. 그녀 자신이 감사나 사랑을 당연히 받아야 한다고 생각하기 때문이다.

그녀처럼 감사할 줄 모르는 사람, 또는 외로움과 무관심 때문에 고통받는 사람들이 많다. 그들은 사랑받기를 원한다. 하지만 이 세상에서 사랑받기를 기대할 수 있는 유일한 방법은 사랑을 요구하기를 멈추고 아무런 대가 없이 사랑을 주는 것이다.

너무도 비현실적이고 이상적으로 들리는가? 그렇지 않다. 이건 상식적인 이야기다. 우리가 원하는 행복을 얻기 위한 가장 좋은 방법이다. 바로 내 가족 중에도 그런 경우가 있었기에 나는 확실히 알고 있다. 우리 부모님은 남을 돕는 즐거움 때문에 베풀고 살았다. 우리는 가난했고 항상 빚에 쪼들리며 살았다. 하지만 가난한 살림에도 아버지와 어머니는 어떻게든 돈을 마련해 해마다 고아원에 보냈다. 아이오와 주 카운실 블러프스에 있는 '크리스천 홈'이라는 곳이었다. 아버지와 어머니가 그곳을 찾아간 적은 없다. 아마도 편지 말고는 우리 부모님에게 고맙다는 인사를 한 사람은 없었을 것이다. 하지만 부모님은 감사의 표현을 기대하지 않고 그저 어린아이들을 돕는다는 기쁨으로 훌륭한 보상을 받았다.

내가 커서 집을 떠난 후, 매년 크리스마스에 아버지와 어머니 앞으로 돈을 보내면서 당신들을 위해 소박한 사치라도 누리시라고 권했다. 하지만 부모님은 좀처럼 그렇게 하지 않으셨다. 크리스마스를 앞두고 집에 가보면, 아버지께서는 동네에 미망인 홀로 많은 아이들을 키우고 있는 집에 음식과 연료를 사주었다는 얘기를 들려주었다. 그런 선물을 함으로써 부모님이 얻은 기쁨이란 어떤 보답도 기대하지 않는, 베푸는 기쁨이었다!

나는 아버지가 아리스토텔레스가 언급한 이상적인 인간, 가장 행복할 가치가 있는 사람이 아닌가 생각한다. 아리스토텔레스는 이렇게 말했다. "이상적인 사람은 다른 사람들에게 호의를 베풀어 기쁨을 얻는다. 하지만 그는 다른 사람들이 자신에게 호의를 베푸는 것을 부끄럽게 여긴다. 친절을 베푸는 것은 우월함의 상징이지만 친절을 받는 것은 열등함의 상징이기 때문이다."

이번 장에서 말하고자 하는 두 번째 핵심은 이것이다. 행복을 원한다면 다른 사람이 감사의 인사를 하고 안 하는 것에 대해서는 신경 쓰지 마라. 그리고 베푸는 데서 얻는 내적 기쁨을 위해서 베풀어라.

지난 수천 년 동안 부모들은 한결같이 자식들이 고마워할 줄 모른다고 서운해하며 울분을 토했다. 셰익스피어의 비극《리어왕》의 주인공인 리어왕도 이렇게 소리친다. "감사할 줄 모르는 아이를 갖는다는 것은 뱀의 이빨보다 날카롭구나!"

하지만 어른들이 그렇게 훈련시키지 않으면 아이들이 감사의 표현을 하지 않는 것은 잡초가 자라나는 것처럼 자연스러운 일이다. 감사란 장미와 같아서 거름을 주고, 물을 주고, 가꾸며, 사랑하고, 보호해야 피어난다.

우리 아이들이 감사할 줄 모른다면 누구의 책임일까? 그건 아마도 우리 자신의 책임일 것이다. 다른 사람에게 감사하라고 자기 아이들에게 가르치지 않으면서 어떻게 부모에게 감사하기를 기대할 수 있겠는가?

내가 알고 있는 시카고의 한 남자는 자신의 의붓아들들이 감사할 줄 모르는 아이들이라고 불평해도 될 만큼 충분한 이유가 있었다. 그는 상자 공장에서 뼈 빠지게 일하면서도 일주일에 40달러 이상 벌지 못했다. 그는 한 미망인과 결혼했는데, 그녀는 그에게 돈을 빌려오게 해서 자신의 두 아들을 대학에 보냈다. 일주일에 40달러를 받으면서도 그는 식료품비, 집세, 연료비, 옷값을 모두 충당하는데다 대출받은 돈도 갚아나가야 했다. 그는 마치 중국 출신의 막노동 일꾼들처럼 고되게 일하면서도 불평 한번 하는 일 없이 4년을 보냈다.

그렇다면 고맙다는 인사를 받았을까? 아니었다. 그의 아내는 그런 수고를 당연한 것으로 받아들였다. 아들들도 마찬가지였다. 의붓아버지에게 빚을 졌다고 생각하지 않았고, 심지어 감사해야 한다는 생각조차 하지 않았다! 여기서 비난받아야 할 사람은 누구일까? 두 아들? 물론 아이들에게도 잘못은 있다. 하지만 어머니에게 더 큰 잘못이 있다. 그녀는 사회생활을 시작하는 자기 자식들에게 '채무 의식'이라는 부담을 지우고 싶어 하지 않았다. 그러다 보니 자기 아이들에게 "아버지는 너희들을 대학까지 공부시켜주신 천사 같은 분이다!"라고 말하지 않았다. 도리어 그녀는 이런 태도를 보였다. "아버지라면 최소한 이 정도는 해줘야지."

그녀는 자기 아들들을 아낀다고 생각했겠지만, 실제로는 아이들에게 세상이 그들을 돌볼 의무가 있다는 위험한 생각을 갖게 만들어 사회로 진출시킨 것이다. 왜 위험하냐면, 그 아들 중 한 명이 고용주에게서 자기 말로는 돈을 '빌리려고' 하다가 감옥에 가는 일이 일어났기 때문이다.

우리는 명심해야 한다. 자녀들은 우리가 교육시키는 대로 성장한다. 미니애폴리스 주 웨스트 미네하하 파크웨이 144번지에 사는 내 이모인 비올라 알렉산더의 경우를 예로 들어보겠다. 이모는 아이들이 고마워하지 않는다고 불평할 이유가 전혀 없는 여성이 어떤 사람인지를 확실히 보여준다. 내가 어렸을 때 비올라 이모는 자신의 어머니, 그러니까 내 외할머니를 자신의 집으로 모시고 가서 정성껏 돌봐 드렸다. 그리고 시어머니도 집으로 모셔서 똑같이 해드렸다. 나는 아직도 눈을 감으면 연세 지긋한 두 노인분들이 비올라 이모 집 벽난로 앞에 앉아 계시는 모습이 눈에 선하다. 비올라 이모는 그분들을 '골칫거리'로 생각했을까? 가끔은 그랬을 것이다. 하지만 이모의 태도에서는 그런 느낌을 전혀 찾을 수 없었다. 이모는 두 어머니를 사랑하고 소중히 여겼으며, 그분들이 자신의 집에 있듯 편안한 마음을 가질 수 있도록 해드렸다. 게다가 이모에게는 자식이 여섯이나 있었다. 그럼에도 자신이 특별히 대단한 일을 하고 있다고 생각하지 않았고, 다른 사람으로부터 칭찬받을 생각도 하지 않았다. 이모에게는 그저 자연스럽고 옳은 일이었으며, 스스로 원하는 일이었을 뿐이다.

지금 비올라 이모는 어떻게 지내실까? 이모부를 잃고 혼자되신 지 20년이 지난 지금, 이모의 다섯 아이들은 모두 장성해 가정을 꾸리고 있다. 그런데 자식들이 모두 이모를 자기가 모시겠다고 성화다! 이모의 자식들은 모두 이모를 좋아한다. 감사하는 마음 때문일까? 전혀 그렇지 않다! 그것은 순전히 사랑이다. 아이들은 어린 시절 내내 온정과 넘치는 친절을 느끼면서 살았다. 이제 상황이 바뀌었으니 자신들이 받은 사랑을 돌려주려는 게 그리 놀라운 일이겠는가?

그러므로 고마움을 아는 아이로 키우려면 우리가 먼저 다른 사람에게 감사할 줄 아는 사람이 되어야 한다. 그리고 '아이들은 귀가 밝다'라는 사실을 명심하고 말을 가려서 해야 한다. 예를 들어 다른 누군가의 친절을 깎아내리고 싶은 마음이 생기더라도 주변에 아이들이 있다면 멈춰야 한다. "사촌 수가 크리스마스 선물이라고 보내온 이 행주 좀 봐. 행주를 직접 만들었어. 하여간 돈을 한 푼도 안 썼네!" 절대 이런 식으로 얘기해서는 안 된다. 대신 이런 식으로 얘기하도록 하자. "사촌 수가 크리스마스 선물로 보내온 이 행주 좀 봐. 이거 만드느라 얼마나 고생했을까? 참 좋은 사람이잖니? 당장 고맙다는 편지를 써서 보내야겠구나." 그러면 아이들은 자신도 모르게 감사하고 칭찬하는 습관을 익히게 된다.

감사할 줄 모르는 사람들 때문에 화가 나거나 속이 상하고 싶지 않다면, 다음을 기억하라.

 평안과 행복을 가져다주는 정신 자세를 기르는 방법 3

1. 은혜를 모른다고 화내지 말고 그런 기대를 아예 하지 마라.
   예수가 하루에 나병 환자 10명을 고쳐주었는데 감사하다고
   말한 사람은 고작 한 명뿐이었음을 기억하자. 왜 우리는
   예수가 받은 감사보다 더 큰 감사를 받으려 기대하는가?

2. 행복을 찾는 유일한 길은 감사받을 기대를 하는 게 아니라
   베푸는 즐거움 때문에 베푸는 데 있다.

3. 감사는 '교육된다'라는 특성이 있다. 따라서 고마워할 줄 아는
   아이로 키우려면 아이들에게 감사하는 법을 가르쳐야 한다.

100만 달러를 준다면
지금 가진 것을 포기하겠는가

나는 해럴드 애벗과 수년간 알고 지냈다. 미주리 주 웹 시 사우스 매디슨 가 820번지에 사는 그는 내 강좌의 매니저다. 어느 날 애벗은 캔자스시티에서 나를 만나 미주리 주 벨튼에 있는 내 농장까지 차로 데려다주었다. 가는 동안에 내가 그에게 어떻게 걱정을 그만둘 수 있었냐고 묻자, 애벗은 절대 잊지 못할 감동적인 이야기를 해주었다.

"전 원래 걱정이 많았습니다. 하지만 1934년 어느 봄날, 웹 시의 웨스트 도허티 거리를 걷다가 제 모든 걱정을 날려버린 한 장면을 보았습니다. 그 일이 일어난 건 전부 해서 10초 밖에 되지 않았지만, 그 10초 동안 저는 세상을 살아가는 법에 대해 이전의 10년 동안보다 더 많이 알게 되었습니다. 2년 동안 저는 웹 시에서 식료품점을 운영했습니다. 그러면서 모아둔 돈을 모두 잃었을 뿐만 아니라 7년 동안 갚아야 할 빚도 생겼습니다. 식료품점은 그전 주 토요일에 문을 닫았고, 저는 캔자스시티로 일자리를 구하러 갈 돈을 빌리기 위해 머천츠 앤드 마이너스 은행에 가는 길이었습니다.

저는 자신감과 의욕을 모두 상실한 채 패배자처럼 걸었습니다. 그렇게 거리를 따라 걷다가 갑자기 다리가 없는 어떤 남자를 보게 되었습니다. 남자는 롤러스케이트 바퀴를 단 작은 나무판자에 앉아서 양손에 쥔 나무막대로 땅을 밀면서 길을 따라 나아가고 있었습니다. 그가 막 길을 건너서 인도로 올라오려고 몸을 약간 들어 올릴 때 저는 그를 보았습니다. 작은 나무판자를 기울이다가 그는 저와 눈이 마주쳤습니다. 그가 활짝 웃으며 저에게 인사했습니다. '안녕하세요, 상쾌한 아침이죠. 그렇지 않나요?' 그는 힘차게 말했습니다. 그를 보며 서 있자니 내가 얼마나 가진 게 많은지 깨닫게 되었습니다. 나는 두 다리가 있고 걸을 수 있죠. 자기 연민에 빠졌던 게 부끄러웠습니다. 다리가 없는 그도 저렇게 행복하고 쾌활하고 자신만만하다면, 다리도 있는 나는 틀림없이 그렇게 될 수 있다는 생각이 들었습니다. 마음이 홀가분해지는 것 같았습니다. 저는 은행에서 100만 달러만 빌릴 작정이었지만, 이제 200만 달러를 빌릴 용기가 생겼습니다. 캔자스시티에 일자리를 알아보러 갈 거라고 말하려 했지만, 이제 캔자스시티에 가서 일자리를 구할 예정이라고 당당히 말할 수 있었습니다. 저는 대출을 받았고 일자리를 구했습니다.

요즘 저는 화장실 거울에 이 말을 붙여놓고 매일 아침 면도할 때마다 봅니다.

나는 신발이 없어서 우울했다.

발이 없는 한 남자를 길에서 만나기 전까지는."

언젠가 나는 에디 리킨베커에게 태평양에서 방향을 잃고 21일 동안 일행과 구명보트에서 표류하는 절망적인 상황에서 배운 가장 큰 교훈은 무엇이었냐고 물은 적이 있다. 그는 이렇게 말했다. "그 경험으로 저는 만약 목마르면 마실 수 있는 신선한 물과 배고프면 먹을 수 있는 식량이 있다면, 절대 아무것도 불평해서는 안 된다는 교훈을 얻었습니다."

〈타임〉지에 과달카날 전투에서 부상당한 한 병장에 대한 기사가 실린 적이 있다. 목에 포탄 파편을 맞은 그 병장은 일곱 번이나 수혈을 받았다. 그는 공책에 질문을 적어 의사에게 질문했다. "제가 살 수 있나요?" 의사가 대답했다. "네." 병장은 다시 질문을 적었다. "말을 할 수 있게 될까요?" 이번에도 그렇다는 대답을 들었다. 그러자 그는 또 다른 말을 적었다. "그러면 도대체 제가 뭘 걱정하는 거죠?"

당장 걱정을 그만두고 자신에게 이렇게 물어보라. "내가 대체 뭘 걱정하는 거지?" 아마도 걱정하던 일이 그다지 중요하지 않다는 것을 알게 될 것이다.

우리가 살아가면서 겪는 일의 약 90퍼센트는 좋은 일이고, 약 10퍼센트는 나쁜 일이다. 행복해지고 싶다면 90퍼센트의 좋은 일에 집중하고, 나머지 10퍼센트의 나쁜 일은 무시해야 한다. 스스로 걱정스럽고 고통스럽고 위궤양에 걸리기를 바란다면, 10퍼센트의 나쁜 일에 집중하고 90퍼센트의 정말 멋진 일을 무시하면 된다.

"생각하라. 그리고 감사하라(Think and Thank)"라는 말은 영국의 크롬웰 시대풍의 교회에 많이 새겨져 있다. 우리 마음속에도 '생각하라. 그리고 감사하라'라는 말을 새겨두어야 한다. 감사해야 할 일을 모두 생각하고, 우리가 가진 풍요로움과 은혜로움을 신에게 감사하자.

《걸리버 여행기》의 작가 조나단 스위프트는 영국 문학계 사람들 중에서 가장 심한 비관주의자였다. 그는 자신이 태어난 것을 몹시 유감스럽게 생각해서 생일에는 검은 옷을 입고 단식을 했다. 하지만 그런 절망 속에서도 이 대단한 비관주의자는 쾌활함과 행복감이라는 매우 건강한 에너지를 찬양했다. 스위프트는 이렇게 말했다. "이 세상 최고의 유능한 의사는 좋은 식습관 의사, 평온함 의사, 그리고 웃음 의사입니다."

알리바바의 전설적인 보물보다 훨씬 더 값어치 있는 우리의 엄청난 선물에 관심을 갖는다면, 당신과 나는 매일, 매 시각 '웃음 의사'를 공짜로 만날 수 있을 것이다. 두 눈을 100만 달러에 팔겠는가? 두 다리를 무엇과 바꾸겠는가? 두 손은 어떤가? 청력은? 자녀들은? 가족은? 당신이 가진 자산을 모두 합쳐보면, 록펠러 가문, 포드 가문, 모건 가문에서 모은 금을 모두 합친 돈을 줘도 당신이 가진 것과 바꿀 수 없음을 알게 될 것이다.

하지만 우리가 이 모든 것을 감사하는가? 결코 그렇지 않다. 쇼펜하우어는 이렇게 말했다. "우리는 우리에게 있는 것은 잘 생각하지 않지만 우리에게 없는 것은 항상 생각한다." 그렇다. '우리에게 있는 것은 잘 생각하지 않지만 우리에게 없는 것은 항상 생각하는' 것이 이 세상에서 가장 큰 비극이다. 역사상 그 어떤 전쟁이나 재난도 이것만큼 커다란 재앙을 초래하지는 못할 것이다.

존 파머는 그런 생각 때문에 '성격 좋은 사람에서 불평 많은 늙은이'로 변했고, 그의 가정도 거의 망가질 뻔했다. 나는 이 이야기를 파머에게 직접 들었다.

파머는 뉴저지 주 패터슨 19번가 30번지에 산다. 그가 말했다. "군대에서 돌아오자마자 저는 사업을 시작해 밤낮으로 열심히 일했습니다. 일은 순조로웠습니다. 그러다 문제가 생기기 시작했습니다. 부품과 원자재를 구할 수가 없었습니다. 저는 사업을 포기해야만 하는 상황이 올까 봐 두려웠습니다. 걱정을 너무 많이 한 나머지, 저는 성격 좋은 사람에서 불평 많은 늙은이로 변했습니다. 지금은 하마터면 내 행복을 잃을 뻔했다는 사실을 잘 알지만, 당시에는 제가 매우 심술궂고 짜증스러워졌다는 걸 몰랐습니다. 그러던 어느 날 직원으로 일하는 장애가 있는 한 젊은 재향군인이 이렇게 말했습니다. '사장님, 부끄러운 줄 아십시오. 사장님은 마치 이 세상에서 사장님만 힘든 것처럼 행동하시네요. 공장을 잠시 닫아야 되는 상황이 됐다고 칩시다. 그게 어떻다는 겁니까? 일이 잘 풀리면 다시 시작하면 됩니다. 사장님에게는 감사할 일이 많습니다. 그런데 항상 화만 내시네요. 정말이지 저는 제 자신이 사장님이었으면

하고 얼마나 바라는데요. 저를 보세요. 저는 팔도 하나뿐이고, 얼굴의 반은 총에 맞아 날아갔지만 불평하지 않습니다. 화내고 불평하는 것을 그만두지 않으면 사업뿐만 아니라 건강과 가정, 친구들도 모두 잃게 될 겁니다!'

그 말로 인해 저는 불평을 그만두었습니다. 그 직원의 한마디로 제가 얼마나 운 좋은 사람인지 알게 되었습니다. 저는 다시 예전의 나를 찾겠다고 결심했고 그렇게 되었습니다."

내 친구 루실 블레이크는 부족한 것을 걱정하는 대신 가지고 있는 것에 대해 만족하는 법을 배웠다. 그런 그녀도 그전에는 나쁜 일이 일어날까 봐 마음 졸여야 했다. 루실과 나는 수년 전 컬럼비아 언론 대학원에서 단편소설을 쓰는 공부를 할 때 만났다. 블레이크는 9년 전 엄청난 충격을 받았다. 당시 그녀는 애리조나 주 투손에 살고 있었다. 그녀가 나에게 이야기한 내용을 여기 옮겨놓겠다.

"나는 애리조나 대학에서 오르간을 공부하고, 동네에서 언어 교정소를 운영하는데다 내가 지내던 데저트 윌로 목장에서는 음악 감상 수업을 하며 눈코 뜰 새 없이 바쁘게 지냈어. 파티에 가고 춤추고 밤하늘 아래서 말 타는 걸 좋아했지. 그러던 어느 날 아침 내가 쓰러졌어. 심장 때문에! '1년 동안은 침대에 누워서 절대 안정을 취해야 합니다'라고 의사가 말하더군. 내가 언제 다시 건강을 회복할 거라는 말도 없이 말이야.

1년 동안 입원하라니! 환자 신세가 될 뿐 아니라 어쩌면 죽을지도 모른다니! 나는 정말 무서웠어. 왜 나한테 이런 일이 생기지? 내가 무슨 잘못을 했기에? 나는 울고 또 울었어. 너무 괴롭고 힘들었지. 하지만 나는 의사가 충고한 대로 입원을 했어. 이웃에 사는 루돌프 씨라는 예술가 한 분이 이렇게 말했어. '지금은 침대에 드러누워 1년을 보내는 게 엄청난 비극이라고 생각하겠지만, 그렇지 않을 거예요. 오히려 생각을 정리하고 당신 스스로를 알아갈 시간이 생긴 거예요. 앞으로 몇 달 동안 당신은 정신적으로 지금보다 더 많이 성장할 거예요.'

나는 차분해졌고, 새로운 가치를 찾기 위해 노력했어. 영감을 주는 책들도 읽었어. 어느 날 나는 라디오 논평가가 이렇게 말하는 걸 들었어. '당신은 오직 당신 의식 속에 있는 것만 표현할 수 있습니다.' 나는 예전에 이런 말을 많이 들어보았지만, 이번에는 그 말이 내 마음속에 들어와 자리를 잡았어. 나는 삶의 신조로 삼고 싶은, 기쁘고 행복하고 건강한 생각만 하기로 결심했지. 아침에 일어나자마자 감사해야 할 일들을 찾아보았어. 아프지 않은 것, 사랑스러운 어린 딸, 볼 수 있다는 것, 들을 수 있다는 것, 라디오에서 나오는 아름다운 음악, 책 읽을 시간, 맛있는 음식, 좋은 친구들. 나는 매우 즐거웠고, 손님이 너무 많이 찾아오는 바람에 의사가 한 번에 한 사람만, 그것도 특정 시간에만 사람들을 만나야 한다는 팻말을 걸기까지 했어.

그 후로 9년이 지났고, 이제 나는 풍족하고 활발한 삶을 살고 있어. 이제는 내가 침대에서 보낸 그때를 진심으로 감사해. 내가 애리조나에서 보낸 시간 가운데 가장 귀중하고 행복했던 해였어. 그때 이후 나는 매일 아침마다 감사해야 할 일을 헤아려

보고 있어. 그 습관은 내 가장 귀중한 자산이야. 내가 죽을지도 모른다는 걱정을 하고 나서야 진정으로 삶을 배웠다는 사실을 깨닫고 나니 많이 부끄러웠어."

내 친애하는 벗, 루실 블레이크는 아마 모르고 있겠지만, 그녀가 깨달은 건 200년 전에 새뮤얼 존슨 박사가 깨달은 바로 그 교훈이다. 존슨 박사는 이렇게 말했다. "모든 사건의 가장 긍정적인 면을 보려는 습관은 1년에 수천 파운드를 받는 것보다 더 값지다."

이 말을 한 사람은 자타가 공인하는 낙관주의자가 아니다. 그는 불안, 가난, 굶주림을 20년이나 겪어오다 마침내 당대의 가장 뛰어난 저술가이자 전 세대를 통틀어 가장 화술에 능한 사람으로 거듭난 사람이다.

로건 피어설 스미스는 엄청난 지혜를 몇 마디 말로 압축해서 이렇게 말했다. "살면서 목표로 삼아야 할 두 가지가 있습니다. 첫째는 원하는 것을 얻는 것이고, 그다음에는 그것을 즐기는 것입니다. 가장 현명한 사람만이 두 번째 목표에 성공합니다."

어떻게 하면 부엌에서 설거지하는 것조차도 신나는 경험이 될 수 있는지 알고 싶은가? 그렇다면 보르그힐드 달이 지은 책 중에서 엄청난 용기를 주고 당신을 격려해줄《나는 보기를 원했다》라는 책을 읽어보라. 50년 동안 사실상 시각장애인의 삶을 살았던 한 여성은 자신의 책에 이렇게 적었다. "내 눈은 한 쪽만 보였다. 그리고 보이는 눈도 진한 흉터로 덮여서 눈 왼쪽 부분의 작은 틈으로만 볼 수 있었다. 책을 보려면 얼굴 가까이 대고 최대한 왼쪽을 보려고 안간힘을 써야만 읽을 수 있었다."

하지만 그녀는 동정받거나 '다르다'라고 여겨지기를 거부했다. 어렸을 때 그녀는 다른 아이들과 사방치기를 하고 싶었지만 바닥에 그은 줄을 볼 수 없었다. 그래서 다른 아이들이 집에 간 뒤 운동장에 엎드려서 눈을 바닥의 줄 가까이 대고 기어 다녔다. 그녀는 자신과 친구들이 놀았던 운동장의 모든 부분을 기억하고 곧 놀이에 능숙해졌다. 그녀는 집에서 큰 글씨로 쓰인 책을 속눈썹이 책장에 닿을 정도로 가까이 대고 읽었다. 그녀는 두 개의 학위를 취득했는데, 미네소타 대학에서 문학사 학위를, 컬럼비아 대학에서 문학 석사 학위를 받았다.

그녀는 미네소타 주 트윈밸리의 작은 마을에서 교단에 서기 시작했고, 후에 사우스다코타 주의 수폴스에 있는 아우구스타나 대학에서 언론학 및 문학 교수가 되었다. 그녀는 여학생 클럽에서 강의하거나 라디오에서 책이나 작가들에 대해 강연하기도 하며, 그곳에서 학생들을 13년 동안 가르쳤다. 그녀는 이렇게 적었다. "마음 한구석에는 완전히 실명하는 것에 대한 두려움이 웅크리고 있었다. 이를 극복하기 위해서 나는 살면서 유쾌하고 거의 들뜨기까지 한 태도를 취했다."

그러던 1943년, 그녀가 52세가 되던 해에 기적 같은 일이 일어났다. 그녀는 유명한 메이오 클리닉에서 수술을 받았고, 이제 예전보다 40배나 더 잘 보게 되었다.

새롭고 신나고 사랑스러움으로 가득한 세계가 그녀 앞에 펼쳐졌다. 그녀는 이제 부엌에서 설거지하는 일조차도 아주 신났다. 그녀는 이렇게 기록했다. "나는 설거지통에 있는 하얗고 폭신한 거품을 가지고 놀기 시작했다. 거품 속으로 손을 집어넣고 작은 비눗방울 하나를 집어내었다. 그걸 빛에 비추니 작은 무지개처럼 멋진 색깔이 펼쳐졌다."

부엌 개수대 위의 창밖을 내다보면 그녀는 '함박눈 속에서 날고 있는 참새의 파닥거리는 검회색 날개'를 볼 수 있었다.

그녀는 비눗방울과 참새를 보며 그런 황홀감을 느꼈고, 이렇게 적으며 책을 마쳤다. "'하나님이시여' 하고 나는 속삭인다. '하늘에 계신 우리 아버지, 감사합니다. 감사합니다.'"

당신이 설거지를 할 수 있고, 비눗방울 속의 무지개와 눈 속에서 날아다니는 참새를 볼 수 있어서 신께 감사한다고 생각해 보라.

당신과 나는 부끄러워해야 한다. 우리는 평생 아름다운 낙원에 살고 있었지만, 그것을 보기에는 너무 눈이 멀어 있었고 즐기기에는 너무 배가 불러 있었다.

걱정을 멈추고 인생을 활기차게 살고 싶다면, 다음 방법을 기억하라.

 평안과 행복을 가져다주는 정신 자세를 기르는 방법 4

문제점 말고 고마운 일들을 헤아려보라!

진정한 자신을 찾아 자기답게 살아라

나는 노스캐롤라이나 주 마운트 에어리에 사는 에디스 올레드 여사에게서 편지 한 통을 받았다. 그녀는 편지에 이렇게 적었다.

"어렸을 때 나는 심하게 예민하고 수줍음이 많았어요. 항상 과체중이었던데다가 볼살 때문에 실제보다 더 뚱뚱해 보이기까지 했죠. 우리 어머니는 보수적인 분이어서 예뻐 보이게 옷을 입는 것은 바보 같은 짓이라고 생각하셨어요. 그래서 언제나 '헐렁한 옷은 입더라도 달라붙는 옷은 안 된다'라고 말씀하셨고, 그 말대로 내게 옷을 입히셨어요. 나는 한 번도 파티에 가거나 재미있게 논 적이 없었고, 학교에 가서는 다른 아이들이 밖에서 놀 때 심지어 운동을 할 때도 끼지 못했어요. 병적으로 부끄러움이 많았죠. 내가 다른 사람들과 '다르며' 전혀 환영받지 못하는 사람이라고 생각했어요.

성인이 되고 나서 학교 선배와 결혼도 했지만 나는 변하지 않았어요. 시댁 사람들은 침착하고 자신감이 넘쳤어요. 나 역시 그랬어야 했지만 전혀 그럴 수 없었죠. 그들을 본받으려고 최선을 다했지만 그럴 수 없었어요. 그들이 내게서 자신감을 끄집어내려고 할 때마다 나는 더 움츠러들 뿐이었죠. 나는 불안하고 짜증스러워졌습니다. 친구들을 모두 피했어요. 너무 안 좋아져서 초인종 소리조차 무서워하곤 했다니까요! 나는 실패자였어요. 나는 그걸 알고 있었고, 남편이 알아챌까 봐 걱정했어요. 그래서 사람들과 함께 있을 때면 쾌활해지려고 했고, 과장되게 행동하곤 했어요. 스스로도 과장되게 행동한다는 걸 알고, 나중에는 며칠 동안 비참해지곤 했습니다. 결국 너무 불행해져서 살아야 할 이유를 잃어버렸어요. 나는 자살에 대해 생각하기 시작했어요."

이 불행한 여인의 삶을 바꾼 건 무슨 일이었을까? 그저 우연한 말 한마디였다! 올레드 여사는 계속해서 이렇게 적었다.

"우연히 나온 말 한마디가 내 삶을 통째로 바꿔놓았어요. 어느 날 시어머니께서 어떻게 당신의 아이들을 키우셨는지 이야기하시다가 이렇게 말씀하셨습니다. '무슨 일이 생기든지 나는 항상 아이들에게 자기답게 살라고 강조했단다.' (⋯) '자기답게' (⋯) 그 말 때문이었습니다! 나는 나에게 맞지 않는 모습을 억지로 맞추려고 하다가 이 모든 불행을 자초했다는 걸 깨달았습니다.

나는 하룻밤 사이에 변했습니다! 나답게 살기 시작했습니다. 나만의 성격을 연구하려고 노력했습니다. 내가 어떤 사람이었는지 알아내려고 노력했습니다. 내 강점을 연구했습니다. 최대한 다양한 색상과 스타일을 배우고, 나답다고 느끼는 대로 옷을 입었습니다. 친구를 사귀려고 먼저 다가갔어요. 한 기관에 등록했는데(처음에는 작은 곳부터) 프로그램에 참여하면서 겁이 나고 당황스럽기도 했어요. 하지만 발표를 할 때마다 조금씩 용기가 생겼습니다. 오랜 시간이 걸리긴 했지만 지금은 기대 이상으로 행복해요. 아이들을 키우면서 나는 쓰라린 경험을 통해 얻은 교훈을 아이들에게 항상 말해줍니다. '무슨 일이 생기든지 항상 너답게 살아라!'"

제임스 고든 길키 박사는 기꺼이 자기답게 사는 이 문제가 '역사가 흘러온 만큼 오래전'부터 있어왔으며, '인간의 삶만큼 보편적'이라고 말한다. 많은 신경증과 정신병, 콤플렉스의 이면에는 자기답게 살지 않으려고 하는 자세가 숨어 있으며, 그게 근본적인 원인이다. 아이의 양육을 주제로 13권의 책을 썼고, 신문에 수천 건의 기사를 쓴 안젤로 패트리는 이렇게 말했다. "정신적으로나 육체적으로 자신이 아닌 다른 누군가가 되려고 갈망하는 사람만큼 비참한 사람은 없다."

자신이 아닌 무언가가 되기를 갈망하는 경향은 특히 할리우드에 만연해 있다. 할리우드의 유명한 감독인 샘 우드는 젊은 연기자 지망생들 때문에 가장 골치가 아팠던 건, 그들이 그들답도록 하는 문제 때문이라고 말한다. 그들은 모두 제2의 라나터너 혹은 제3의 클라크 게이블이 되기를 원한다. 샘 우드는 그들에게 계속해서 말한다. "그런 모습은 이미 대중에게 너무 익숙해. 이제 그들은 다른 걸 원한다고."

〈굿바이 미스터 칩스〉나 〈누구를 위하여 종은 울리나〉와 같은 영화들을 만들기 전에 샘 우드는 여러 해 동안 부동산업에 종사하면서 자신의 영업 능력을 발휘했다. 그는 사업 세계에서도 영화계에서와 같은 원칙이 적용된다고 말한다. 어디에서나 다른 사람을 서툴게 흉내 내는 것으로는 아무것도 얻지 못한다. 앵무새가 되어서는 안 된다. 샘 우드는 이렇게 말한다. "다른 사람인 척하는 사람들은 가능한 한 빨리 그만두는 게 가장 좋다는 걸 나는 경험으로 알았습니다."

나는 최근에 소코니 배큐엄 석유 회사의 채용 담당자인 폴 W. 보인턴에게 구직자들이 하는 가장 큰 실수가 무엇이냐고 물었다. 면접을 6만 명 이상 보았고《일자리를 얻는 6가지 방법》이라는 책도 썼으니 그는 이 질문에 정확히 대답해줄 것이다. 그는 이렇게 대답했다. "구직자들이 하는 가장 큰 실수는 자기 자신답게 행동하지 않는 것입니다. 툭 터놓고 완전히 솔직하게 얘기하는 대신 그들은 흔히 상대가 원한다고 생각하는 답변을 하려고 합니다." 그래봤자 소용이 없다. 아무도 가짜를 원하지는 않기 때문이다. 아무도 가짜 돈을 원하지 않는다.

한 시내 전차 안내원은 실수를 통해 이 교훈을 얻었다. 그녀는 가수가 되고 싶었지만, 얼굴이 약점이었다. 입이 크고 뻐드렁니가 있었다. 뉴저지에 있는 나이트클럽에서 처음으로 대중 앞에서 노래했을 때 그녀는 윗입술로 치아를 가리려고 했다. '멋지게' 행동하려고 했던 것이다. 결과는 어땠을까? 그녀는 우스꽝스러웠고 실패했다.

하지만 그 나이트클럽에서 그녀의 노래를 듣고 재능이 있다고 생각한 한 남자가 있었다. 남자는 직설적으로 말했다. "이봐, 아가씨. 당신 공연을 봤는데 당신이 뭘 숨기려고 하는지 알아요. 치아가 부끄러운 거죠." 그녀가 당황했지만 남자는 계속해서 말했다. "그게 어때서요? 뻐드렁니가 있는 게 무슨 죄라도 된답니까? 숨기려고 하지 마세요! 입을 크게 벌리면 청중은 당신이 부끄러워하지 않는 모습을 보고 당신을 좋아할 거예요. 게다가 당신이 숨기려는 그 치아가 행운을 가져다줄 수도 있어요!"

캐스 데일리는 남자의 조언을 받아들이고 치아를 신경 쓰지 않았다. 그때부터 그녀는 오직 청중만 생각했다. 그녀는 입을 크게 벌리고 열정적이고 즐겁게 노래해서 영화와 라디오에서 인기 스타가 되었다. 이제는 다른 희극배우들이 그녀를 따라 하려고 한다!

그 유명한 윌리엄 제임스는 보통 사람들이 잠재 능력의 오직 10퍼센트만 계발한다고 말하면서, 자신이 어떤 능력이 있는지 잘 모르는 사람들이 있다고 했다. 그는 이렇게 적었다. "우리가 당연히 써야 하는 능력에 비하면 우리는 오직 반만 깨어 있는 상태다. 우리는 체력과 정신력의 아주 적은 부분만 사용한다. 대략적으로 말하자면, 그렇기 때문에 개개인의 인간은 자신의 한계에 훨씬 못 미치는 인생을 살아가고 있다. 사람에게는 다양한 능력이 있지만 습관상 활용하지 못하고 있다."

당신과 나는 그런 능력이 있고, 다른 사람들과 같지 않으니 다른 걱정은 하지 말자. 당신은 이 세상에서 새로운 존재다. 태초부터 당신과 똑같은 사람은 아무도 없었고, 아무리 시간이 흘러도 없을 것이다. 유전학에 따르면, 우리는 아버지 염색체 24개와 어머니 염색체 24개로 이루어진 결과물이다. 이 48개의 염색체에 당신이 물려받는 유전적 특질을 결정하는 모든 것이 들어 있다. 암란 샤인펠트는 각각의 염색체에는 "대략 스무 개에서 수백 개 정도의 유전자가 들어 있는데, 어떤 경우에는 유전자 하나가 개인의 삶 전체를 바꿔놓을 수도 있다"라고 말했다. 정말 우리는 '굉장하고 훌륭하게' 만들어졌다.

당신의 어머니와 아버지가 만나서 관계를 가진 후에도 정확히 당신이라는 사람이 태어날 확률은 300조 분의 1밖에 되지 않는다! 다시 말해서 만약 당신에게 형제자매가 300조 명이 있다고 해도 그들은 모두 당신과 다를 것이다. 이게 다 추측이냐고? 아니다. 과학적인 사실이다. 이 부분에 대해 더 알고 싶다면 공공 도서관에 가서 암란 샤인펠트의 《당신과 유전(You and Heredity)》을 빌려 보라.

자신답게 살자는 이 주제에 대해 깊이 공감하기 때문에 나는 자신 있게 이야기할 수 있다. 나도 다 알고 하는 얘기다. 이를 깨닫게 해준 쓰라리고 값비싼 경험을 이야기해보겠다. 미주리 주의 시골에서 뉴욕으로 처음 왔을 때 나는 미국 공연 예술 아카데미에 등록했다. 나는 배우가 되기를 간절히 꿈꿨다. 나에게는 내가 생각해도 기막힐 정도로 쉽게 성공할 수 있는 아이디어가 있었다. 너무 간단하고 실패할 걱정도 없어서 수천 명이나 되는 패기 넘치는 사람들이 대체 왜 이 방법을 찾아내지 못했는지 이해가 가지 않았다. 그 생각은 이랬다. 나는 존 드루와 월터 햄던, 오티스 스키너처럼 그 무렵 유명한 배우들이 어떻게 성공했는지를 연구할 것이다. 그런 다음 그들 각각의 가장 좋은 점을 본떠서 화려하고 찬란한 조합이 되도록 나 자신을 만드는 것이다. 얼마나 바보 같고 당치도 않은 소리인가! 나는 나답게 행동해야 하며 절대 다른 누군가가 될 수 없다는 걸 이 시골뜨기의 둔해빠진 머리로 깨닫기 전까지, 나는 다른 사람들을 흉내 내면서 수년을 낭비해야 했다.

그 괴로운 경험으로 나는 잊지 못할 교훈을 얻었어야 했다. 하지만 그렇지 않았다. 나는 교훈을 배우지 못했다. 나는 너무 멍청했다. 그 경험을 처음부터 다시 해야 했다. 몇 년 후 나는 기업가들을 위한 대중 연설에 관한 책을 쓰기 시작했는데, 이전에 쓰인 적 없던 가장 좋은 책이 되기를 바랐다. 그 책을 쓰면서 나는 예전과 똑같이 바보 같은 생각을 했다. 다른 작가들의 생각을 많이 빌려와서 한 권의 책에 다 쓰면 그 책은 모든 것을 담게 될 것이다. 그래서 나는 대중 연설과 관련된 책을 아주 많이 빌려와서 그들의 생각을 내 원고에 합치는 데 1년을 보냈다. 하지만 결국 이번에도 내가 바보짓을 했다는 게 분명해졌다. 내가 쓴 글은 다른 사람들의 생각으로 뒤죽박죽이 되었고, 너무 인위적이고 따분해서 어떤 비즈니스맨도 그 책을 찬찬히 살펴볼 것 같지 않았다. 그래서 나는 1년 동안 작업한 결과물을 쓰레기통에 집어넣고 처음부터 다시 시작했다.

당시 나는 속으로 이렇게 다짐했다. '나는 데일 카네기가 되어야 해, 실수와 한계를 모두 짊어지고. 절대 다른 누군가가 될 수는 없어.' 그래서 나는 다른 사람들의 특징을 모으는 걸 그만두고, 팔을 걷어붙인 다음 애초에 내가 해야 했던 일을 시작했다. 나는 화술을 가르치는 사람이자 강연자로서 내가 경험하고 관찰하고 확신하게 된 것을 토대로 대중 연설에 관한 교재를 써 내려갔다. 월터 롤리 선생님이 얻었다는 교훈을 나도 (바라건대 영원히) 깨닫게 되었다(진흙 위에 자신의 코트를 펼쳐 여왕이 지나가도록 했던 월터 경을 말하는 게 아니다. 1904년에 옥스퍼드에서 영문학 교수로 계시던 월터 롤리 선생님을 말하는 것이다). 선생님은 이렇게 말씀하셨다. "나는 셰익스피어나 쓸 만한 책을 쓰지는 못하지만, 나다운 책은 쓸 수 있지."

자기답게 살아라. 어빙 베를린이 조지 거슈인에게 했던 현명한 조언대로 행동하라. 베를린과 거슈인이 처음 만났을 때, 베를린은 유명했지만 거슈인은 틴 팬 앨리에서 주급 35달러를 받으며 힘겹게 일하는 풋내기 작곡가에 불과했다. 거슈인의 능력에 감동받은 베를린은 거슈인에게 당시 받는 보수의 3배를 줄 테니 자신의 음악 조수로 일하지 않겠냐고 제안했다. 그러면서 이렇게 조언했다. "하지만 그 일을 맡지는 말게. 만약 그 일을 한다면 자네는 제2의 베를린이 될 수는 있겠지. 하지만 자네다운 색깔을 고집한다면 언젠가는 제1의 거슈인이 되어 있을 걸세." 거슈인은 그 조언을 주의 깊게 들었고, 서서히 당대 미국에서 가장 뛰어난 작곡가로 변신해나갔다.

찰리 채플린, 윌 로저스, 메리 마가렛 맥브라이드, 진 오트리

등 수많은 사람들이 내가 이 장에서 강조하고자 하는 바로 그 교훈을 배워야 했다. 그들은 딱 나처럼 힘들게 교훈을 얻었다.

찰리 채플린이 처음 영화를 만들기 시작했을 때, 영화감독은 채플린에게 당시 인기 있던 독일 희극배우를 따라 하라고 요구했다. 채플린은 자기 자신을 연기하기 전에는 성공하지 못했다. 밥 호프도 재치 있는 말을 하며 자기답게 행동하기 전까지는 수년 동안 노래하고 춤추며 공연했지만 아무런 성과를 얻지 못했다. 윌 로저스는 수년 동안 보드빌 공연에서 아무 말도 하지 않고 밧줄만 빙빙 돌렸다. 그러다 자신의 독특한 유머 감각을 발견하고는 밧줄 묘기에 이야기를 곁들이기 시작했는데, 그 전까지는 별 소득을 얻지 못했다.

메리 마가렛 맥브라이드가 처음 방송에 출연했을 때, 그녀는 아일랜드 희극배우를 따라 하려고 하다가 실패했다. 하지만 그녀가 미주리 주에서 온 평범한 시골 소녀로서 자신만의 모습을 보여주려고 노력하자, 그녀는 뉴욕에서 가장 인기 있는 라디오 스타가 되었다.

진 오트리가 자신의 텍사스 억양을 없애고 도시 남자들처럼 옷을 입고서 자기는 뉴욕 출신이라고 말하고 다닐 때, 사람들은 그의 뒤에서 웃었다. 하지만 밴조를 퉁기며 카우보이 발라드를 부르기 시작하자, 오트리는 세계에서 가장 유명한 카우보이로 영화와 라디오에서 우뚝 서게 되었다.

당신은 이 세상에 없던 새로운 사람이다. 그 점을 기뻐하라. 자연이 당신에게 준 선물을 최대한 활용하라. 최종적으로 보면 모든 예술은 자서전이나 마찬가지다. 당신만이 당신의 노래를 할 수 있다. 당신만이 당신의 그림을 그릴 수 있다. 분명히 당신의 경험과 환경과 유전적인 요인이 합쳐져서 지금의 당신이 되었다.

좋든 싫든 당신은 당신만의 작은 정원을 일구어야 한다. 좋든 싫든 당신은 인생의 오케스트라에서 당신만의 작은 악기를 연주해야 한다.

랠프 에머슨은 자신의 책 《자기신뢰》에서 이렇게 말했다. "모든 사람은 교육을 받다 보면 질투는 무지한 것이고, 모방은 자폭이나 마찬가지고, 좋든 싫든 자기를 자신의 일부분으로 받아들여야 하며, 드넓은 우주에 좋은 것들이 가득하지만 자신에게 주어진 땅 한 귀퉁이를 일구는 노력을 하지 않으면 영양가 있는 옥수수 알맹이 하나도 얻지 못한다는 확신을 얻게 되는 날이 온다. 자신 안에 있는 능력은 자연에는 없던 것이다. 그러므로 오직 자신만이 무엇을 할 수 있는지 알 수 있으며, 그조차도 시도해보지 않으면 알지 못한다."

에머슨은 이렇게 말했지만, 더글러스 맬럭이라는 시인은 이렇게 말했다.

산 정상의 소나무가 될 수 없다면
계곡의 덤불이 되어라.
단, 시냇가에서 가장 멋진 덤불이 되어라.
나무가 될 수 없다면 덤불이 되어라.

덤불이 될 수 없다면 작은 풀 한 포기가 되어라.

그래서 큰 도로를 좀 더 즐겁게 만들어라.

머스키가 될 수 없다면 농어가 되어라.

단, 호수에서 가장 생기 넘치는 농어가 되어라!

우리 모두 다 선장이 될 수는 없으니 선원도 되어야 한다.

우리 모두가 할 일이 있다.

중요한 일과 덜 중요한 일이 있다.

그리고 꼭 해야 하는 일은 가까이에 있다.

큰 도로가 될 수 없다면 오솔길이 되어라.

태양이 될 수 없다면 별이 되어라.

이기고 지는 건 크기에 달린 게 아니다.

무엇이 되든 최고가 되어라!

걱정을 멀리하고 우리에게 평화와 자유를 줄 정신 자세를 갖추고 싶다면, 다음의 방법을 기억하라.

 평안과 행복을 가져다주는 정신 자세를 기르는 방법 5

남을 흉내 내지 마라.

진정한 자신의 모습을 찾아 자기답게 살아라.

레몬을 갖고 있다면
그걸로 레모네이드를 만들어라

이 책을 쓰던 어느 날, 나는 시카고 대학에 들러 로버트 메이너드 허친스 총장에게 어떻게 하면 걱정하지 않을 수 있는지 물었다. 허친스 총장은 이렇게 대답했다. "시어스 로벅 사의 회장 줄리어스 로즌월드가 이런 충고를 해준 적이 있습니다. '레몬을 갖고 있다면 그걸로 레모네이드를 만들어라.' 나는 항상 그 충고를 따르려고 노력합니다."

위대한 교육자는 걱정하지 않기 위해 이런 방법을 쓴다. 하지만 바보들은 정확히 반대로 한다. 만약 인생을 살다가 레몬처럼 하찮은 결과가 생기면, 그는 포기하며 이렇게 말한다. "나는 패배했어. 이건 운명이야. 기회가 없어." 그러고는 세상을 욕하며 자기 연민에 빠진다. 하지만 현명한 사람은 레몬을 받게 되면 이렇게 말한다. "이번 불운으로부터 내가 배울 수 있는 교훈은 뭘까? 어떻게 상황을 개선시킬 수 있을까? 어떻게 이 레몬을 레모네이드로 바꿀 수 있을까?"

위대한 심리학자인 알프레드 아들러는 사람들의 잠재된 힘에 대해 평생에 걸쳐 연구한 결과, 인간의 가장 경이로운 특성 중 하나는 "불리한 점을 긍정적인 것으로 바꾸는 힘"이라고 단언했다.

정확히 이 말대로 행동한 여성에 관한 재미있고 교훈적인 이야기가 하나 있다. 여성의 이름은 셀마 톰슨이고, 뉴욕 시의 모닝사이드 100번지에서 살고 있다. 그녀는 자신의 경험을 이렇게 이야기해주었다.

"제 남편은 전쟁 동안 뉴멕시코의 모하비 사막 근처에 있는 육군 신병 훈련소에서 근무하고 있었어요. 저는 남편과 같이 지내기 위해 그곳으로 이사를 했어요. 하지만 저는 그곳을 싫어했어요. 혐오할 정도였죠. 그렇게까지 불행한 적은 한 번도 없었어요. 제 남편은 모하비 사막에서 작전을 수행하라는 명령을 받았고, 저는 혼자 조그만 판잣집에 남았어요. 선인장 그늘에서도 50도에 달하는 열기는 참을 수가 없었어요. 멕시코인이나 인디언들을 빼고 사람이라곤 그림자도 보이지 않았고, 그들은 영어도 하지 못했어요. 바람은 쉴 새 없이 불었고, 제가 먹은 음식과 들이마신 공기는 모래로 가득했어요! 모래, 모래, 모래!

너무나 비참하고 외로워서 저는 부모님께 편지를 보냈어요. 이제 그만 포기하고 집으로 돌아가겠다는 내용이었어요. 단 1분도 더 견딜 수 없다고 말했죠. 차라리 감옥에 가겠다고 했어요! 아버지는 답장을 보냈는데, 단 두 줄밖에 없었어요. 그 두 줄은 제 인생을 완전히 바꿔놓았고, 앞으로도 영원히 제 기억 속에 자리 잡고 있을 거예요.

　두 사람이 감옥의 창살을 통해 밖을 보고 있었다.
　한 사람은 진흙을, 다른 이는 별을.

　저는 이 두 줄을 읽고 또 읽었어요. 제 자신이 부끄러워졌어
요. 저는 지금 상황에서 좋은 점을 찾아낼 수 있을 거라고 마음
을 다잡았어요. 별을 찾으려 했죠. 저는 원주민 친구들을 사귀
었고, 그들의 반응은 놀라웠어요. 제가 그들의 천 짜기 기술과
도자기에 관심을 보이자, 그들은 관광객들에게 팔기를 거절했
던, 자신들이 가장 좋아하는 작품들을 제게 선물로 주었어요.
저는 선인장과 실난초, 그리고 조슈아 나무의 매혹적인 생김새
에 관심이 생겼어요. 다람쥐처럼 생긴 프레리 도그에 대해 배
웠고, 사막의 노을을 기다렸으며, 수백만 년 전에 바다의 바닥
이었던 사막 모래에 남겨진 조개껍데기를 찾아 다녔어요.
　저를 그렇게 변화시킨 건 무엇이었냐고요? 모하비 사막은
변하지 않았어요. 인디언들도 변하지 않았어요. 제가 변했을
뿐입니다. 저는 마음의 태도를 바꿨어요. 그렇게 해서 저는 비
참했던 경험을 제 인생에서 가장 흥미로운 모험으로 완전히 바
꿨어요. 저는 제가 발견한 새로운 세상으로부터 자극을 받았고
흥분했어요. 저는 너무나 신이 나서 그 경험에 관해 책을 썼어
요. 《빛나는 성벽》이라는 제목의 소설이었죠. 저는 제 자신이
만들어낸 감옥 너머를 바라보았고, 별을 찾았습니다."

셀마 톰슨, 그녀는 예수가 태어나기 500년 전에 그리스인들이 가르쳐준 "가장 좋은 것은 아주 어려운 것이다"라는 오래된 진리를 발견한 것이다.

해리 에머슨 포스딕은 20세기에 와서 그 말을 다시 언급했다. "행복은 보통 기쁜 일보다는 승리하는 데서 비롯된다." 그렇다. 승리는 레몬을 레모네이드로 바꾸는 성취감과 환희에서 오는 것이다.

한번은 플로리다에서 독이 든 레몬조차 레모네이드로 바꾼 행복한 농부를 방문한 적이 있다. 그가 처음으로 자신의 농장을 마련했을 때 그는 실망했다. 땅이 너무나 형편없어서 과일을 재배하거나 돼지를 기를 수도 없었다. 그 땅에는 스크럽 참나무와 방울뱀 외에는 그 어떤 것도 잘 자라지 않았다. 그때 그에게 기발한 생각이 떠올랐다. 방울뱀들을 최대한 활용해서 자신의 골칫거리를 재산으로 바꿀 수 있을 것 같았다. 놀랍게도 그는 방울뱀 고기로 통조림을 만들기 시작했다. 몇 년 전 그를 찾아갔을 때, 나는 그의 방울뱀 농장을 보러 1년에 2만 명이나 되는 관광객이 몰려온다는 것을 알게 되었다. 사업은 번창하고 있었다. 방울뱀들의 송곳니에서 나온 독은 해독제를 만드는 실험실로 보내졌다. 방울뱀 가죽은 여성들의 신발과 핸드백으로 만들어지기 위해 엄청난 가격에 팔리고 있었다. 캔에 담긴 방울뱀 고기는 전 세계 고객들에게 팔려나갔다. 나는 '플로리다 주 방울뱀 마을'로 지명을 바꾼 그 마을의 우체국에 가서 농장에서 산 그림엽서를 부쳤다. 그 지명은 독이 든 레몬을 달콤한 레모네이드로 바꾸어낸 사람을 기념하기 위해 붙인 이름이었다.

미국 전역으로 자주 여행을 다니면서 나는 '부정적인 점을 좋은 점으로 바꾸는 힘'을 실제로 보여준 많은 사람들을 만나는 특권을 누렸다.

《신에게 맞선 12명》을 쓴 윌리엄 볼리도는 이렇게 표현했다. "인생에서 가장 중요한 것은 당신이 얻은 것을 활용하는 게 아니다. 그건 바보들이나 하는 짓이다. 정말 중요한 것은 당신의 패배로부터 이득을 취하는 것이다. 그러려면 현명해야 한다. 분별 있는 사람과 바보는 바로 여기에서 차이가 난다."

이 말은 볼리도가 열차 사고로 한쪽 다리를 잃은 후 한 말이다. 하지만 나는 양쪽 다리를 잃고서도 불리한 점을 좋은 점으로 바꾼 사람을 알고 있다. 그의 이름은 벤 포트슨이다. 나는 그를 조지아 주 애틀랜타에 있는 호텔의 엘리베이터 안에서 만났다. 엘리베이터에 타면서 나는 두 다리가 없는 쾌활한 인상의 남자가 엘리베이터 구석에 휠체어를 타고 앉아 있는 것을 알아챘다. 그가 내리려는 층에서 엘리베이터가 멈추자, 그는 휠체어를 더 잘 움직일 수 있도록 한 발짝 움직여달라고 내게 상냥하게 요청했다. "귀찮게 해서 정말 미안합니다" 하고 말하는 그의 얼굴에는 마음을 따뜻하게 해주는 미소가 빛났다. 엘리베이터에서 내려 방에 들어와서도 나는 그 유쾌한 장애인 말고는 아무것도 생각할 수가 없었다. 그래서 수소문 끝에 그를 찾아가서 내게 자신의 이야기를 해줄 수 있는지 물어보았다. 그는 미소를 지으며 말했다.

"1929년에 벌어진 일입니다. 저는 마당에 있는 콩밭에 지지대로 사용할 히코리 나뭇가지를 꺾으러 나갔어요. 제 차에 나뭇가지들을 싣고 집으로 출발했죠. 그런데 갑자기 나뭇가지 하나가 떨어지더니, 급커브를 하던 바로 그 순간에 차 밑으로 들어와 운전을 방해했어요. 차가 제방 쪽으로 돌진하면서 몸은 차에게 튕겨져 나갔습니다. 그 사고로 저는 척추를 다쳤습니다. 다리는 마비됐고요. 그때 저는 스물네 살이었고, 그 이후 다시는 걷지 못했습니다."

스물네 살에 남은 삶을 휠체어에서 보내야 한다는 선고를 받다니! 그런 일을 어떻게 그리 용감하게 견딜 수 있었는지 물었더니 그는 이렇게 대답했다. "저는 그렇게 잘 견디지 못했어요." 그는 화를 내며 누구의 말도 들으려 하지 않았다고 했다. 그는 자신의 운명에 대해 울분을 토했다. 그러나 세월이 흐르면서 그는 그렇게 저항해봤자 더 비통할 뿐이라는 걸 깨달았다. 그는 이렇게 말했다. "저는 마침내 다른 사람들이 저를 배려해주고 친절을 베풀어주고 있다는 사실을 깨닫게 되었어요. 그래서 적어도 저도 그들에게 친절하고 예의 바르게 대하려 하고 있습니다."

나는 그에게 오랜 시간이 지난 지금도 여전히 그 사고가 끔찍한 불운이었다고 느끼는지 물어보았다. 그러자 그는 즉시 이렇게 대답했다. "아니요. 저는 이제 그 일이 일어난 게 거의 고맙기까지 할 정도입니다."

그는 충격과 원망을 극복한 후 다른 세상에서 살기 시작했다고 말했다. 좋은 문학 작품들을 읽기 시작하며 문학에 대한 애정을 키웠다. 그가 말하길, 14년간 적어도 1400여 권의 책을 읽었으며, 그 책들은 그에게 새로운 시야를 열어주었고, 그의 삶을 생각보다 더욱 풍요롭게 만들어주었다. 그는 좋은 음악을 듣기 시작했고, 최근에는 과거에 그를 지루하게 했던 위대한 교향곡들에 매혹되어 있다고도 했다. 그러나 그의 가장 큰 변화는 자신이 생각할 시간을 가졌다는 점이었다.

벤은 이렇게 말했다. "제 인생에서 처음으로 저는 이 세상을 바라보며 진정한 가치관을 가질 수 있게 되었어요. 저는 이전에 제가 그토록 갈망했던 것들의 대부분이 전혀 그럴 가치가 없음을 깨닫기 시작했어요."

벤은 독서를 시작하고 나서 정치에 관심이 생겼고, 공공적인 문제에 대해 연구하고 휠체어에서 연설을 하기도 했다! 또 여러 사람들을 알게 됐으며, 많은 사람들도 그를 알게 되었다. 벤 포트슨은 지금도 휠체어를 타고 다니지만, 조지아 주의 국무장관이 되었다!

최근 35년간 나는 뉴욕 시에서 성인교육 강의를 진행했으며, 많은 성인들이 대학에 가지 않은 걸 대단히 후회한다는 사실을 알게 되었다. 그들은 대학 교육을 받지 않은 게 매우 불리하다고 생각하는 듯 보였다. 나는 고등학교밖에 나오지 않고서도 성공한 수천 명의 사람들을 알기 때문에 그게 반드시 맞는 말은 아니라는 것을 알고 있다. 그래서 나는 학생들에게 내가 아는 사람 중에서 초등학교조차 마치지 못한 한 사람의 이야기를 자주 들려준다. 그는 정말이지 가난한 집에서 자라났다. 그의 아버지가 세상을 떠났을 때, 장례식에 쓸 관을 사기 위해 아버지의 친구들이 돈을 조금씩 거둬야만 했다. 아버지가 돌아가시고 나서 그의 어머니는 우산 공장에서 하루에 10시간을 일했으며, 일을 마친 후에는 일감을 집으로 가져와 밤 11시까지 일했다.

이런 환경에서 자란 그 소년은 자기가 다니던 교회의 아마추어 연극 동호회에 참가하게 되었다. 무대에 서는 데서 희열을 느낀 그는 대중 연설을 하기로 마음먹었다. 이 결심은 그를 정치로 이끌었다. 서른이 되었을 때 그는 뉴욕 주의 의원으로 선출되었다. 그러나 그런 책임을 떠맡기에는 아직 준비가 되어 있지 않았다. 사실 그는 그 자리에서 도대체 무엇을 해야 하는지 전혀 알지 못했다고 내게 솔직하게 말했다. 그는 입법 여부에 관한 투표를 해야 하는 길고 복잡한 법안에 대해 공부했지만, 그가 걱정한 대로 그 법안들은 촉토 족 인디언의 언어로 쓰인 것만큼이나 어려웠다.

그는 한 번도 숲에 들어가 본 적이 없는데도 숲에 관련된 위원회의 회원이 된 것마냥 걱정되고 당황스러웠다. 은행 계좌를 만들어본 적도 없었던 그가 주 의회의 금융위원회 회원이 되었기 때문이다. 그는 자신이 어머니 앞에서 패배를 받아들이는 것이 부끄럽지 않았다면 너무 낙담해서 의원직을 사임했을 거라고 말했다. 그는 자포자기한 상태로 하루에 16시간씩 공부하며 '무지'라는 자신의 레몬을 '지식'이라는 레모네이드로 바꿔놓았다. 그렇게 함으로써 그는 지방 정치가에서 국가적인 인물로 바뀌었으며, 그의 눈부신 활약에 〈뉴욕타임스〉는 "뉴욕에서 가장 사랑받는 시민"이라는 호칭을 붙여주었다. 이는 바로 앨 스미스에 관한 이야기다.

10년 후 앨 스미스는 정치와 관련된 자기교육 프로그램을 시작했으며, 뉴욕 최고의 권위자가 되었다. 스미스는 4회 연속 뉴욕 주의 주지사로 선출됐으며, 이 기록은 그 누구도 달성한 적이 없었다. 1928년 앨 스미스는 민주당의 대통령 후보가 되었다. 초등학교 이상 다닌 적이 없는 이 남자에게 컬럼비아와 하버드 등 최고의 대학 6곳이 명예 학위를 수여했다. 앨 스미스는 자신이 불리한 점을 좋은 점으로 바꾸기 위해 하루 16시간을 공부하지 않았다면 이런 일은 결코 일어나지 않았을 것이라고 말했다.

우수한 사람이 되기 위한 니체의 비결은 "역경을 견딜 뿐 아니라 역경을 사랑하라"라는 것이었다. 나는 위업을 이룬 사람들의 인생에 대해 연구할수록, 놀라울 만큼 많은 사람들이 불리한 조건에 자극을 받아 엄청난 노력을 했고 그만 한 보상을 바라며 시작했기 때문에 성공했다는 걸 깨닫게 되었다. 윌리엄 제임스가 말했듯이 "우리의 결점은 예상치 못하게 우리를 돕는다."

그렇다. 밀턴은 장님이었기 때문에 더욱 훌륭한 시를 쓸 수 있었고, 베토벤은 귀가 멀었기 때문에 더 나은 음악을 작곡할 수 있었을 가능성이 크다.

헬렌 켈러의 뛰어난 업적은 그녀가 앞이 보이지 않는데다 귀까지 들리지 않았기 때문에 가능했고, 그래서 그만큼 감동적일 것이다.

만약 차이코프스키가 절망에 빠지지 않았거나 끔찍한 결혼 생활 때문에 자살할 정도로 내몰리지 않았다면, 삶이 형편없지 않았다면 불멸의 교향곡인 〈비창〉을 절대 작곡할 수 없었을 것이다.

만약 도스토예프스키와 톨스토이가 고통스럽게 살지 않았다면, 그들은 아마 절대로 불멸의 소설을 쓰지 못했을 것이다.

지구상에서 생명의 개념을 바꾼 어떤 사람은 이렇게 썼다. "만약 내가 이렇게 많이 아프지 않았더라면, 나는 내가 성취한 많은 일을 해낼 수 없었을 것이다." 이는 결점이 예상치 못하게도 자신을 도왔다는 찰스 다윈의 고백이었다.

다윈이 영국에서 태어나던 바로 그날, 또 다른 아기가 켄터키 숲의 통나무집에서 태어났다. 이 아이 또한 자신이 가진 결점으로부터 도움을 받았다. 그의 이름은 에이브러햄 링컨이다. 링컨이 만약 귀족 집안에서 자라고 하버드대에서 법학 학위를 받았으며 행복한 결혼 생활을 누렸다면, 그가 게티즈버그에서 남긴 잊히지 않는 명언뿐만 아니라 "그 누구에게도 악의를 품지 말고 모든 이를 사랑하라"라고 시작하는, 링컨이 두 번째 대통령 취임식에서 낭송했으며 지도자들이 남긴 말들 중 가장 아름답고 숭고한 시를 마음속 깊은 곳에서 발견하지 못했을 것이다.

해리 에머슨 포스딕은 자신의 저서 《통찰력》에서 이렇게 말한다. "스칸디나비아 인들의 말 중에서 누군가에게는 인생의 구호로서 유용하게 쓰일 만한 말이 있다. '북쪽 바람이 바이킹을 만들었다.' 안전하고 즐거운 삶, 어려운 일 없이 술술 풀리는 편안함이 사람들을 기분 좋게 혹은 행복하게 만든다는 생각은 어디서 시작된 걸까? 오히려 자기 자신에 대해 연민을 느끼는 사람은 방석에 편안하게 누워 있어도 스스로 연민에 빠지지만, 역사상 높은 명성과 행복을 갖게 되는 사람들은 상황이 좋거나 나쁘거나 자신들의 어깨에 오른 개인적 책임을 감당하는 사람들이었다. 그러므로 북쪽 바람은 계속해서 바이킹을 만들고 있다."

우리가 너무나 낙담해서 레몬을 레모네이드로 바꿀 수 있다는 희망이 없다고 가정하더라도, 우리가 왜 도전해야만 하는지, 우리가 무엇이든지 얻을 수 있지만 왜 잃을 것은 없는지에 대한 이유가 두 가지 있다.

첫 번째 이유는 우리도 성공할 수 있기 때문이다.

두 번째 이유는 성공하지 못하더라도 부정적인 점을 긍정적인 것으로 바꾸려는 작은 시도만으로도 우리는 뒤보다 앞을 보게 되기 때문이다. 이는 부정적인 생각을 긍정적인 생각으로 바꿀 것이며, 긍정적인 에너지를 만들며, 우리를 바쁘게 만들어 우리가 과거의 것과 영원히 지나간 것에 대해 후회할 시간이나 여유가 없도록 할 것이다.

세계적으로 유명한 바이올리니스트인 올레 불이 파리에서 공연을 하던 중 갑자기 바이올린의 현 하나가 끊어지는 사고가 발생했다. 하지만 불은 세 개의 현으로 손쉽게 곡을 마쳤다. 해리 에머슨 포스딕은 이렇게 말한다. "네 개의 현 중 하나가 끊어지고 세 개로 마무리하는 것, 그것이 인생이다."

이것은 단순히 인생이 아니다. 인생 이상의 것이다. 승리한 인생인 것이다!

만일 내가 그럴 수만 있다면, 나는 윌리엄 볼리도의 말을 영원히 사라지지 않을 동판에 새겨 이 땅의 모든 학교에 걸어놓을 것이다.

인생에서 가장 중요한 것은 당신이 얻은 것을 활용하는 게 아니다. 그건 바보들이나 하는 짓이다. 정말 중요한 것은 당신이 잃은 것에서 이득을 보는 것이다. 그러기 위해서는 현명해야 하고, 현명한 사람과 미련한 사람은 바로 여기에서 차이가 난다.

그러므로 우리에게 평화와 행복을 가져다줄 정신 자세를 갖추고 싶다면, 다음을 기억하라.

 평안과 행복을 가져다주는 정신 자세를 기르는 방법 6

운명이 우리에게 레몬을 가져다준다면,
레모네이드를 만들기 위해 노력하라.

14일 안에 우울증을 극복하는 법

　나는 이 책을 쓰기 시작하면서 '내가 근심을 없앤 방법'에 관해 실제로 많은 도움이 되고 감명을 주는 이야기를 쓴 사람에게 200달러의 상금을 주기로 했다. 이 대회에 참가한 심판 세 명은 이스턴 항공의 사장인 에디 리켄배커, 링컨 메모리얼 대학의 총장인 스튜워트 W. 맥클레런드 박사, 그리고 라디오 뉴스 분석가인 H. V. 칼텐본이었다. 이 심판들은 두 개의 뛰어난 이야기 사이에서 1등을 고르지 못하고 있었다. 그래서 상금을 반으로 나누었다. 공동으로 1등을 수상한 미주리 주 스프링필드 커머셜 스트리트 1067번지에 살고 있는 버튼(미주리 휘저 자동차 판매사에 근무)의 이야기는 다음과 같다.

　"나는 아홉 살 때 어머니를 잃었고, 열두 살 때 아버지를 잃었습니다. 아버지는 사고로 돌아가셨지만, 어머니는 19년 전 집을 나가신 뒤 그 후로 만난 적이 없습니다. 어머니가 데려간 두 누이 역시 그 후로 본 적이 없습니다. 어머니는 집을 나간 후 7년이 지날 때까지 제게 편지 한 통 보내지 않았습니다. 아버지는 어머니가 떠나고 3년이 지난 즈음 사고로 돌아가셨죠. 아버지는 동업자와 함께 미주리에 있는 작은 도시에 카페를 하나 장만했습니다. 그런데 아버지가 출장을 가고 없는 사이, 그 동업자는 현금을 받고 카페를 팔아버리고는 도주했습니다. 아버지의 친구가 그 사실을 아버지에게 전하며 빨리 집으로 돌아오라고 했고, 아버지는 서두르다가 캔자스 주 살리나스에서 교통사고로 돌아가셨습니다. 고모들은 가난하고 노쇠한데다 세 자녀를 키우고 있었기에 저와 제 동생을 키워줄 사람은 아무도 없었습니다. 우리는 고아라고 불리거나 고아 취급을 받는 게 두려웠고, 그 두려움은 곧 현실이 되었습니다.

나는 잠시나마 마을에 있는 가난한 가족과 살게 되었습니다. 하지만 그 집의 가장이 직업을 잃자 더 이상 저를 보살펴줄 수 없게 되었습니다. 그러던 중 마을에서 17킬로미터 정도 떨어진 농장에 사는 로프틴 아저씨 부부가 저를 데려가 같이 살 수 있게 해주었습니다. 로프틴 아저씨는 일흔 살 정도 되었고, 대상포진을 앓고 있었습니다. 아저씨는 제가 거짓말을 하지 않고, 훔치지 않으며, 말을 잘 들으면 같이 살 수 있다고 했습니다. 그 세 가지 규칙은 제게 성경 말씀이었습니다. 저는 그 규칙들을 철저히 지키며 살았죠.

저는 학교도 다니게 되었습니다. 그런데 학교에 간 첫 주에 집에 돌아와 어린아이마냥 울기만 했습니다. 같은 학교에 다니는 아이들이 저를 못살게 굴며 제 코가 크다고 놀려댔습니다. 그리고 저를 '고아 놈'이라고 불렀습니다. 저는 마음이 상해 그들과 싸우고 싶었습니다. 하지만 로프틴 아저씨는 제게 항상 '남아서 싸우는 것보다 그 상황에서 걸어 나가는 사람이 더 훌륭한 거란다'라고 일러주었습니다. 절대 남과 싸우지 않던 저는 어느 날 학교 뒤뜰에서 닭 비료를 제 얼굴에 던진 아이와 싸웠습니다. 저는 그 애를 패주고는 몇 명의 친구를 사귀게 되었습니다. 그들은 그 아이가 맞아도 싸다고 했습니다.

저는 로프틴 아주머니가 사준 모자를 자랑스럽게 여기고 있었습니다. 그런데 어느 날 덩치가 큰 여자아이들이 그 모자를 빼앗아 물을 가득 채워 망가뜨렸습니다. 그중 한 아이는 모자에 물을 채워 내 우둔한 머리를 적셔야 뇌가 팝콘처럼 튀어나오는 걸 막을 수 있다고 했습니다.

학교에서는 절대 울지 않았지만 집에 돌아온 저는 엉엉 울었습니다. 그러던 어느 날 로프틴 아주머니가 제게 한마디를 해주었는데, 그로 인해 제 모든 문제와 고민은 사라졌고 적들은 친구로 변하게 되었습니다. '랠프야, 네가 그들에게 관심을 주고 그들을 위해주는 모습을 보여주면 그 애들은 너를 괴롭히거나 고아 놈이라고 부르지 않을 거야.' 저는 그 조언을 새겨들었습니다. 열심히 공부했고 반에서 일등이 되었죠. 하지만 저는 시기의 대상이 되지 않았어요. 친구들을 적극 도와주었기 때문입니다.

저는 남자애들이 주제문이나 에세이를 작성하는 것을 도와줬습니다. 심지어 토론을 다 써준 적도 있습니다. 한 아이는 제가 자기를 도와주는 걸 부모님께 알리고 싶지 않다고 했어요. 그래서 그 아이는 엄마에게 주머니쥐 사냥을 간다고 말하곤 했습니다. 그러고는 로프틴 아저씨네 농장에 와서 데려온 개들을 헛간에 묶어놓은 다음 저에게 과외를 받았습니다. 어떤 친구에게는 독후감을 써주었고, 며칠에 걸쳐 여자애에게 수학을 가르쳐주기도 했습니다.

그러던 중 마을에 죽음이 닥쳤습니다. 두 명의 나이 많은 농부가 죽었고, 어떤 집 남편은 부인을 버리고 도망을 가버렸습니다. 저는 근처 네 가정에서 유일한 남자가 되었습니다. 과부가 된 이들을 저는 2년 동안이나 도왔습니다. 학교에서 집으로 오는 길에 그들의 농장에 들러서 장작을 패주고, 소젖을 짜주고, 가축에게 물과 사료를 주었습니다. 저는 더 이상 저주가 아닌 축복의 존재가 되었습니다. 저는 모두에게 친구로 거듭났죠. 그들은 제가 해군에서 돌아왔을 때 진심으로 반겨주었습니다. 제가 집에 온 첫날 200명이 넘는 농부들이 찾아와주었습니다. 어떤 이는 120킬로미터나 되는 먼 곳에서부터 달려와 진심으로 저를 염려해주었습니다. 남을 도와주느라 바쁘기도 했고 행복하기도 했기 때문에 걱정이라곤 거의 없었습니다. 그리고 지난 13년간 한 번도 고아 놈이라는 소리를 들어본 적이 없습니다."

버튼 씨에게 박수를! 그는 친구 만드는 법을 알고 있다. 또한 근심을 없애고 인생을 즐기는 법도 알고 있다.

워싱턴 시애틀의 프랭크 루프 박사도 그랬다. 박사는 23년간 관절염을 앓아왔다. 하지만 〈시애틀 스타〉지의 스튜어트 휘트하우스가 내게 보낸 편지에는 이렇게 적혀 있었다. "루프 박사를 여러 번 인터뷰하면서 그보다 더 이타적이거나 삶에서 많은 것을 발견해낸 사람은 본 적이 없습니다."

어떻게 누워서 지내는 사람이 삶에서 많은 것을 누리고 발견할 수 있었을까? 두 개의 힌트를 주겠다. 루프 박사가 불평불만하며 지냈을까? 아니다. 자기 연민에 빠져서 모두의 관심을 받으며 자신에게 맞춰달라고 요구했을까? 아니다. 그것도 아니다. 루프 박사는 영국 왕세자의 좌우명인 "Ich dien", 즉 "섬기겠습니다"를 자신의 좌우명으로 삼아 이 모든 것을 이룰 수 있었다. 박사는 다른 장애를 가진 이들의 이름과 주소를 모아 기쁨과 격려가 가득한 편지를 써서 보냈다. 또한 장애를 앓는 이들이 서로에게 편지를 써주는 클럽을 만들었다. 그리고 마침내 '병상 환자 모임'이라는 전국 단체를 만들기에 이른다. 루프 박사는 침대에 누워서 1년에 약 1400통의 편지를 쓰며, 아파서 집 밖에 나가기 힘든 이들에게 라디오와 책을 사주었다.

루프 박사와 다른 이들과의 가장 큰 차이는 무엇이었을까? 오로지 하나다. 루프 박사는 내면에 목적과 사명의 빛을 품고 있었다. 박사는 조지 버나드 쇼가 말했듯 "세상이 자신을 행복하게 해주는 데 소홀하다고 불평하는 자기중심적인 불쾌감과 불만 덩어리"가 아니라 자신보다 훨씬 고귀하고 중요한 존재에 의해 스스로가 쓰인다고 생각하고 그걸 즐기고 있었다.

여기 위대한 정신과 의사가 놀라운 문장을 쓴 글이 있다. 이 문장은 알프레드 아들러가 쓴 것이다. 우울증이 있는 환자들에게 아들러는 이렇게 말하곤 했다. "당신이 이 처방을 따르면 14일 안에 치유될 수 있습니다. 매일 누군가를 어떻게 즐겁게 해줄 수 있는지 생각해보세요."

이 아이디어는 너무나도 기발해서 아들러 박사가 쓴《우리에게 인생이란 무엇인가》라는 훌륭한 책에서 일부를 인용함으로써 이해를 돕고자 한다.

"우울감은 타인으로부터 관심, 동정과 지지를 받기 위해 장기간 이어지는 분노와 비난에서 오며, 환자는 스스로의 죄책감에 낙심한다. 우울증을 겪는 환자들의 첫 기억은 대략 이러하다. '내가 소파에 눕고 싶었는데 내 형제가 먼저 누워 있었죠. 내가 많이 울어대자 형제가 자리를 떴습니다.' 이러한 환자들은 스스로에게 복수를 하기 위해 자살을 택한다. 그리고 의사의 첫 치료는 환자들에게 자살을 피하는 이유를 만들어주는 것이다. 나 역시 환자들에게 긴장감을 풀어주기 위한 치료의 첫 번째 규칙으로 '당신이 싫어하는 것은 절대 하지 말라'라고 말한다. 이것은 굉장히 소소한 제안인 것처럼 보인다. 하지만 우울증 환자가 자신이 원하는 것을 모두 할 수 있다면 누구를 비난하겠는가? 복수해야 할 일이 뭐가 있겠는가?

'당신이 영화관을 가고 싶거나, 휴가를 떠나고 싶다면 그렇게 하세요. 가던 길에 갑자기 가기 싫다면 멈추세요.' 이것은 누구에게도 최상의 상황이다. 우월감을 얻기 위해 애쓰는 환자에게는 만족감을 준다. 환자는 마치 신처럼 원하는 것은 뭐든지 할 수 있다. 하지만 환자의 생활 태도에 쉽게 들어맞지는 않는다. 환자는 남들을 지배하고 비난하고 싶어 하는데, 만약 남들이 그에게 동의한다면 그들을 위압할 필요가 없다. 이 규칙은 큰 안심을 주기 때문에 내가 맡고 있는 환자 중에 자살을 택한 이는 한 명도 없었다.

대개 환자들은 이렇게 대답한다. '저는 하고 싶은 게 없어요.' 나는 이 말을 하도 많이 들어서 이에 대한 답이 준비되어 있다. '그렇다면 당신이 하고 싶지 않은 것을 하지 마세요.' 그러면 '저는 하루 종일 침대에 있고 싶어요'라고 하는 이가 있다. 나는 그렇게 하라고 한다. 그러면 그는 더 이상 그렇게 하고 싶어 하지 않는다. 내가 그를 막는다면 그는 전쟁을 시작할 것이다. 나는 항상 그들에게 동의해준다.

이것이 하나의 처방이다. 또 다른 제안은 환자들의 생활 방식을 직접적으로 건드린다. 나는 이렇게 이른다. '당신이 이 처방을 따르면 14일 안에 나을 수 있습니다. 매일 어떻게 누군가를 즐겁게 할 수 있는지 생각해보세요.' 이게 환자들에게 어떤 의미인지 생각해보라. 우울증 환자들은 자신이 어떻게 남을 걱정시킬까에 대한 생각으로 가득하다. 답은 매우 흥미롭다. 몇몇은 '그건 굉장히 쉽다. 난 태어나서 내내 그렇게 해왔다'라고 말한다. 그들은 그렇게 해본 적이 없다. 나는 환자들에게 다시 생각해보라고 한다. 환자들은 다시 생각해보지 않는다. 나는 그들에게 이렇게 말한다. '잠들지 못하는 그 시간 동안 누군가를 행복하게 해줄까 생각한다면 당신의 건강에 큰 도움이 될 것입니다.' 다음 날 환자들에게 묻는다. '제가 제안한 것에 대해 생각해보셨나요?' 대답은 이렇다. '어젯밤 침대에 눕자마자 잠이 들었습니다.' 물론 환자들을 대할 때는 겸손하고 친절하게 어떠한 우월감도 없이 대해야 한다.

어떤 환자들은 이렇게 대답한다. '저는 못 하겠어요. 너무 걱정이 돼서요.' 그러면 나는 그런 환자들에게 이렇게 말한다. '그만 걱정하세요. 대신 다른 이들에 대해 생각해보세요.' 나는 그들의 흥미를 타인에게 돌리려 한다. 많은 이들이 이렇게 말한다. '어떻게 남을 행복하게 해줘요? 남들은 나한테 전혀 베풀지 않아요.' 나는 이렇게 답한다. '당신의 건강을 생각하셔야 해요. 다른 이들은 나중에 고통을 받겠죠.' 환자가 '선생님이 말한 것에 대해 생각해보았습니다'라고 하는 경우는 극히 드물다. 나는 환자들이 주변에 대해 더 많은 관심을 갖도록 하는 데 모든 노력을 기울이고 있다. 나는 이 병의 진짜 원인이 협력의 부재라는 것을 알고 있고, 환자 역시 그 사실을 볼 수 있기를 원한다. 환자들이 다른 이들과 동등하게 협력 관계를 맺을 수 있을 때 그 환자는 치료된다. (…) 종교가 사람들에게 강조하는 가장 중요한 과제는 언제나 '네 이웃을 사랑하라'였다. (…) 타인에게 관심을 갖지 않는 개인은 살면서 큰 어려움에 빠지고 남에게도 큰 피해를 입히는 사람이다. 인간의 모든 실패는 이런 개인들로부터 생겨난다. (…) 우리가 인간에게 요구하는 모든 것, 우리가 인간에게 줄 수 있는 최고의 찬사는 '좋은 동료'

이고, '좋은 친구'이며, '사랑과 결혼의 진정한 동반자'다."

아들러 박사는 우리에게 매일 선행을 하라고 촉구한다. 선행이란 무엇인가? 예언자 모하마드는 말한다. "선행이란 타인의 얼굴에 웃음을 가져다주는 것이다."

매일 선행을 하는 것이 어떻게 선행을 행하는 자에게 놀라운 효과를 가져다주는 것일까? 선행은 두려움과 우울감을 일으키는 자기중심적 사고를 멈추게 하기 때문이다. 뉴욕 5번가 521번지에서 문 비서 학교를 운영하는 윌리엄 T. 문 부인은 선행으로 우울증을 치료하는 2주간의 과정을 보낼 필요가 없었다. 그녀는 고아 아이들을 어떻게 기쁘게 해줄 수 있을까 생각했고, 2주가 아니라 단 하루 만에 우울증을 날려버렸다. 문 여사가 전하는 얘기는 다음과 같다.

"5년 전 12월이었습니다. 저는 슬픔과 자기 연민에 빠져 있었죠. 몇 년간의 행복한 결혼 생활은 남편을 잃으면서 끝이 났습니다. 크리스마스가 가까워지면서 제 슬픔은 더욱 깊어졌습니다. 저는 태어나서 크리스마스를 혼자 보낸 적이 없었습니다. 그래서 크리스마스가 다가오는 게 끔찍했습니다. 친구들은 함께 크리스마스를 보내자며 저를 초대했지만, 저는 파티에 가고 싶은 마음이 없었습니다. 제가 파티 분위기를 망칠 거라는 걸 알고 있었기 때문이죠. 그래서 친구들의 초대를 거절했습니다. 크리스마스이브가 되고, 저는 점점 더 자기 연민에 빠졌습니다.

우리 모두가 감사할 게 많이 있듯, 저도 물론 많은 것들에 감사해야 했습니다. 크리스마스 하루 전, 저는 오후 3시에 자기 연민과 우울한 마음을 떨치려고 사무실을 나와 5번가를 배회 했습니다. 길가에는 신나고 행복해 보이는 사람들이 가득했고, 그 모습을 보고 있자니 과거의 행복한 기억들이 떠올랐습니다.

저는 혼자서 텅 빈 외로운 아파트로 돌아갈 생각을 하니 견딜 수가 없었습니다. 무엇을 해야 할지 몰랐고, 눈물을 참을 수가 없었습니다. 한 시간 정도 무작정 걷다 보니 버스 터미널에 도착해 있었습니다. 모험을 하겠다며 남편과 목적지를 알 수 없는 버스를 무작정 탔던 일이 떠올라 처음 보이는 버스에 올라탔습니다. 허드슨 강을 건너고 좀 지나자 버스 안내자가 '마지막 정류장입니다'라고 알렸고, 저는 그곳에서 내렸습니다. 도시의 이름조차 몰랐지만, 매우 조용하고 평화로운 작은 도시였습니다. 집으로 가는 다음 버스를 기다리며 주거지 쪽으로 난 길을 걸었습니다. 교회를 지나다가 '고요한 밤'의 아름다운 선율을 듣고 안으로 들어갔습니다. 교회는 오르간 연주자 외에는 아무도 없었습니다. 저는 신도석에 눈에 띄지 않게 앉았습니다. 화려하게 장식된 크리스마스트리의 불빛은 달빛에 춤추는 별무리 같아 보였습니다. 길게 늘어지는 음악의 리듬과 아침부터 아무것도 먹지 않은 공복에 어지러워졌습니다. 게다가 몹시 지쳐 있던 저는 잠에 빠졌습니다.

잠에서 깨어났을 때 제가 어디에 있는지 알 수 없었습니다. 저는 공포에 질렸습니다. 그때 제 앞에는 크리스마스트리를 보러 들어온 게 분명한 작은 아이 둘이 서 있었습니다. 그중 여자아이가 저를 가리키며 '산타가 저분을 데려온 게 아닐까?'라고 말했습니다. 제가 잠에서 깨자 아이들은 깜짝 놀랐습니다. 저는 아이들에게 무서운 사람이 아님을 알려주었습니다. 아이들은 허름한 옷을 입고 있었습니다. 엄마, 아빠가 어디 있느냐 물으니 '우린 엄마, 아빠 없어요'라고 아이들은 말했습니다. 그 아이들은 나보다도 훨씬 더 불쌍한 어린 고아들이었습니다. 아이들을 보자 제 슬픔과 자기 연민이 부끄러워졌습니다. 저는 그 아이들에게 크리스마스트리를 보여주고는 슈퍼에 데려가 음료수를 같이 마시고 사탕과 선물을 조금 사주었습니다. 제 외로움은 마술처럼 사라졌습니다. 그 두 명의 고아는 제가 지난 몇 달간 맛볼 수 없던, 제 자신을 잊을 수 있는 진정한 행복을 주었습니다. 저는 아이들과 이야기하며 제가 얼마나 행복한지 깨닫게 되었습니다. 저는 어렸을 때 크리스마스 때마다 부모님과 함께 즐겁고 행복하게 지냈다는 사실을 신에게 감사드렸습니다. 그 두 명의 고아들은 제가 그들에게 준 것보다 훨씬 많은 것을 제게 주었습니다. 그 경험으로 저는 행복해지기 위해서는 타인을 행복하게 할 필요가 있다는 사실을 알게 되었습니다. 행복은 전염성이 있다는 사실도 알게 되었습니다. 우리는 베풀면 받을 수 있습니다. 저는 타인을 도와주고 사랑을 베풀며 근심과 슬픔, 자기 연민을 극복하고 새로운 사람이 되었습니다. 그리고 그 이후로 쭉 새로운 사람으로 살았습니다."

나는 자기중심적 생각을 잊어버리고 건강과 행복을 찾은 사람들의 이야기로 이 책을 가득 채울 수 있다. 미 해군에서 가장 유명한 여성 중 하나인 마가렛 테일러 예이츠의 이야기를 보자.

예이츠는 소설가지만, 그녀의 어떤 소설도 일본군이 진주만을 침공했을 때 그녀에게 일어난 실제 이야기만큼 흥미롭지는 않다. 예이츠 부인은 1년 넘게 심장병을 앓았다. 부인은 하루 24시간 중 22시간을 침대에서 보냈다. 부인이 가장 오래 산책하는 것은 햇볕을 쬐기 위해 정원으로 나가는 정도였다. 그때도 그녀는 가정부에 의지해야 했다. 부인은 그 당시 평생 그렇게 앓을 거라고 생각했다. 그녀는 내게 이렇게 이야기했다.

"나는 그날 일본인들이 진주만을 공격해 나를 안일주의에서 벗어나게 하지 않았다면 새로운 삶을 살 수 없었을 겁니다. 공격이 일어났을 때는 모든 게 혼돈이었죠. 폭탄 하나가 우리 집 근처로 떨어지는 바람에 저는 침대에서 튕겨져 나갔어요. 그때 군은 히컴 필드, 스코필드 막사, 그리고 카네오헤 공군 기지로 달려가서 군 가족인 부인들과 아이들을 공립학교로 대피시켰습니다. 그리고 적십자는 그들을 수용해줄 만한 곳이 있는지를 알아봐 주고 있었습니다. 적십자는 내 침대 옆에 전화기가 있는 것을 알고 내게 정보 교환소 역할을 부탁했습니다. 그래서 나는 군 가족들의 거처를 추적했고, 적십자는 모든 군인들이 내게 전화를 걸어 가족의 거처를 확인하도록 지시했습니다.

나는 곧 내 남편인 로버트 롤리 예이츠 사령관이 안전하다는 것을 알게 되었습니다. 나는 남편의 행방을 모르거나 미망인이 된 많은 이들을 위로했습니다. 2117명의 군인이 사망했고, 960명이 실종되었습니다.

처음에는 침대에서 전화를 받았습니다. 그러다 앉은 채로 받게 되었고, 결국 너무나도 바빠지고 정신이 없어서 아픔에 대해 잊어버린 채 테이블 옆에 앉았습니다. 나보다 더 불행한 이들을 도우면서 나는 스스로에 대해 잊어버린 것입니다. 그리고 그 뒤로는 8시간의 수면 시간을 제외하고는 침대로 돌아간 적이 없었습니다. 일본인들이 진주만을 습격하지 않았다면 나는 평생을 병상에서 보냈을 겁니다. 나는 침대가 편했고, 침대에 누워 있는 시간이 길어지면서 스스로 회복하려는 의지조차 잃어갔던 것입니다.

진주만 습격은 미국 역사상 가장 큰 비극 중의 하나지만, 내게는 세상에서 일어난 가장 좋은 일 중 하나였습니다. 그 끔찍한 위기는 내가 상상도 하지 못한 힘을 일깨워 줬습니다. 그 사건은 내 자신으로 향하는 관심을 타인을 향해 돌려주었습니다. 그 사건은 내게 크고 중요한 삶의 목적을 주었습니다. 나는 내 자신에 대해 생각하거나 돌볼 겨를이 더 이상 없었습니다."

정신과 의사에게 도움을 청하기 위해 달려가는 사람들의 3분의 1이 마가렛 예이츠처럼 남을 돕는 데 관심을 가진다면 스스로를 고칠 수 있을 것이다. 나만의 생각일까? 아니다. 칼 융이 한 말이기도 하다. 다른 이는 몰라도 칼 융은 알지 않는가? 융은 이렇게 말했다. "내 환자의 3분의 1은 어떠한 병명에도 속하지 않는다. 하지만 무의미함과 공허함으로 괴로워한다." 달리 말하면 그들은 남의 차를 얻어 타고 인생이란 길을 가려 한다. 그런데 끊임없이 지나가는 차 중에서 그들을 태워주는 차가 하나도 없다. 그래서 자신들의 작고 무의미하며 쓸모없는 삶을 한탄하며 정신과 의사를 찾아가는 것이다. 배를 놓친 그들은 스스로를 제외한 모두를 탓하며 세상이 자신들의 자아중심적인 욕구에 맞춰주길 기대하는 것이다.

당신은 어쩌면 이렇게 말할 수도 있다. "이 이야기들은 그다지 감동적이지 않아. 나도 크리스마스이브에 만난 몇 명의 고아를 보고 흥미를 가질 수 있어. 그리고 내가 진주만에 있었다면 마가렛 예이츠처럼 했을 거야. 하지만 나는 그렇지 못한 평범한 삶을 살고 있어. 나는 매일 지루한 직장에서 8시간씩 일을 하고, 내겐 어떤 드라마틱한 일도 일어나지 않아. 그런데 어떻게 내가 남을 도와주는 데 관심을 가질 수 있겠어? 왜 그래야 하지? 나한테 무슨 도움이 되지?"

충분히 나올 만한 질문이다. 거기에 대한 답을 해보겠다. 당신의 존재가 아무리 평범하다고 해도 당신은 매일 사람들을 만날 것이다. 당신은 그들을 어떻게 대하고 있는가? 그저 단순히 그들을 쳐다만 보지 않는가? 아니면 무엇이 그들의 감정을 자극하는지 알고 있는가? 아니면 1년에 몇백 마일을 걸어 다니며 당신의 문까지 편지를 배달하는 집배원에 대해서는 어떤가? 당신은 그가 어디에 살고 있는지, 그의 부인이나 아이 사진을 보여달라고 한 적이 있는가? 걷는 데 지치지는 않았는지 혹은 심심하지 않은지 물어본 적은 있는가?

식료품 배달원, 신문팔이, 코너에 있는 구두닦이는 어떤가? 그들은 수많은 어려움과 꿈과 개인적인 포부가 가득한 사람들이다. 그들 역시 타인과 나누고 싶어 한다. 하지만 당신은 그런 기회를 준 적이 있는가? 당신은 그들의 삶에 진정으로 관심을 보인 적이 있는가? 내가 말하는 것은 이러한 작은 것들이다. 당신에게 나이팅게일이 되거나 사회 운동가가 되어 세상을 바꾸라는 게 아니다. 당신 자신의 세상을 말하는 것이다. 당신은 내일 아침부터 만나게 되는 사람들에게 이런 일들을 실천할 수 있다.

당신에게 어떤 이득이 돌아오느냐고? 훨씬 큰 행복이 찾아온다! 더 큰 만족, 그리고 자신에 대한 자긍심이 돌아온다! 아리스토텔레스는 이러한 태도를 '계몽된 이기심'이라고 했다. 조로아스터는 이렇게 말했다. "남에게 선행을 베푸는 것은 의무가 아니다. 건강과 행복을 증대시키는 즐거움이다." 벤저민 프랭클린은 이를 간단히 정리해서 "타인을 위하는 일이 곧 자신을 위한 일이다"라고 했다.

뉴욕 심리상담센터의 헨리 C. 링크 소장은 이렇게 적었다. "현대 심리학의 가장 큰 발견은 자아실현이나 행복을 위해서는 자기희생이나 훈련이 필요하다는 사실을 과학적으로 증명한 것이라고 생각한다." 타인에 대한 생각은 스스로에 대해 걱정하는 것을 막아줄 뿐만 아니라 당신에게 친구를 만들어주고 즐거움을 줄 수 있다. 어떻게 그게 가능한가? 예일대의 윌리엄 라이온 펠프스 교수에게 그 방법에 대해 묻자 이렇게 이야기했다.

"나는 호텔이나 이발소, 가게에 갈 때면 만나는 사람들과 공감할 만한 이야기를 꼭 합니다. 나는 그들이 기계 속의 부품이 아니라 개별적인 사람으로 느낄 수 있는 말을 하려 노력합니다. 가게에서 나를 기다려주는 점원의 눈이나 헤어스타일이 얼마나 아름다운지 칭찬해줍니다. 이발사에게 매일 서서 일하는 게 힘들지 않느냐 묻기도 합니다. 그리고 어떻게 이발사가 되었는지, 얼마나 오래 일했는지, 지금까지 몇 명의 머리를 깎아주었는지 묻습니다. 사람들에게 관심을 가져주면 그들은 행복해하며 웃죠. 나는 내 물건들을 날라주는 짐꾼들과 자주 악수를 하는데, 그것만으로도 그 짐꾼은 새로운 기분으로 하루를 보낼 수 있습니다.

무척 더운 여름날, 나는 뉴 헤이븐 기차의 식당 칸에 가게 되었습니다. 사람이 가득한 차는 난로처럼 더웠고, 서비스는 매우 느렸습니다. 승무원이 내게 한참이 지나 메뉴를 건네줬을 때, 나는 '부엌에서 요리하는 사람들은 오늘 정말 고생이 많겠습니다'라고 말했습니다. 그러자 승무원은 불만을 토로하기 시작하더군요. 말투가 맹렬했습니다. '세상에! 사람들은 여기 와서 음식에 대해 불평을 많이 해요. 느린 서비스와 더위, 가격에 대해 불만을 토로하죠. 나는 지난 19년간 그들의 비난을 들어왔는데, 당신은 펄펄 끓는 부엌에서 일하는 요리사를 처음으로 걱정해준 사람입니다. 당신 같은 승객이 더 많길 바랍니다.'

승무원은 매우 놀랐습니다. 왜냐하면 내가 흑인 요리사들을 거대 철도 조직의 부품이 아닌 한 인간으로 대해주었기 때문이죠. 사람들이 원하는 것은 작은 관심입니다. 길을 가다 멋진 개를 데리고 걷는 사람을 만나면 나는 개의 아름다움에 대해 칭찬합니다. 그리고 어깨 너머로 뒤돌아보면 그 남자가 개를 예뻐해주는 모습을 볼 수 있죠. 나의 칭찬이 개를 다시 한 번 돋

보이게 한 것입니다.

한번은 영국에서 양치기를 만난 적이 있습니다. 나는 그의 크고 똑똑한 양치기견을 진심으로 칭찬해주었습니다. 나는 양치기에게 개를 어떻게 교육시켰는지 묻기도 했습니다. 잠시 후 뒤를 돌아보니 양치기가 자신의 어깨에 두 발을 올리고 있는 개를 어루만져 주고 있었습니다. 내가 양치기와 그 개에 작은 관심을 가져주자 양치기는 행복해했습니다. 그리고 그 결과 개도 행복해졌으며, 나 자신도 행복해졌습니다."

짐꾼과 악수를 하고, 뜨거운 부엌에서 일하는 요리사들을 격정하며, 개가 정말 멋지다고 말하는 사람이 불평불만을 하고 근심을 하며 정신과 의사의 도움이 필요한 모습을 상상할 수 있는가? 상상할 수 없을 것이라 짐작한다. 중국 속담에 이런 말이 있다. "장미를 주는 손에는 좋은 향이 조금씩 묻어 있다."

예일대의 빌리 펠프스 교수에게는 이 말을 설명할 필요가 없다. 교수는 그 말의 의미를 알고 있었고 그렇게 살아왔다.

당신이 남자라면 이 문단을 넘어가라. 흥미를 끌지 못할 테니까. 이 이야기는 근심이 많고 행복하지 못한 여자가 어떻게 여러 남자에게서 프러포즈를 받았는지에 대한 이야기다. 그 당시 이 방법을 실천한 여성은 이제 할머니가 되었다. 몇 년 전 나는 그녀 부부의 집에 머물게 되었다. 그 당시 나는 그녀가 살고 있는 도시에서 강의를 하고 있었다. 다음 날 아침, 그녀는 뉴욕 센트럴까지 가는 기차에 나를 태워주기 위해 80킬로미터 떨어진 곳의 기차역까지 태워주었다. 우리는 친구 사귀는 법에 대해 이야기하고 있었고, 그녀는 내게 말했다. "카네기 씨, 저는 아무에게도, 심지어 남편에게도 말하지 않은 것을 당신에게 고백하려고 해요(참고로 이 이야기는 당신이 상상하는 것과 달리 그다지 흥미롭지 않을 것이다)." 그녀는 어려서 사교계에 잘 알려진 집안에서 자랐다고 한다. 그러고는 이렇게 말했다.

"제 어린 시절과 젊은 시절의 비극은 가난이었습니다. 저는 사교 모임에 오는 또래 여자아이들처럼 호화롭게 치장할 수 없었습니다. 고급 옷을 입어본 적도 없었고요. 제가 빨리 자라면서 옷은 금방 작아졌고, 그나마 철지난 옷들이 전부였습니다. 너무 창피하고 부끄러워 울면서 잠드는 날들이 많았죠. 저는 절박한 마음에 궁여지책으로 한 가지 아이디어를 생각해냈습니다. 저녁 모임에서 만나는 남자 파트너들에게 그 사람의 경험, 아이디어, 그리고 미래에 대한 계획을 끊임없이 알려달라고 하는 것이었습니다. 이유는 그들의 대답이 궁금해서가 아니라 제 옷에 관심을 갖지 않도록 하기 위해서였어요. 하지만 이상한 일들이 일어났습니다. 제가 그들과 이야기하고, 그들에 대해 알아가면서 진심으로 그들이 하는 말에 관심을 갖게 되었다는 겁니다. 이야기에 빠져들면서 저 역시 옷을 의식하지 않게 되었어요. 하지만 놀라운 건 이것입니다. 제가 이야기를 잘 들어주고 그들이 이야기하도록 격려하자, 그들은 행복해했고 저는 점차 우리 그룹에서 가장 인기 있는 여자가 되었습니다. 그중 세 명의 남성이 결혼을 하자고 프러포즈했습니다." 여성 독자는 꼭 참고하길 바란다.

이 이야기를 읽은 사람들 중에는 이런 말을 하는 사람이 있을 지도 모르겠다. "남들에게 관심을 주고 어쩌고 하는 이 모든 얘기는 말도 안 되는 소리야! 종교적 헛소리지! 나한테는 해당되지 않아! 나는 돈을 지갑에 꼬박꼬박 챙겨 넣을 거야. 내가 가질 수 있는 건 몽땅 가질 거야. 당신의 헛소리는 집어치워!"

이게 당신의 주장이라면 존중해주겠다. 하지만 그렇다면 역사 이래 예수, 공자, 부처, 플라톤, 아리스토텔레스, 소크라테스, 성 프란체스코와 같은 위대한 철학자와 스승들의 말은 모두 틀린 셈이 된다. 어쨌거나 당신이 종교 지도자의 말을 비웃는다면 무신론자의 말을 들어보자. 당대에 유명한 학자 중 한 명이었던 케임브리지 대학의 A. E. 하우스만 교수의 이야기를 들어보자. 1936년 그는 케임브리지 대학에서 '시의 어원과 특징'에 관한 강의를 했다. 그 강의에서 하우스만 교수는 이렇게 말했다. "지금까지 논의된 가장 위대한 진실과 가장 중요한 도덕적 발견은 예수의 말씀이다. '자신만을 위해 살고자 하는 자는 죽을 것이요, 남을 위해 죽고자 하는 자는 살 것이다.'"

사실 우리는 이런 설교를 평생 동안 들었다. 하지만 하우스만은 무신론자에 비관론자였으며, 자살을 고민하던 사람이었다. 하지만 하우스만 교수 역시도 자신만을 위해 사는 사람은 인생에서 많은 것을 얻지 못할 것이라고 생각했다. 그런 사람은 불행할 것이다. 하지만 다른 사람을 위해 살아가며 자신을 잊은 자는 삶의 즐거움을 찾을 수 있을 것이다.

당신이 하우스만의 말에 별 감흥이 없다면, 20세기 미국의 저명한 무신론자인 시어도어 드라이저의 말을 들어보자. 드라이저는 모든 종교를 "멍청이가 알려주는 요란하고 찬란한 이야기로 아무런 의미가 없다"라고 표현했다. 하지만 드라이저는 예수가 가르쳤던 위대한 원칙 중 하나인 타인을 섬기라는 말에 대해서는 지지했다. "만약 인간이 자신의 생에서 즐거움을 찾으려고 한다면, 그는 자신만이 아닌 타인의 삶을 발전시킬 방법을 생각하고 계획해야 한다. 왜냐하면 스스로의 즐거움은 타인과의 관계로 생기는 즐거움에 달려 있기 때문이다."

또한 드라이저는 이렇게 일렀다. "우리가 타인의 삶을 발전시키려면 시간을 낭비하지 말아야 한다. 인생의 순간순간은 두 번 다시 돌아오지 않는다. 따라서 내가 베풀 수 있는 선행은 당장 해야 한다. 미루거나 소홀히 해서는 안 된다. 왜냐하면 같은 길을 두 번 다시 지나지 않을 것이기 때문이다."

그러므로 근심을 없애고 평화와 행복을 발전시키고 싶다면, 다음을 기억하라.

 평안과 행복을 가져다주는 정신 자세를 기르는 방법 7

남에게 관심을 가짐으로써 스스로를 잊어라.
매일 누군가의 얼굴에 미소를 선물하라.

당신에게 평안과 행복을 가져다주는 정신 자세를 기르는 7가지 방법

1. 우리 마음을 평화, 용기, 건강 그리고 희망으로 채우자. "우리의 삶은 우리가 생각하는 것으로 만들어진다."

2. 원수에게 복수하려 하지 마라. 왜냐하면 당신의 원수들이 다치는 것보다 당신이 더 많이 다치게 될 것이기 때문이다. 아이젠하워 장군이 그랬듯 1분도 우리가 싫어하는 사람을 생각하는 데 허비하지 말자.

3-1. 은혜를 모르는 사람에 대해 서운해하지 말고 그게 당연하다고 생각하자. 예수가 고쳐준 10명의 나병 환자 중 오직 한 명만이 감사의 표현을 한 것을 기억하자. 왜 예수가 받은 감사보다 더 많은 것을 당신이 받아야 한다고 생각하는가?

3-2. 행복을 찾을 수 있는 유일한 방법은 고마움의 표현을 기대하지 말고 베푸는 즐거움을 누리는 것이다.

3-3. 감사하는 마음은 계발된 성격이라는 것을 기억하자. 우리 자녀가 감사하는 마음을 가질 것을 원한다면 감사하는 마음을 갖도록 훈련시켜야 한다.

4. 불행이 아닌 축복을 헤아리려라.

5. 다른 이를 흉내 내지 말자. 자기 스스로여야 한다. 자신의 본래 성격대로 행동하자. 질투는 무지며 흉내는 자살 행위다.

6. 운명이 우리에게 레몬을 준다면 그걸로 레모네이드를 만들어보자.

7. 타인에게 작은 행복을 만들어주면서 우리의 불행을 잊자. 타인에게 선행을 베풀 때 당신의 모습은 최고다.

5

걱정을
다스리는 방법

How to

stop

worrying

&

start living

부모님은 어떻게
걱정을 다스렸는가

전에 말했듯이 나는 미주리 주의 농장에서 나고 자랐다. 부모님은 당시 대부분의 농부들이 그렇듯 굉장히 가난했다. 어머니는 시골에서 교사로 일하셨고, 아버지는 한 달에 12달러를 버는 농장 노동자였다. 어머니는 내가 입을 옷가지뿐 아니라 옷을 빨래할 비누까지 직접 만드셨다.

우리 가족은 1년에 한 번 돼지 팔 때를 제외하면 현금도 거의 없었다. 농장에서 기른 버터와 달걀을 식료품점에서 밀가루, 설탕, 커피와 교환해야 했다. 내가 열두 살이었을 때는 1년에 50센트도 쓸 수 없었다. 7월 4일 독립기념일 행사에 갔을 때, 아버지가 마음대로 쓰라며 10센트를 주셨던 게 아직도 기억난다. 마치 인도 제국의 엄청난 부라도 가진 것처럼 느껴졌다.

나는 교실이 하나밖에 없는 시골 학교에 등교하려고 1.5킬로미터를 걸어 다녔다. 엄청나게 눈이 쌓여 온도계가 영하 28도의 추위에 부르르 떨릴 때도 걸어갔다. 열네 살 이전에는 고무 덧신은 물론 그냥 덧신도 가져본 적이 없었다. 내 발은 길고 긴 추운 겨울 내내 꽁꽁 언데다 축축하게 젖어 있었다. 어린 아이였을 때는 겨울에 발이 젖지 않고 따뜻한 사람이 있다고는 생각지도 못할 정도였다.

부모님은 하루에 16시간씩 고되게 일하셨지만, 우리 가족은 언제나 빚을 갚느라 허덕였다. 그리고 힘든 일은 계속 생겼다. 내가 아주 어렸을 때 미주리의 102번 강에서 흘러넘친 홍수가 곡식과 목초지를 뒤덮어 전부 망가뜨리는 것을 본 기억도 있다. 홍수는 작물 수확의 7분의 6을 앗아가 버렸다. 또 해마다 돼지들은 콜레라에 걸려서 불에 태워야 했다. 지금도 눈을 감으면 돼지 살이 타면서 났던 톡 쏘는 악취가 풍기는 것 같다.

어느 해에는 홍수가 나지 않았다. 옥수수가 풍작이어서 우리는 소를 사서 직접 기른 옥수수를 먹여 살찌웠다. 하지만 차라리 홍수가 나는 게 좋았을 뻔했다. 그해에는 시카고 시장에서 소 값이 떨어져 소를 키우는 데 쓴 돈보다 고작 30달러밖에 더 벌지 못했다. 꼬박 1년을 일해서 30달러밖에 벌지 못하다니!

아무리 노력해도 손해만 날 뿐이었다. 아버지가 샀던 노새 새끼들도 아직 기억난다. 우리는 3년 동안 노새를 키우고 사람을 고용해 훈련을 시킨 뒤, 멤피스와 테네시 주로 가져갔다. 그리고 3년 동안 들인 돈보다 더 적은 돈으로 노새를 팔고 말았다.

우리는 10년 동안 녹초가 될 정도로 일했지만 무일푼에다 엄청난 빚더미에 앉았다. 농장 하나는 저당까지 잡혔다. 아무리 노력해도 대출금 이자조차 갚을 수 없었다. 대출해준 은행은 아버지를 괴롭히고, 욕하며, 농장을 빼앗아 버리겠다며 협박했다. 당시 아버지는 마흔일곱 살이었다. 30년 이상을 부지런히 일했지만 빚과 굴욕밖에 남은 게 없었다. 아버지는 그 상황을 견뎌낼 수가 없었다. 걱정 때문에 건강까지 나빠졌다. 음식조차 먹을 수 없었다. 하루 종일 밭에서 일하는데도 불구하고 식욕을 돋우는 약을 복용해야 했다. 아버지는 살도 빠졌다. 의사는 어머니더러 아버지가 반년 이내에 돌아가실지도 모른다고 말했다. 아버지는 너무 걱정이 많았던 나머지 더 이상 살고 싶지 않아 했다. 어머니는 내게 "너희 아버지가 말을 먹이고 소젖을 짜러 헛간에 갔는데 생각보다 빨리 돌아오지 않으면, 밧줄 끝에 매달려 덜렁거리는 시체를 발견할까 무서워하며 헛간으로 가곤 했다"라고 자주 말씀하셨다. 어느 날 아버지는 은행으로부터 농장 소유권을 가져가겠다는 협박을 받고 메리빌에서 집으로 돌아오던 중이었다. 102번 강을 가로지르는 다리위에서 아버지는 말들을 세우고 짐마차에서 내려와 오래도록 물을 바라보았다. 아버지는 다리에서 뛰어내려 모든 것을 끝내야 할지 고민했다고 한다.

수년이 흐른 후에 아버지는 그때 뛰어내리지 않은 이유는 오직 하나, 하나님을 사랑하고 그의 율법을 지키면 모든 일이 잘 풀릴 거라는 어머니의 굳은 믿음 때문이었다고 이야기했다. 어머니가 옳았다. 결국은 모든 일이 잘 풀렸다. 아버지는 행복하게 42년을 더 사셨고, 1941년 89세의 나이로 돌아가셨다.

어머니는 힘겹고 고통스런 나날에도 불구하고 절대로 걱정하지 않으셨다. 기도로 모든 문제를 해결했기 때문이다. 어머니는 매일 밤 잠들기 전에 우리에게 《성경》한 장을 읽어주셨다(부모님은 자주 다음과 같이 위로를 주는 예수의 말씀을 읽곤 하셨다). "내 아버지 집에 거할 곳이 많도다. (…) 내가 너희를 위하여 거처를 예비하러 가노니 (…) 나 있는 곳에 너희도 있게 하리라." 그런 다음 우리는 쓸쓸한 미주리 주의 농가 의자 앞에 무릎을 꿇고 앉아 하나님이 사랑과 가호를 내려주시길 기도했다.

윌리엄 제임스가 하버드대의 철학과 교수였을 당시 그는 이렇게 말했다. "당연한 말이지만 종교적 믿음이야말로 걱정을 치료하는 묘약이다."

그 사실을 깨닫기 위해 하버드까지 갈 필요는 없다. 어머니는 미주리의 농장에서도 그 사실을 알고 계셨다. 홍수도, 빚도, 자연재해도 어머니의 행복하고 영광스러운 믿음을 억누르지는 못했다. 나는 어머니가 일하시는 동안 불렀던 노래를 지금도 기억하고 있다.

평화, 평화, 평화로다.
하늘 위에서 내려오네.
그 사랑의 물결이
영원토록 내 영혼을 덮으소서.

어머니는 내가 종교와 관련된 일을 하며 일생을 보내기를 원했다. 나는 진지하게 선교사가 될 생각도 했다. 그러나 대학에 진학해 집을 떠났고, 시간이 흐르면서 점점 생각이 바뀌었다. 나는 생물학, 과학, 철학과 비교종교학을 공부했다. 《성경》이 기록된 과정에 관한 책도 읽었다. 그리고 《성경》에 나오는 얘기에 많은 의문을 가지게 되었고, 당시 시골 전도사가 가르쳤던 편협한 교리에도 의심을 품기 시작했다. 당시 나는 당황스러웠다. 마치 월트 휘트먼이 그랬던 것처럼 "기묘하고 돌연한 질문들이 몸 안을 휘젓는 것처럼 느껴졌다." 무엇을 믿어야 할지도 알 수 없었다. 삶의 목표도 잃어버렸다. 나는 기도를 멈추고 불가지론자가 되었다.

당시 나는 모든 생명체에게는 목표가 없다고 믿었다. 200만 년 전에 지구를 배회하던 공룡들과 마찬가지로 인류에게는 신성한 목적이 없다고 믿었다. 공룡들이 그랬던 것처럼 언젠가 인류도 썩어 없어지리라고 생각했다. 나는 과학을 배웠고, 태양은 천천히 식어가고 있으며, 온도가 10퍼센트만 떨어져도 지구상의 모든 생물이 멸종하리라는 사실을 알고 있었다. 나는 자비로운 신이 자신의 모습을 본떠 인간을 창조했다는 생각을 비웃었다. 수많은 항성들이 아무런 목적이 없는 힘에 의해 창조되어 어둡고 차가우며 생명력 없는 우주 속을 빙글빙글 돈다고 믿었다. 아니 어쩌면 만들어진 적조차 없었을지도 모른다. 어쩌면 시간과 우주가 언제나 존재한 것처럼 항성들도 영구히 그 자리에 있었던 걸지도 모른다.

이 모든 질문들에 대한 답을 지금의 나는 알고 있을까? 물론 아니다. 지금까지 우주의 신비, 생명의 신비를 해명한 사람은 아무도 없었다. 우리는 불가사의함에 둘러싸여 있다. 몸이 움직이는 원리는 엄청난 불가사의다. 집에 있는 전기도 금이 간 벽 사이에 핀 꽃도 불가사의다. 창밖으로 보이는 푸른 잔디 역시 불가사의다. GM연구소를 이끌던 천재 찰스 F. 케터링은 풀이 녹색을 띄는 이유를 밝혀내고자 안티오크 대학에 자비로 매년 3만 달러씩 지원금을 지불했다. 그는 풀이 햇빛, 물, 이산화탄소를 양분으로 바꾸는 원리를 알아내기만 하면 문명도 바꿀 수 있을 거라고 단언했다.

심지어 자동차 엔진이 작동하는 일조차도 엄청난 수수께끼다. GM연구소는 실린더의 불꽃이 폭발해 차를 달리게 하는 이유를 알아내기 위해 몇 년간의 시간과 수백만 달러를 투자했다. 그러나 그들은 여전히 해답을 찾지 못하고 있다.

신체, 전기, 가스 엔진의 수수께끼를 이해하지 못한다 해도 그 혜택을 누리지 못할 이유는 없다. 기도와 종교의 신비를 이해하지 못한다 하더라도 종교가 가져다주는 더 풍요롭고 행복한 삶을 누리는 것을 막지는 못한다. 마침내 나는 에스파냐의 시인이었던 산타야나의 지혜를 깨닫게 되었다. "사람은 인생을 이해하기 위해 사는 게 아니다. 인생을 살기 위해 살아간다."

나는 되돌아갔다. 아니, 다시 종교에 귀의했다고 말하려던 참이었지만 그렇게 말하면 정확하지 않다. 나는 새로운 개념의 종교로 나아갔다. 교회를 분열시키는 교리의 차이점에는 더 이상 아무 관심도 없다. 하지만 전기나 좋은 음식, 물이 미치는 영향처럼 종교가 내게 미치는 영향에는 엄청난 흥미를 느꼈다.

전기나 좋은 음식, 물은 나를 풍요롭고 더욱 행복한 삶으로 이끄는 데 도움을 준다. 하지만 종교는 그보다 더 많은 영향을 끼친다. 종교는 영적인 가치를 일깨워준다. 윌리엄 제임스가 말했듯이 종교 덕분에 "삶을 헤쳐나갈 열의, 더 나은 삶, 더 크고 더 풍요로우며 더 만족스러운 삶"을 누릴 수 있었다. 나는 종교를 통해 믿음, 희망, 용기를 얻었다. 불안감과 공포, 걱정은 사라졌다. 종교는 내 삶에 목표와 방향을 잡아주었다. 더 행복해졌으며, 더 활기찬 생활을 할 수 있게 되었다. 종교는 '인생이라는 모래바람 한가운데 놓인 평화로운 오아시스'를 스스로 창조할 수 있도록 도움을 주었다.

350여 년 전에 프랜시스 베이컨이 했던 말이 옳았다. "어설픈 철학은 인간을 무신론으로 이끌지만, 깊은 철학은 종교로 이끈다."

나는 사람들이 과학과 종교 간의 갈등에 대해 떠들던 날들을 기억한다. 하지만 그건 옛날이야기다. 요즘에는 최신 과학과 정신의학이 예수의 가르침을 가르치고 있다. 그 이유가 뭘까? 정신의학자들 역시 모든 질병 가운데 절반 이상을 일으키는 걱정, 불안, 긴장과 두려움은 기도와 강한 종교적 신념으로 쫓아낼 수 있다는 사실을 깨달았기 때문이다. 정신의학계의 대표주자 중 한 명인 A. A. 브릴 박사의 말처럼 정신의학자들도 알고 있다. "진정으로 종교적인 사람은 절대로 노이로제에 걸리지 않는다."

종교가 진실이 아니라면 삶은 의미가 없다. 비극적인 희극일 뿐이다.

나는 헨리 포드가 세상을 떠나기 몇 년 전에 포드를 인터뷰한 적이 있다. 포드를 대면하기 전에는 긴 시간에 걸쳐 세계에서 가장 위대한 사업을 일궈내고 운영해온 스트레스 가득한 남성을 떠올리고 있었다. 하지만 그가 78세를 바라보는 나이에 얼마나 온화하고 평화로운 사람인지를 보고는 깜짝 놀랐다. 걱정해본 일이 있냐고 묻자, 포드는 이렇게 답했다. "없습니다. 나는 하나님께서 모든 일을 다루고, 하나님은 내 충고 따위는 필요하지 않을 거라고 믿습니다. 하나님께서 책임지는 한 모든 일은 결국 다 잘되리라고 믿습니다. 그러니 걱정할일이 뭐가 있겠습니까?"

오늘날에는 정신의학자들조차도 현대의 복음 전도사가 되어가고 있다. 그들이 우리에게 종교를 가지라는 이유는 내세에는 지옥에 가지 말라는 뜻이 아니다. 위궤양, 협심증, 신경쇠약, 정신이상과 같은 현세의 지옥을 피하라는 의미로 종교를 전파한 것이다. 심리학자와 정신의학자가 어떤 것을 가르치는지 실제 사례를 보고 싶다면 헨리 C. 링크 박사의 《종교로의 귀환》을 읽어보길 추천한다. 공공도서관에서 찾을 수 있을 것이다.

그렇다. 기독교는 고무적이고 건강한 활동이다. 예수는 이렇게 말씀하셨다. "내가 여기 온 것은 너희에게 생명을 얻게하고 더 풍성하게 얻게 하려는 것이라."

예수는 당시 종교의 딱딱한 형식과 의미 없는 절차를 맹렬히 비난하고 공격했다. 그는 저항 세력이었다. 세상을 혼란에 빠뜨릴 법한 새로운 형태의 종교를 전파했고, 바로 그 사실 때문에 십자가에 못 박혔다. 예수는 종교가 인간을 위해 존재해야지 인간이 종교를 위해 존재해서는 안 된다고 가르쳤다. 인간을 위해 안식일이 만들어졌지 안식일을 위해 인간이 만들어진 건 아니라고도 말했다. 예수는 죄보다는 두려움에 대해 더 많이 이야기했다. 잘못된 두려움이란 몸과 마음을 병들게 하는 죄, 즉 행복하고 풍요로우며 대담한 삶을 살지 않는 것이었다. 스스로를 '즐거움의 학문을 연구하는 교수'로 소개했던 에머슨처럼 예수는 '즐거움의 학문'의 스승이었다. 예수는 제자들에게 "기뻐하고 즐거워하라"라고 지시했다.

예수는 종교에서 중요한 사항은 딱 두 가지라고 선언했다. 온 마음을 다해 하나님을 사랑하고, 이웃과 자신 역시 그만큼 사랑하라는 것이다. 이 두 가지를 실천하는 사람은 본인이 알든 모르든 종교적인 사람이다. 그 예로 오클라호마 주 털사 출신의 내 장인 헨리 프라이스를 들 수 있다. 그는 율법에 맞게 살려고 하고, 절대 심술궂거나 이기적이거나 부정직한 일을 저지르지 않는 사람이다. 하지만 그는 교회에 나가지 않으며 스스로를 불가지론자라고 여긴다. 하지만 절대 그렇지 않다! 대체 무엇이 인간을 기독교인으로 만드는가? 이 질문에는 에든버러 대학에서 가장 저명한 신학 교수인 존 베일리가 대답할 수 있다. 그는 이렇게 말했다. "인간을 기독교인으로 만드는 요소는 특정한 개념을 받아들이는 지적 능력도, 어떤 규칙을 지키는 순응성도 아닌 특정한 영혼을 가지고 특정한 삶에 참여하는 자세다."

만약 이 말이 진실이라면, 헨리 프라이스는 훌륭한 기독교인임에 틀림없다.

현대 심리학의 아버지인 윌리엄 제임스는 친구인 토머스 데이비슨 교수에게 보낸 편지에서 "하나님과 함께하지 않으면 점점 세상을 헤쳐나갈 수 없어진다"라고 썼다.

내 강의를 들은 사람들이 보낸 걱정에 관한 이야기 중에서 우승자를 결정하지 못해 결국 두 사람에게 상금을 나눠주었다는 이야기를 언급한 적 있다. 여기 공동 1위를 차지한 두 번째 일화를 소개한다. 힘들게 고생한 끝에 '하나님 없이는 헤쳐나갈 수 없다'라는 사실을 깨달은 한 여성의 잊을 수 없는 경험담이다.

실제 이름은 아니지만 이 여성을 메리 쿠쉬먼이라고 부르겠다. 그녀의 자식이나 손자가 지면에서 이 이야기를 발견하면 난처할 수도 있으므로 익명성을 보장하기로 동의했다. 하지만 이 여성은 실존 인물이다. 몇 달 전 그녀는 내 책상 옆에 있는 안락의자에 앉아 자신의 이야기를 들려주었다. 바로 이런 이야기다. 그녀는 말했다.

"불경기 동안 제 남편은 일주일에 18달러를 벌었어요. 남편이 자주 아팠기 때문에 그 돈조차 벌지 못할 때가 많았죠. 남편은 자잘한 사고도 많이 겪었고, 볼거리, 성홍열뿐 아니라 끊임없이 독감에 걸렸어요. 우리 손으로 직접 지었던 작은 집도 잃게 됐죠. 식료품점에는 50달러를 외상으로 진데다 먹여 살려야 할 아이들은 다섯이나 있었어요. 저는 이웃들의 옷가지를 세탁하고 다림질하며 돈을 벌었고, 구세군 상점에서 파는 구제 의류를 아이들 사이즈에 맞게 고쳐 입혔지요. 저는 하도 걱정을 해서 병이 났어요.

어느 날은 50달러를 빚진 식료품 주인이 열한 살짜리 아들에게 연필 몇 자루를 훔쳤다면서 추궁했다더군요. 아들은 그 이야기를 하면서 눈물을 흘렸어요. 제 아들은 정직하고 예민한 아이인데, 다른 사람들 앞에서 망신을 당한 거죠. 그 일로 저는 더 이상 참을 수 없는 한계에 다다랐어요. 우리가 견뎌야만 했던 고통을 전부 곱씹어봤지만 앞날에 희망이라곤 전혀 없더군요. 그때는 걱정 때문에 제 머리가 잠깐 이상해졌던 게 틀림없어요.

저는 세탁기를 끄고 다섯 살짜리 딸아이를 침실로 올려 보낸 다음, 종이와 헝겊으로 창문과 벽에 난 모든 틈을 막았어요. 딸아이가 물었습니다. '엄마, 뭐하는 거야?' 제가 대답했습니다. '외풍이 좀 느껴지는구나.' 그러고는 침실에 있는 가스난로를 틀었고…. 불은 붙이지 않았습니다. 딸아이가 말했어요. '이상해요, 엄마. 일어난 지 얼마 안 됐잖아요!' 하지만 저는 이렇게 말했습니다. '괜찮아. 엄마랑 잠시만 낮잠 자자.'

저는 눈을 감고 난로에서 가스가 새어 나오는 소리를 들었어요. 그 가스 냄새를 평생 잊지 못할 거예요…. 그런데 갑자기 음악이 들렸어요. 분명히 들었어요. 부엌에 있는 라디오를

끄는 걸 깜빡한 거죠. 이젠 신경 쓸 필요도 없었지만 음악은
계속 들렸어요. 라디오에서 오래된 찬송가가 들렸죠.

　죄 짐 맡은 우리 구주,
　어찌 좋은 친군지.
　걱정, 근심, 무거운 짐 우리 주께 맡기세.
　주께 고함 없는고로 복을 받지 못하네.
　사람들이 어찌하여 아뢸 줄을 모를까.

그 찬송가를 듣는 순간 엄청난 실수를 저질렀다는 사실을
깨달았어요. 저는 이 끔찍한 싸움을 오직 홀로 헤쳐나가려고
했던 거예요. 모든 짐을 하나님께 맡기지 않았던 거죠…. 저는
벌떡 일어나서 가스를 끄고 문과 창문을 열었어요.

그날은 하루 종일 울면서 기도를 했어요. 구원을 바라며 기
도한 게 아니라 훌륭한 아이들 다섯 명이 건강하고 아무 문제
없이 튼튼하다는 하나님의 축복에 혼신의 힘을 다해 감사드
렸어요. 저는 다시는 하나님 앞에서 감사를 모르는 사람이 되
지 않겠다고 맹세했습니다. 그리고 이제껏 그 약속을 지켜오
고 있지요.

집을 잃고 한 달에 5달러를 받는 시골 학교로 이사를 가야
했을 때도 그 학교를 내려주신 하나님께 감사를 드렸습니다.
적어도 따뜻하고 건조하게 지낼 수 있는 지붕을 내려주심에
감사드렸어요. 상황이 더 나빠지지 않은 것에 감사드리며 하

나님께서 제 기도를 들어주셨다고 믿었죠. 이윽고 상황이 나아지기 시작했거든요. 물론 하루 만에 나아졌다는 소리는 아니에요. 하지만 불경기가 지나자 좀 더 많은 돈을 벌게 됐어요. 저는 큰 컨트리클럽의 물품 관리 직원으로 취직해 부업으로 스타킹을 팔았어요. 아들 하나는 대학에 가기 위해 농장에 자리를 얻어 밤낮으로 소 13마리의 우유를 짰어요. 지금 제 아이들은 무사히 자랐고, 결혼도 해서 저에게 착한 손자손녀 세 명을 안겨주었죠. 가스를 틀었던 그 끔찍한 날을 회상해보면, 제가 늦지 않게 '일어난' 사실에 하나님께 몇 번이고 감사드리게 됩니다. 제가 정말로 죽어버렸다면 놓쳤을 기쁨이 어찌나 많은지! 제가 버렸을 즐거운 나날들이 어찌나 많은지! 저는 자살하고 싶다는 사람의 이야기를 들을 때마다 '하지 마세요, 안 돼요!' 하고 외치고 싶어요. 우리가 겪는 가장 어두운 시기는 아주 잠깐이에요. 그리고 미래가 찾아오죠."

평균적으로 미국에서는 35분에 한 명씩 누군가가 자살을 시도한다. 평균적으로 120초에 한 명씩 누군가가 제정신을 잃는다. 사람들이 종교와 기도에서 비롯되는 위안과 평화를 찾았다면 (상당수는 광기의 비극임이 분명한) 자살을 막을 수 있었음이 틀림없다.

가장 저명한 정신학자 중 하나인 칼 융은 《현대인의 영혼 탐구》에서 이렇게 말한다. "지난 30년 동안 지구상의 모든 문명국가에서 각지의 사람들이 내게 상담을 받으러 왔다. 나는 수백 명의 환자를 치료했다. 인생의 제2기를 보내는, 다시 말해서 35세가 넘은 환자들 모두가 종교적으로 구원받지 못해 문제를 겪고 있었다. 그들은 모두 종교가 시대마다 그 신자들에게 베풀었던 무언가를 잃었기 때문에 병들었으며, 종교에 구원받지 못한 사람 중 진정으로 치유된 사람은 단 한 명도 없다고 말해도 과언이 아니다."

이 선언은 너무나도 중요하기 때문에 굵은 글씨로 다시 반복해서 적고 싶다. 칼 융 박사는 이렇게 말했다.

"지난 30년 동안 지구상의 모든 문명국가에서 각지의 사람들이 내게 상담을 받으러 왔다. 나는 수백 명의 환자를 치료했다. 인생의 제2기를 보내는, 다시 말해서 35세가 넘은 환자들 모두가 종교적으로 구원받지 못해 문제를 겪고 있었다. 그들은 모두 종교가 시대마다 그 신자들에게 베풀었던 무언가를 잃었기 때문에 병들었으며, 종교에 구원받지 못한 사람 중 진정으로 치유된 사람은 단 한 명도 없다고 말해도 과언이 아니다."

윌리엄 제임스도 비슷한 말을 했다. "신앙은 인간을 살아가게 하는 원동력 중 하나며, 신앙이 전적으로 부재한다면 인간은 무너질 것이다."

부처 이후 가장 위대한 인도의 지도자인 마하트마 간디 역시 기도가 지탱해주지 않았다면 무너졌을 것이다. 내가 어떻게 그 사실을 아냐고? 간디 스스로가 그렇게 말했다. "기도가 없었다면 나는 진작 미치광이가 되었을 것이다."

수천 명의 사람들이 비슷한 증언을 해준다. 이미 이야기했듯이 내 아버지 역시 어머니의 기도와 믿음이 없었다면 강에 몸을 던졌을 뻔했다. 정신병원에서 비명을 지르는 수천 명의 고통받는 영혼들 역시 전쟁터에서 홀로 싸우는 대신 더 위대한 힘에 기대었다면 구원받았을지도 모른다.

많은 사람들이 역경에 부딪히고 고통받고 나서야 신에게 절박하게 매달린다. "죽음 앞에서 신을 찾지 않는 자는 없다." 하지만 왜 절박해질 때까지 기다리기만 하는가? 왜 매일매일 새로운 힘을 얻으려 하지 않는가? 왜 일요일까지 기다리는가? 나는 수년간 주중 오후에 텅 빈 교회에 들르곤 했다. 영적인 문제를 생각할 틈조차 없을 만큼 바쁠 때면 나 스스로에게 이렇게 말한다. '기다려, 데일 카네기. 왜 이렇게 흥분해서 서두르는 거야? 잠깐 멈추고 멀리서 바라볼 필요가 있어.' 이런 때는 맨 처음 눈에 들어오는 교회에 들르곤 한다. 나는 개신교도지만 주중 오후마다 5번가에 있는 성 패트릭 성당에 빈번하게 드나들며, 30년 후면 내가 죽겠지만 세상 모든 교회가 가르치는 위대한 영적인 진리는 영원하다는 사실을 스스로에게 상기시킨다. 나는 눈을 감고 기도한다. 기도는 심신을 안정시키고, 관점을 분명히 해주며, 내 가치를 재평가하는 데 도움이 된다. 이 방법을 당신에게 추천해도 괜찮지 않을까?

6년 동안 이 책을 쓰면서 기도로 공포와 걱정을 다스린 수백 가지 방법과 구체적인 사례를 수집했다. 내 서류 캐비닛은 각종 사례들로 넘쳐날 정도다. 실망하고 낙담한 책 판매원 존 R.

앤서니의 사례를 한번 보자. 현재 앤서니는 텍사스 주 휴스턴의 작은 건물 사무실에서 변호사로 일하고 있다. 그가 나에게 들려준 이야기는 이렇다.

"22년 전 저는 개인적으로 운영하던 법률 사무소를 닫고 법률 서적 전문 출판사의 외판원으로 일하기로 했습니다. 제 주요 업무는 변호사들에게 없어서는 안 될 법률 서적을 파는 일이었죠.

저는 그 일에 능숙했고, 능력도 있었습니다. 교섭 기술도 완벽했으며, 고객이 이의를 제기했을 때 내놓을 설득력 있는 답변도 꿰고 있었죠. 고객을 방문하기 전에 고객의 변호사로서의 위치와 담당 업무, 정치관과 취미를 모두 외워 상담을 하면서 그 정보들을 활용했습니다. 그런데도 뭔가가 잘못됐어요. 도저히 주문을 따낼 수가 없었던 겁니다!

저는 점점 낙담했습니다. 매일매일 두 배, 네 배로 노력했지만, 여전히 경비를 지불할 정도의 실적을 올리지 못했습니다. 마음속에서 점점 두렵고 무서운 생각이 자라나기 시작했습니다. 사람들을 방문하기조차 겁이 났죠. 고객의 사무실로 들어가려고 하면 갑자기 너무 무서워져서 문밖 복도에서 왔다 갔다 하거나 건물 밖으로 나가 주위를 빙빙 돌아야 했습니다. 소중한 시간을 낭비한 후에야 겨우 제 의지력을 발휘할 수 있었습니다. 문을 열 용기가 났다고 억지로 믿으며, 고객이 없기를 바라면서 떨리는 손으로 손잡이를 돌렸습니다.

세일즈 매니저는 주문을 더 따내지 않으면 선금 지불도 할 수 없다고 위협했습니다. 집에서는 아내가 세 아이의 식비를 낼 돈이 필요하다며 간곡하게 부탁했지요. 저는 걱정에 사로잡혔습니다. 나날이 절박해졌고요. 무엇을 해야 좋을지 알 수가 없었습니다. 아까 이야기했듯 고향에서 운영하던 제 개인 법률 사무소는 문을 닫았고, 고객들도 이미 떠난 상태였습니다. 이젠 돈도 한 푼 없었습니다. 심지어 호텔 비용도 내지 못할 처지였습니다. 집으로 돌아갈 차표를 살 돈도 없었고, 차표가 있다 하더라도 실패자로서 집에 돌아갈 용기도 나지 않았습니다. 결국 다른 날과 비슷하게 불행한 하루를 보내고 지친 발걸음으로 호텔 방으로 돌아갔습니다. '오늘이 마지막이다' 하고 생각했죠. 스스로 구제할 길 없는 패자처럼 느껴졌습니다.

저는 비통하고 우울해져서 어찌할 바를 몰랐습니다. 죽든 말든 거의 신경도 쓰지 않았죠. 태어난 게 유감스러울 지경이었습니다. 그날 저녁으로는 뜨거운 우유 한 잔밖에 마시지 못한데다 심지어 그 우유조차 제 예산 밖이었습니다. 저는 왜 절박한 심정이 되면 사람들이 창문을 열고 뛰어내리는지 알 것 같았습니다. 용기가 있었다면 저도 뛰어내렸을지 모릅니다. 저는 제 인생의 목적이 무엇인지 생각하기 시작했습니다. 알 수가 없었습니다. 알아내지도 못했습니다.

의지할 사람이 아무도 없었기에 하나님께 의지했습니다. 저는 기도를 시작했습니다. 전능하신 하나님이 제 주위로 점점 다가오는 깊고 어두운 절망이라는 황무지를 헤쳐나갈 빛을 주시길, 지혜를 주시길, 인도해주시길 간절히 애원했습니다. 책

주문을 따내고 아내와 아이들을 먹여 살릴 돈을 주시기를 하나님께 간청했습니다. 기도를 끝내고 눈을 뜨자, 고독한 호텔방의 화장대 위에 놓인 기드온 협회의 《성경》이 눈에 들어왔습니다. 저는 《성경》을 펼쳐 시대를 막론하고 외롭고 걱정에 사로잡히고 지친 수많은 사람들에게 영감을 주었던 예수님의 아름답고 영원한 약속의 말씀을 읽었습니다. 예수님이 제자들에게 걱정하지 않는 방법을 가르쳐주신 그 이야기들 말입니다.

'목숨을 위하여 무엇을 먹을까 무엇을 마실까 몸을 위하여 무엇을 입을까 염려하지 말라. 목숨이 음식보다 중하지 아니하며 몸이 의복보다 중하지 아니하냐. 공중의 새를 보라. 심지도 않고 거두지도 않고 창고에 모아들이지도 아니하되 너희 하늘 아버지께서 기르시나니 너희는 이것들보다 귀하지 아니하냐. (…) 그런즉 너희는 먼저 그의 나라와 그의 의를 구하라. 그러면 이 모든 것을 너희에게 더하시리라.'

기도를 하며 이 구절을 읽는 순간 기적이 일어났습니다. 긴장되어 있던 신경이 서서히 풀리더군요. 제 불안감, 공포와 근심이 따뜻한 용기와 희망, 승리에 대한 믿음으로 바뀌었습니다.

숙박료를 지불할 돈이 없었는데도 저는 행복했습니다. 저는 침대로 가서 몇 년 만에 처음으로 아무런 근심도 없이 곤히 잠들었습니다.

다음 날 아침, 고객의 사무실 문이 열릴 때까지 얌전히 기다릴 수 없었습니다. 비가 내리고 춥지만 아름다운 그날 아침, 저는 첫 번째 고객의 사무실 앞으로 용기 내어 힘차게 다가갔습니다. 침착하고 흔들림 없는 손놀림으로 문손잡이를 꽉 잡아 돌렸습니다. 저는 고개를 들고 정중한 태도를 유지한 채 고객에게로 곧장 걸어갔습니다. 그리고 얼굴 가득 웃음을 지으며 이렇게 말했습니다. '스미스 씨, 좋은 아침입니다! 올 아메리칸 법률 서적에서 나온 존 R. 앤서니입니다.'

'아, 네. 그렇군요.' 그 사람 역시 웃음을 짓고 환영의 의미로 손을 내밀며 의자에서 일어났습니다. '만나서 반갑습니다. 앉으세요!'

그날 저는 하루 만에 몇 주간의 실적보다 더 많은 거래를 성사시켰습니다. 저녁에는 전승한 영웅처럼 위풍당당하게 호텔로 돌아왔지요! 새로 태어난 기분이었습니다. 승자로서 새로운 마음가짐을 갖게 되었으니 실제로도 새로 태어난 거였죠. 그날 저녁으로는 따뜻한 우유를 마시지 않았습니다. 절대 안 되죠! 저는 스테이크와 와인을 먹었습니다. 그날부터 제 실적은 상승세를 탔습니다.

저는 22년 전 텍사스 주의 애머릴로 가에 있던 좁은 호텔의 그 절박했던 밤에 새로 태어났습니다. 표면적인 상황은 실패를 겪었던 몇 주간과 다를 바가 없었지만, 내면에서는 엄청난 일이 일어났죠. 갑자기 하나님과의 관계를 깨달았던 겁니다. 단지 하나의 인간일 때는 쉽게 좌절하지만, 그 안에 하나님의 힘과 함께 살아가는 인간은 결코 패하지 않는다는 사실을요. 저는 알고 있습니다. 제 자신의 삶에서 실제로 일어난 일이거든요. '구하라 그리하면 너희에게 주실 것이요, 찾으라 그리하면 찾아낼 것이요, 문을 두드리라 그러면 너희에게 열릴 것이니.'"

일리노이 주 하이랜드 8번가 1421번지에 사는 L. G. 비어드 부인은 엄청난 비극을 맞이했을 때 무릎을 꿇고 이렇게 말하면 평화를 찾을 수 있다는 사실을 깨달았다고 한다. "오, 주여, 제 뜻이 아니라 당신의 뜻대로 하옵소서." 지금 내 앞에 놓여 있는 편지에 그녀는 이렇게 썼다.

"어느 날 저녁에 전화벨이 울렸습니다. 벨이 총 14번 울릴 때까지 전화를 받을 용기가 나지 않았어요. 병원에서 온 전화가 분명했기 때문에 겁이 났습니다. 아들이 죽어가고 있을까 봐 두려웠어요. 뇌수막염에 걸렸거든요. 아들은 페니실린을 맞았지만 그건 단지 체온을 오르락내리락하게 만들 뿐이었습니다. 의사 선생님은 병이 뇌까지 이동해서 뇌종양으로 발전해 사망하게 될지도 모른다고 걱정을 하시더군요. 저는 그 전화가 올까 봐 너무나도 두려워하고 있었어요. 전화는 병원에서 걸려 온 게 맞았습니다. 의사는 저에게 당장 병원으로 와달라고 하더군요.

대기실에 앉아 있던 남편과 제가 겪었을 고통을 상상하실 수 있겠지요. 다른 사람들은 전부 아이를 안고 있었는데, 저희는 다시 아들을 껴안을 수나 있을지 걱정하며 앉아 있었습니다. 마침내 의사 선생님을 만나러 갔을 때, 저는 선생님의 표정을 보고 극심한 공포에 사로잡혔어요. 의사 선생님이 말하는 내용은 더 끔찍했어요. 제 아들이 살 수 있을 확률은 4분의 1이라고 하더군요. 혹시 아는 의사가 있다면 그 사람에게 연락해보라고 했죠.

돌아오는 길에 남편은 감정을 주체하지 못하고 무너져버렸어요. 주먹을 꽉 그러쥔 채로 핸들을 치며 말했죠. '여보, 난 우리 아들을 포기하지 못하겠어.' 남자가 우는 모습을 본 적 있으세요? 그다지 즐거운 경험은 아니지요. 우리는 차를 세우고 의논을 한 후 교회에 들러 '하나님께서 우리 아이를 돌봐 주신다면 우리 운명을 당신께 맡기겠습니다' 하며 기도했습니다. 저는 교회 의자에 무너지듯 주저앉아 뺨 아래로 눈물을 떨어뜨리며 기도했어요. '제 뜻이 아니라 주의 뜻대로 하옵소서.'

그 말을 입 밖으로 내뱉는 순간 마음이 한결 편안해졌습니다. 오랜 시간 느낄 수 없었던 평화로움이 찾아왔지요. 저는 집에 오는 내내 중얼거렸어요. '오, 주여, 제 뜻이 아니라 당신 뜻대로 하옵소서.'

일주일 내내 잠을 못 잤지만 그날만큼은 편안히 잠들 수 있었습니다. 며칠 뒤 의사 선생님은 우리 아들 보비가 고비를 넘겼다고 연락을 하셨습니다. 지금 보비는 네 살이 되었습니다. 이렇게 튼튼하고 건강한 아이를 내려주신 데 대해 하나님께 감사드립니다."

나는 여자나 어린아이, 전도사만 종교를 믿는다고 생각하는 남자들을 알고 있다. 그들은 자신이 인생에서 혼자 살아남을 수 있는 '남자다운 남자'라며 자랑스러워한다.

하지만 전 세계적으로 명성 높은 '남자다운 남자'들이 매일 기도한다는 사실을 알게 되면 그들은 얼마나 놀랄까? 예를 들어 '남자 중의 남자'인 잭 뎀프시는 내게 기도문을 읊조리기 전에는 절대 잠자리에 들지 않는다고 말했다. 하나님께 감사드리기 전에는 절대 밥을 먹지 않는다고도 했다. 복싱 시합이 있어 훈련을 할 때도 매일 기도하며, 시합 시작을 알리는 종소리가 울리기 직전에도 항상 기도를 한다고 했다. 그는 이렇게 말했다. "기도는 용감하고 자신 있게 싸울 수 있도록 저를 도와줍니다."

'남자다운 남자' 코니 맥(메이저리그의 전설적인 야구 감독―옮긴이) 역시 기도를 하지 않고는 잠을 자지 못한다고 말했다. '사나이' 에디 리켄베커(제1차 세계대전 당시 미국의 탑 에이스 파일럿―옮긴이)도 기도를 함으로써 인생이 구원받았다고 믿는다. 그 역시 매일 기도를 한다.

'남자다운 남자'이자 제너럴모터스와 US스틸의 고위 임원을 지냈으며, 국무 장관을 역임했던 에드워드 R. 스테티니어스는 밤낮으로 지혜와 길을 내려주십사 기도한다고 말한 바 있다.

일류 기업가이자 '사나이 중의 사나이' J. P. 모건은 종종 월스트리트 입구에 있는 트리니티 교회에 토요일 오후마다 나가 무릎을 꿇고 기도하곤 했다.

'남자다운 남자' 아이젠하워 대통령은 영국군과 미군의 통수권을 차지하기 위해 영국으로 향할 때 오직 책 한 권만 가지고 비행기에 올랐다. 그 책은 바로《성경》이었다.

'남자다운 남자' 마크 클라크 장군이 내게 말하길, 자신은 전쟁 동안 매일 《성경》을 읽고 무릎을 꿇은 채 기도했다고 한다. 장제스 총통이 그랬고, '알 알라메인의 몬티' 몽고메리 장군 역시 같았다. 트라팔가 해전으로 유명한 넬슨 제독도 그랬으며, 워싱턴 장군, 로버트 리 장군, 스톤월 잭슨, 그 밖의 많은 위대한 전쟁 영웅들이 하나님을 믿었다.

이 '남자다운 남자'들은 윌리엄 제임스가 한 말에 담겨 있는 진리를 알고 있었다. "신과 나는 상호 관계가 있다. 우리를 하나님의 영향에 맡김으로써 우리의 가장 깊은 운명이 이뤄진다."

수많은 '남자다운 남자'들이 이 사실을 깨달았다. 현재 7200만 명의 미국인들이 교회를 다니고 있는데 사상 최대 숫자다. 앞에서 말했듯이 과학자들까지 종교에 의지하고 있으니 당연한 결과다. 《인간, 그 미지의 존재》의 저자이자 과학자로서는 최고의 영예인 노벨상을 수상한 알렉시 카렐 박사를 예로 들어보자. 카렐 박사는 〈리더스 다이제스트〉에 쓴 기사에서 이렇게 말한다.

"기도야말로 인간이 만들어낼 수 있는 가장 강력한 에너지의 형태다. 기도의 힘은 지구 중력만큼이나 실재하는 힘이다. 나는 의사로 일하면서 어떤 치료법에도 효과를 보지 못하고 실패했지만, 기도로 조용히 결실을 맺어 병과 우울증에서 벗어나는 사람들을 보았다. (⋯) 기도는 라듐과 같아서 어둠 속에서도 빛나는 자연 발생적인 에너지다. (⋯) 인간은 기도를 통해 스스로를 에너지의 끝없는 근원으로 올려 보냄으로써 자신이 갖고 있는 제한적인 에너지를 증폭시키려고 한다. 기도할 때 우리는 우리 자신을 우주를 움직이는 무한한 원동력에 연결시킨다. 우리는 그 원동력 중의 일부가 우리가 원하는 일에 할당되기를 기도한다. 간절한 기도만으로도 인간적 결함이 채워지며, 더욱 강력해지고 치유된 상태로 일어서게 된다. (…) 열렬한 기도로 하나님을 부를 때마다 심신은 더 나아진다. 누구나 잠시라도 기도한다면 반드시 좋은 결과를 얻을 것이다."

버드 제독은 "우리 자신을 우주를 움직이는 무한한 원동력에 연결시킨다"라는 뜻을 잘 알고 있었다. 제독의 인생에서 가장 괴로웠던 시련을 헤쳐 나올 수 있었던 능력이 바로 그것이다. 제독은 자서전 《홀로》에서 그런 이야기를 들려준다. 버드 제독은 1934년에 남극의 로스 얼음 장벽의 만년설 아래 파묻힌 오두막에서 다섯 달을 버텨냈다. 제독을 빼면 남위 78도 아래에서 생명체라곤 없었다. 눈보라가 포효하며 오두막 위를 때렸고, 추위는 영하 60도까지 곤두박질쳤다. 제독은 끝없이 이어지는 밤 속에서 도망칠 곳 없이 포위되어 있었다. 게다가 놀랍게도 난로에서 나오는 일산화탄소에 느리게 중독되어간다는 사실마저 알게 되었다! 제독이 무엇을 할 수 있었겠는가? 도움을 요청할 가장 가까운 장소는 200킬로미터 밖이었기 때문에 몇 달 동안은 접촉도 할 수 없었다. 난로와 환기 장치를 고쳐보려고 했지만 매연은 계속 새 나왔다. 매연 때문에 의식을 잃는 일도 잦았다. 제독은 의식불명의 상태로 바닥에 드러누웠다. 먹을 수도, 잠을 잘 수도 없었다. 너무 허약해져서 침대에서 일어나기도 어려워졌다. 다음 날 아침까지 살아 있지 못할까 봐 두렵기도 했다. 제독은 오두막에서 죽음을 맞이할 테고, 끊임없이 내리는 눈 아래에 자신의 시체가 묻힐 거라고 확신했다.

그럼 무엇이 제독의 목숨을 구했을까? 절망에 빠진 어느 날, 제독은 일기장을 들고 자신의 인생철학을 써보려고 했다. 제독은 이렇게 썼다. "인류는 우주 속에서 혼자가 아니다." 제독은 머리 위에 뜬 별을 생각했다. 규칙적으로 움직이는 별자리와 행성의 존재도 생각했다. 그러자 영원히 빛나는 태양이 언젠가는 남극의 불모지를 밝히기 위해 돌아올 것이라는 생각도 떠올랐다. 그래서 일기에 이렇게 썼다. "나는 혼자가 아니다."

리처드 버드 제독을 구한 것은 지구 끝자락의 얼음 구멍 속에서조차 자신이 혼자가 아니라는 깨달음이었다. "그 깨달음 덕분에 저는 고비를 이겨낼 수 있었습니다." 제독은 이렇게 덧붙인다. "내면의 자원이 한계까지 고갈되는 경험을 겪는 사람은 거의 없습니다. 우리 안에는 한 번도 써보지 않은 깊은 원기의 우물이 존재합니다." 버드 제독은 하나님께 몸을 맡김으로써 원기의 우물을 이용하는 방법을 배웠고, 내면의 자원을 이용할 수 있었다.

글렌 A. 아놀드 역시 일리노이 주의 옥수수 밭 한가운데 만

년설 아래에서 버드 제독이 깨우쳤던 교훈을 깨닫게 되었다. 일리노이 주 칠러코시에 있는 베이컨 빌딩에서 보험 중개인으로 일하는 아놀드는 걱정을 다스리는 방법에 대한 연설을 이렇게 시작했다.

"8년 전 저는 열쇠로 현관문을 잠그며, 이게 내 인생의 마지막 순간이라고 생각했습니다. 그다음 차에 올라 강 쪽을 향하기 시작했지요. 저는 실패자였습니다. 자살을 시도하기 한 달 전, 제가 알던 작은 세상이 머리 위로 무너져 내렸습니다. 제 전기 설비 사업이 실패했고, 집에서는 어머니가 죽음의 문턱 앞까지 가 있었습니다. 아내는 둘째를 임신했고요. 진료비는 산처럼 쌓여갔습니다. 새 사업 때문에 차며 가구며 가지고 있던 모든 물건들을 담보로 내놓은 상태였죠. 심지어 제 보험 증서에서 대출금도 뺐습니다. 그런데 전부 날아갔어요. 더 이상 견딜 수가 없었습니다. 그래서 비참하고 엉망진창인 상황을 끝내기 위해 차를 타고 강 쪽으로 향했던 겁니다.

저는 한적한 곳으로 몇 마일을 운전해서 도로를 벗어났습니다. 그리고 차에서 내려 땅바닥에 주저앉아 아이처럼 울었지요. 그러다 문득 걱정이라는 무시무시한 원 주위를 빙빙 도는 대신 건설적인 생각을 해보기로 했습니다. 지금 내 상황이 얼마나 나쁜가? 더 나빠질 수 있을까? 정말로 희망이라곤 없는 걸까? 상황을 낫게 만들려면 어떻게 해야 할까?

저는 그 자리에서 제 모든 문제를 하나님께 맡기기로 결정하고, 하나님의 뜻대로 행하실 것을 구했습니다. 저는 기도했습니다. 정말 열심히 기도했습니다. 제 생이 달린 것처럼 기도했습니다. 사실 아니라고 말할 수도 없지요. 그러자 이상한 일이 일어났습니다. 제 모든 문젯거리를 저보다 더 큰 힘에 넘기자마자 몇 달 동안 맛보지 못했던 마음속의 평화가 느껴졌습니다. 저는 거의 한 시간을 그 자리에서 울고 기도하며 앉아 있었던 것 같습니다. 그러고는 집으로 돌아와 마치 아이처럼 잠이 들었습니다.

다음 날 아침, 저는 자신감을 갖고 자리에서 일어났습니다. 하나님께 모든 것을 맡긴 이상 더 두려워할 게 없었지요. 그날 아침 저는 머리를 높이 치켜들고 지방 백화점으로 들어가 전기 설비 세일즈맨으로 일하고 싶다고 자신 있게 말했습니다. 합격할 거란 사실을 진작 알고 있었고, 정말로 직장을 얻었습니다. 전쟁 때문에 전기 설비 산업 전체가 망하기 전까지는 잘해냈죠. 그다음엔 위대하신 하나님의 능력 아래 생명보험 판매원으로 일했습니다. 그게 겨우 5년 전 일입니다. 지금은 빚을 전부 갚았고, 세 명의 영특한 아이와 함께 행복한 가정을 꾸리고 있습니다. 저는 지금 집이 있고, 새 차를 샀으며, 생명보험에 2만 5000달러를 보유하고 있습니다.

지금 와서 돌이켜보면 모든 것을 잃고 너무나 우울한 나머지 강으로 차를 달렸던 게 기쁘기까지 합니다. 그 비극 때문에 하나님께 의존하는 법을 배웠으니까요. 지금 저는 전에는 가능하리라고 상상조차 하지 못했던 안정과 자신감을 얻었습니다."

종교는 어떻게 우리에게 평화와 불굴의 용기를 가져다줄까? 그 질문에는 윌리엄 제임스가 대답할 수 있겠다. 그는 이렇게 말한다. "파도가 사납게 몰아친다 해도 대양의 맨 밑바닥을 건드리지는 못한다. 더 방대하고 더 영원한 현실에 발을 붙인 인간은 개인의 운명으로 인한 사소한 우여곡절에 흔들리지 않는다. 진정으로 종교적인 인간은 결코 흔들리지 않으며 늘 평정을 유지하므로 미래에 닥칠 어떤 일에도 침착하게 준비되어 있다."

걱정되고 불안하다면 신을 믿어보지 않겠는가? 임마누엘 칸트의 말에 따라 "우리에게는 믿음이 필요하기 때문에 신앙을 받아들"이는 게 어떨까? '우주를 움직이는 무한한 원동력'에 우리 자신을 연결시켜보는 게 어떨까?

만약 당신이 태생적이든 교육에 의해서든 독실한 신자가 아닐지라도, 머리부터 발끝까지 신을 믿지 않는 사람이라 하더라도 기도는 생각보다 훨씬 많은 도움이 된다. 기도는 실용적이기 때문이다. 실용적이란 말은 무슨 뜻일까? 즉 기도는 신을 믿든 믿지 않든 인류 전체가 공유하는 세 가지 기본적인 심리적 욕구를 충족시켜준다는 의미다.

첫째, 기도는 우리가 겪는 문제가 무엇인지 정확히 말로 표현하도록 도와준다. 4장에서 봤듯이 문제는 애매모호한 상태로 남겨두면 절대로 해결할 수 없다. 어떤 면에서 기도는 우리가 가진 문제점을 종이에 적는 행위와 매우 비슷하다. 심지어 신께 해결책을 요청한다 하더라도 우선은 문제점을 말로 표현해야 한다.

둘째, 기도를 하면 부담을 홀로 지는 게 아니라 누군가와 나눈다는 느낌을 선사한다. 가장 무거운 짐, 가장 고통스러운 문제를 혼자 견딜 수 있는 사람은 거의 없다. 때때로 가장 가까운 가족이나 친구에게도 털어놓을 수 없는 개인적인 고민들도 있다. 그럴 때는 기도가 답이다. 어떤 정신과 의사에게 물어도 마음이 답답하고 긴장돼 고통스러울 때는 누군가에게 털어놓는 것도 좋은 치료가 될 수 있다고 말한다. 타인에게 털어놓지 못한다 해도 신에게는 언제나 고민을 털어놓을 수 있다.

셋째, 기도를 하면 실제로 행동하게 된다. 기도는 행동의 첫걸음이다. 무엇인가가 이루어지게 해달라고 매일같이 기도하면서 그 기도의 덕을 보지 않으려는 사람이 과연 있을까? 세계적으로 유명한 과학자 알렉시 카렐은 이렇게 말했다. "기도는 개인이 만들어낼 수 있는 가장 강력한 형태의 에너지다." 그렇다면 그 에너지를 이용해보는 건 어떨까? 하나님이든 알라든 정령이든 상관없다. 신비로운 자연적 에너지가 우리를 돌봐 주는데 이름에 신경 쓰며 불평할 이유가 있을까?

당장 이 책을 덮고 침실에서 문을 닫고 무릎을 꿇은 채 속마음을 털어놓아도 좋다. 신앙심을 잃었다면 전능하신 하나님께 이렇게 말하며 새 신앙심을 간청하라. "오, 하나님, 더 이상 홀로 싸울 수 없나이다. 오직 당신이 저를 보살피고 사랑해주길 바라옵니다. 제 실수를 모두 용서해주십시오. 마음에서 악을 정화해주십시오. 평화와 고요와 건강과 원수까지 사랑하는 마음을 가질 수 있도록 길을 보여주십시오."

기도하는 방법을 모른다면 700년 전 성 프란체스코가 쓴 아름답고 경이로운 기도문을 반복해서 외워보자.

평화의 기도

주여, 저를 평화의 도구로 써주소서.

미움이 있는 곳에 사랑을,

증오가 있는 곳에 용서를,

의심이 있는 곳에 믿음을,

절망이 있는 곳에 희망을,

어둠이 있는 곳에 빛을,

슬픔이 있는 곳에 기쁨을 심게 하소서.

오, 주여, 제가 위로받기보다는 남을 위로하게 하소서.

이해받기보다는 이해하며,

사랑받기보다는 사랑하게 하소서.

우리는 줌으로써 받고,

용서함으로써 용서받고,

죽음으로써 영생을 누리기 때문입니다.

6

남의 비판을
걱정하지 않는 방법

How to

stop

worrying

&

start living

죽은 개를 발로 차는 사람은
아무도 없다

1929년 미국 교육계에 엄청난 파문을 일으킨 사건이 발생했다. 미국 전역의 학자들이 이 사건을 직접 눈으로 보기 위해 시카고로 몰려들었다.

그보다 몇 해 전, 로버트 허친스라는 이름의 청년이 웨이터, 벌목꾼, 가정교사, 빨랫줄 판매원으로 일하며 예일대를 졸업하게 되었다. 겨우 8년이 지난 지금, 그는 미국에서 네 번째로 부유한 대학인 시카고 대학의 총장으로 취임하려 하고 있었다. 그의 나이는? 놀랍게도 서른 살이었다! 선배 교육자들은 고개를 저었다. 비판은 마치 암석이 무너지듯 이 '천재 소년'에게 쏟아졌다. 허친스는 이래저래 너무 젊은데다 경험이 없었고, 그의 교육적 견해는 비현실적이었다. 신문들까지 비난에 동참했다.

허친스가 취임하던 날, 한 친구가 로버트 메이나드 허친스의 아버지에게 이렇게 말했다. "저는 오늘 아침에 아드님을 비난하는 신문 사설을 읽고 충격을 받았습니다."

허친스의 아버지는 이렇게 대답했다. "그래, 심하긴 하더군. 하지만 생각해보면 죽은 개를 발로 차는 사람은 아무도 없지 않나?"

맞는 이야기다. 그리고 더 중요한 사람일수록 그 사람을 걸어차면서 얻는 만족감은 더 커진다. 지금은 윈저 공이 된 에드워드 8세는 황태자이던 시절에 경험을 통해 이 사실을 뼈저리게 깨달았다. 당시 그는 미국의 아나폴리스에 있는 해군 사관학교에 해당하는 영국 데번셔의 다트머스 대학에 다니고 있었다. 왕자의 나이는 열네 살밖에 되지 않았다.

어느 날 사관 중 한 명이 왕자가 울고 있는 것을 발견하고 무엇이 잘못됐는지 물었다. 왕자는 처음에는 대답하지 않으려고 했지만, 결국 다른 사관후보생들이 자신에게 발길질을 한다며 털어놓았다. 학장은 생도들을 소집한 후 왕자가 직접적으로 항의한 것은 아니지만 왕자가 왜 그런 거친 대접을 받는지 알고 싶다고 말했다.

한참을 헛기침을 하고 우물쭈물하던 사관후보생들이 결국 자백하기를, 나중에 왕실 해군 소속으로 사령관이나 대위가 되었을 때 자신들이 왕을 발로 찬 적이 있다고 말할 수 있길 바랐다는 것이다!

그러므로 당신이 걸어차이거나 비판을 받을 때, 대개는 당신을 찬 사람이 그런 행동을 통해 중요한 감정을 느낄 수 있기 때문임을 기억해야 한다. 다시 말해 당신이 무언가를 성취해냈거나 주목할 만한 가치가 있다는 것을 의미한다. 많은 사람들은 자기보다 교육을 더 받았거나 성공한 사람을 맹렬히 비난함으로써 잔인한 만족감을 얻는다.

예를 들어 이번 장을 쓰는 동안 나는 어떤 여성으로부터 구세군을 창설한 윌리엄 부스 장군을 비난하는 내용의 편지를 받았다. 나는 부스 장군을 칭찬하는 방송을 한 적이 있다. 그래서 이 여자는 나에게 편지를 보내 부스 장군이 가난한 사람들을 돕기 위해 모은 돈 800만 달러를 훔쳤다고 말한 것이다. 물론 이런 비난은 터무니없는 것이었다. 하지만 그녀는 진실을 알려고 하지 않았다. 그녀는 자신보다 더 높은 곳에 있는 누군가를 비방함으로써 얻는 천박한 만족감을 추구하고 있었다. 나는 이 매몰찬 편지를 휴지통에 던져버리고, 내가 그런 여자와 결혼하지 않았다는 사실에 대해 전능하신 하나님께 감사드렸다. 그녀의 편지는 내게 부스 장군에 대해서는 아무것도 알려주지 못했지만, 그녀에 대해서만큼은 많은 것을 알려주었다. 그에 대해 쇼펜하우어도 수년 전에 이렇게 말한 적 있다. "천박한 사람들은 위대한 사람의 단점이나 어리석음에서 큰 기쁨을 느낀다."

예일대의 총장을 천박하다고 생각하는 사람은 거의 없다. 하지만 예일대 전 총장인 티모시 드와이트는 미국 대통령 후보 출마자를 비난하는 데서 큰 기쁨을 느낀 것으로 보인다. 예일대 총장은 만약 이 남자가 대통령에 당선된다면 "우리는 아내와 딸들이 합법적 매춘의 희생양이 되어 눈 뜨고도 명예가 더럽혀지고, 허울은 그럴듯하지만 속으로는 타락하는 것을 보게 될 것이다. 결국 우리는 배려와 미덕을 잃어버린 채 신과 인간을 혐오하게 될 것이다"라고 경고했다.

말로만 듣기에는 마치 히틀러에 대한 비난 같지 않은가? 하지만 그렇지 않다. 이 말은 토머스 제퍼슨을 비난한 것이었다. 어떤 토머스 제퍼슨일까? 설마 미국 독립선언문을 썼고, 민주주의의 수호자라 불리는 불멸의 토머스 제퍼슨은 아니겠지? 그렇다. 정말로 그 토머스 제퍼슨이다.

미국인 가운데 '위선자' '사기꾼' '살인자보다 조금도 낫지 않은 자'로 비난받은 사람은 누구였을까? 한 신문의 만화에는 '그의 머리를 잘라내라'라고 글자가 새겨진 큰 단두대 위에 그의 모습이 그려져 있었다. 그가 말을 타고 길을 지나갈 때면 군중들은 그를 비웃고 '휙휙' 야유를 보냈다. 그는 과연 누구일까? 바로 조지 워싱턴이다.

하지만 이런 건 이미 오래전의 일이다. 아마도 그때 이후로 인간의 본성은 더 나아졌을지 모른다. 한번 살펴보자. 1909년 4월 6일, 개 썰매를 타고 북극에 도달해 전 세계를 깜짝 놀라게 하고 열광하게 한 탐험가 피어리 제독의 예를 들어보자(수세기 동안 위험을 무릅쓴 용감한 자들이 북극 탐사에 도전했다가 건강을 해치거나 목숨을 잃었다).

피어리는 추위와 굶주림으로 거의 죽을 뻔했고, 발가락 중 여덟 개는 너무 심하게 얼어서 잘라내야 했다. 감당하지 못할 정도로 참혹한 재난이 이어지는 바람에 그는 정신이상이 되는 게 아닐까 걱정하기도 했다. 워싱턴에 있던 그의 선임 해군 장교들은 피어리가 언론의 큰 관심과 찬사를 받자 약이 올랐다. 그래서 피어리가 과학 탐사를 위해 돈을 모으고 "북극에서 빈둥거리며 놀고 있다"라는 이유로 그를 고발했다. 그리고 그들은 그걸 사실이라고 믿었던 것 같다. 믿고 싶은 것을 믿지 않기란 거의 불가능하기 때문이다. 피어리에게 창피를 주고 방해하려는 그들의 의지가 얼마나 강했던지 매킨리 대통령이 직접 명령을 내리고서야 피어리는 북극 탐험을 계속할 수 있었다.

피어리가 만약 워싱턴의 해군 본부에서 사무직으로 일했다면 이런 비난을 받았을까? 아니다. 아마도 이런 비난과 질투를 받을 만큼 중요한 사람이 되지 못했을 것이다.

그랜트 장군은 피어리 제독보다 더 심한 경험을 했다. 1862년 그랜트 장군은 오후 한나절 만에 북부군에게 결정적인 첫 승리를 안겨주었다. 그 승리로 인해 그랜트 장군은 밤사이에 국가적인 영웅이 되었고, 유럽에까지 엄청난 영향을 미쳤다. 메인 주에서부터 미시시피 강둑에 이르기까지 교회 종이 울리고 모닥불이 활활 타올랐다. 하지만 이런 대승을 거둔 지 6주 만에 북부의 영웅이었던 그랜트 장군은 체포되었고, 군대까지 빼앗겼다. 굴욕과 절망에 장군은 눈물을 흘렸다. 왜 미국의 그랜트 장군은 승리의 흥분이 채 가시기도 전에 체포되었을까? 주요한 이유는 그랜트 장군이 거만한 상관들의 질투와 부러움을 샀기 때문이었다.

만약 부당한 비판에 대해 걱정이 된다면, 다음의 방법을 기억하라.

 남의 비판을 걱정하지 않는 방법 1

부당한 비판은 대개 위장된 칭찬임을 기억하라.
죽은 개를 발로 차는 사람은 아무도 없다.

비판으로부터
상처받지 않는 방법

언젠가 '날카로운 눈'의 스메들리 버틀러 소장을 인터뷰한 적이 있었다. '지옥의 마귀' 버틀러 영감 말이다! 버틀러 소장을 기억하는가? 그는 미국 해병대를 지휘했던 사람 중 가장 화려하고 영웅 같은 삶을 산 장군이다.

버틀러 소장은 젊은 시절 유명해지기를 간절히 원했고, 모두에게 좋은 인상을 남기고 싶었다고 말했다. 그 당시에는 아주 작은 비판조차도 따갑고 쓰라렸다. 하지만 해병대에서의 30년이 장군의 목숨을 강인하게 만들어주었다고 고백했다. "나는 질책받고 모욕을 당하며 망나니, 뱀, 스컹크라고 비난받았습니다. 전문가들에게 저주를 받은 적도 있습니다. 신문에 인쇄되기도 부적합한, 영어로 할 수 있는 모든 욕의 조합을 들어본 적도 있습니다. 이게 나를 짜증나게 했을까요? 하! 누군가 나를 욕하는 게 들려도 이제는 누가 내 욕을 하는지 돌아보지도 않습니다."

나이 든 '날카로운 눈'의 버틀러 장군이 비판에 너무 무관심한 것일지도 모른다. 하지만 한 가지는 확실하다. 우리들 대부분은 사소한 험담이나 조롱도 너무 심각하게 받아들인다. 나는 몇 년 전에 〈뉴욕 선〉지의 기자가 나의 성인교육 강좌 설명회에 참석해 나와 내가 하는 일에 대해서 풍자했던 일을 기억한다. 그때 나는 약이 올랐을까? 나는 그 일을 개인적 모욕으로 받아들였다. 나는 〈뉴욕 선〉지의 운영위원회 의장인 길 호지스에게 전화를 걸어 조롱 대신 사실을 밝히는 기사를 쓰도록 하라고 따지듯이 말했다. 나는 그 잘못에 적당한 벌을 주기로 마음먹었던 것이다.

　지금에 와서 나는 그 행동을 부끄럽게 생각한다. 나는 이제야 그 신문을 본 사람들 중 절반이 그 기사를 절대 보지 않았을 거라고 생각한다. 그리고 그 기사를 읽은 사람 중 절반은 그걸 악의 없는 흥미 위주의 기사로 받아들였을 것이다. 그 기사를 읽고 고소하다고 생각하던 사람 중 절반은 몇 주 만에 기사를 잊어버렸을 것이다.

　나는 이제야 사람들이 당신이나 나에 대해 그다지 생각하지도 않고, 우리를 뭐라고 말하는지에 대해서도 그리 신경 쓰지 않음을 알게 되었다. 사람들은 아침을 먹기 전에도, 아침을 먹은 후에도, 그리고 자정을 넘기고 10분이 되어서도 자신만 생각한다. 당신이나 나의 죽음에 대한 뉴스보다도 자신의 가벼운 두통에 천배는 더 관심을 쏟는다.

　만약 우리의 가장 친한 친구들이 여섯 명에 한 명꼴로 당신과 나에 대해 거짓말을 하거나, 조롱이나 배신을 하고 홀대하더라도 자기 연민에 빠져 허우적대서는 안 된다. 대신 이런 일들이 바로 예수에게 일어난 일임을 기억해야 한다. 예수와 가장 가까웠던 제자 12명 중 한 명이, 요즘 돈으로 19달러의 뇌물에 예수를 배신했다. 예수의 가장 가까운 제자 12명 중 또 다른 한 명은 예수가 곤경에 처했을 때 대놓고 예수를 저버리고, 심지어 예수를 모른다고 세 번이나 공표했으며, 자신이 말한 사실에 대해 맹세하기까지 했다. 여섯 명 중 한 명! 그것은 예수에게도 일어난 일이었다. 왜 우리는 예수보다 더 나은 확률을 기대하는가?

몇 년 전 나는 비록 사람들이 부당하게 나를 비난하지 못하게 할 수는 없지만, 그보다 훨씬 더 중요한 일을 할 수 있음을 알게 되었다. 부당한 비판들이 나를 흔들도록 내버려 둘지 말지를 결정할 수 있다는 것이다.

명확히 하자면 모든 비판을 무시하라는 뜻은 아니다. 오히려 그 반대다. 오직 부당한 비판만을 무시하라는 말이다. 나는 한때 프랭클린 루스벨트의 부인인 엘리너 루스벨트에게 알라만이 알고 있을 수많은 부당한 비판들을 어떻게 처리하는지 물었다. 그녀는 아마도 백악관에서 살았던 그 어떤 여성보다 열렬한 지지자와 격렬한 적을 많이 가지고 있던 여성일 것이다.

그녀는 어릴 적 거의 병적으로 부끄러움을 많이 타서 사람들이 자신을 두고 뭐라고 할지 두려워했다고 나에게 말했다. 그녀는 비판이 너무 두려워서 어느 날 고모, 그러니까 시어도어 루스벨트의 누나에게 조언을 구했다고 한다. 그녀는 이렇게 말했다. "고모, 저는 이렇게도 해보고 저렇게도 해보고 싶어요. 하지만 사람들이 뭐라고 할까 봐 두려워요."

시어도어 루스벨트의 누나는 엘리너의 눈을 바라보면서 말했다. "너 스스로가 옳다는 것을 마음속으로 알고 있는 한, 사람들이 뭐라고 말하는 지에 대해 절대 개의치 말아라." 엘리너 루스벨트는 그 짧은 조언이 몇 년 후 그녀가 백악관에 있던 시절에 정신적으로 든든한 힘이 되었다는 것을 알았다. 그녀는 모든 비판을 피할 수 있는 방법은 드레스덴에서 만든 도자기 인형처럼 선반에 가만히 있는 것뿐이라고 내게 말했다. "당신이 마음속으로 옳다고 믿는 일들을 하세요. 왜냐하면 당신은 어찌됐든 비판받을 테니까요. 당신은 해도 욕을 먹고, 안 해도 욕을 먹을 거예요." 이것이 그녀의 조언이다.

고인이 된 매슈 C. 브러시가 월 스트리트 40번지에 있는 아메리칸 인터내셔널 사의 회장일 때, 나는 브러시 회장에게 비판을 신경 쓰지 않는지에 대해 물은 적이 있다. 그때 그는 이렇게 말했다.

"그렇습니다. 젊었을 때는 매우 신경 썼죠. 우리 조직의 모든 직원이 저를 완벽하다고 생각하게 하고 싶었습니다. 만약에 직원들이 그렇게 생각하지 않으면 저는 매우 고심했습니다. 저는 저를 비판하는 첫 번째 사람조차도 기쁘게 해주려고 노력했습니다. 그런데 제가 그를 수습하기 위해서 한 일이 다른 사람을 화나게 만들었습니다. 그 사람을 해결하려고 다시 노력하면 또 다른 두세 사람들이 벌떼같이 들고 일어났습니다. 결국 제가 개인적 비난을 피하기 위해 화가 난 사람들을 진정시키거나 달래주려고 하면 할수록 적이 더 늘어난다는 걸 깨달았습니다. 그래서 결국은 다짐했습니다. '사람들 사이에서 돋보이려고 하면 오히려 비난을 받게 된다.' 이렇게 생각하는 게 익숙해지자 엄청난 도움이 되었습니다. 그 뒤부터 일단 최선을 다하고, 그 다음에는 낡은 우산이라도 써서 비난의 비가 제 목을 타고 흐르지 않도록 비를 피하자는 규칙을 세웠습니다."

딤스 테일러는 그보다 한 걸음 더 나아갔다. 테일러는 비난의 비가 자신의 목을 타고 흘러가게 내버려 두고 공개적으로 비난을 웃어넘겼다. 그는 일요일 오후 라디오를 통해 뉴욕 필하모닉 오케스트라의 공연을 들려주다가 중간 휴식 시간에 곡 해설을 덧붙이고 있었는데, 한 여자가 테일러를 "거짓말쟁이, 배신자, 뱀, 멍청이"라고 칭한 편지를 보냈다. 그는 자신의 책 《인간과 음악》에서 이렇게 말하고 있다. "나는 그녀가 그런 식의 해설을 좋아하지 않았나 하는 의심을 해본다." 그다음 주 방송에서 테일러는 라디오를 통해 수백 만 청취자들에게 그 편지를 읽어주었다. 그리고 며칠 뒤 같은 여성으로부터 또 다른 편지를 받았다. 테일러는 방송에서 이렇게 말했다. "그녀가 여전히 저에 대한 견해를 바꾸지 않은 편지를 보내왔네요. 저는 여전히 거짓말쟁이, 배신자, 뱀, 멍청이랍니다." 우리는 비판을 그런 식으로 받아들이는 사람을 존경하지 않을 수 없다. 우리는 그의 평정심과 흔들리지 않는 침착함, 그리고 유머 감각을 존경한다.

찰스 슈왑은 프린스턴 대학에서 학생들에게 연설하면서 자신은 자신의 제철소에서 일하던 늙은 독일인에게 가장 중요한 교훈을 배웠다고 고백했다. 그 독일 노인은 다른 제철소 동료들과 열띤 논쟁을 벌이게 되었는데, 동료들이 노인을 강에 던져버렸다. 슈왑은 이렇게 말했다. "그 노인이 사무실에 진흙과 물을 잔뜩 뒤집어쓰고 돌아왔기에 당신을 강에 던진 이들에게 뭐라고 했느냐고 물어보았더니, 그 노인은 '그저 웃었을 뿐이에요'라고 대답했습니다."

슈왑은 그 독일 노인의 '그냥 웃어라'라는 말을 자신의 좌우명으로 택했다고 말했다.

그 좌우명은 당신이 부당한 비판의 희생양이 되었을 때 특히 유용할 것이다. 반론을 제기하는 사람에게는 대답할 수 있지만, 만약 그가 '그냥 웃어버린다'면 당신은 그에게 어떤 말을 할 수 있겠는가?

링컨이 만약 자신을 맹렬히 비판하는 사람들에게 일일이 답하는 것이 바보 같은 일임을 깨닫지 못했다면, 링컨은 아마 남북전쟁 동안 그 긴장감을 견디지 못하고 무너지고 말았을 것이다. 링컨은 이렇게 말했다. "만약 내가 받는 공격에 대해 전부 답변하지 않더라도 적어도 읽어보기라도 하겠다고 애쓴다면, 다른 일은 모두 손에서 놓아야 했을 것이다. 내가 알고 있는 한, 나는 할 수 있는 최선을 다했고 마지막까지도 그렇게 할 것이다. 결국 내가 옳다는 결과가 나온다면 그때는 내게 뭐라고 비판했든 중요치 않다. 만약 내가 틀렸다는 결과가 나온다면 그 때는 열 명의 천사가 내가 옳다고 말해줘도 전혀 도움이 되지 않는다."

당신이나 내가 부당한 비판을 받게 될 때는 다음의 방법을 기억하라.

 남의 비판을 걱정하지 않는 방법 2

당신이 할 수 있는 최선을 다하라.

그다음에는 낡은 우산이라도 펴서 비난의 비가
당신의 목을 타고 흘러내리지 않게 하라.

내가 저지른 바보 같은 일들

    나는 'FTD'라고 표시해둔 개인 서류철 캐비닛을 가지고 있다. 'FTD'는 '내가 했던 바보 같은 일들(Fool Things I Have Done)'의 줄임말이다. 나는 내가 저질렀던 바보 같은 일들을 기록해 이 서류철 안에 넣어둔다. 때로는 비서에게 이 메모들을 받아 적게 하지만, 때로는 너무 개인적이거나 바보 같아서 받아쓰게 하기 부끄러워 내가 직접 쓰기도 한다.

    나는 15년 전 'FTD'에 넣었던 데일 카네기의 몇 가지 비판들을 아직도 기억하고 있다. 만약 내가 스스로에게 숨김없이 솔직했다면 아마도 내가 가진 이 파일 캐비닛은 'FTD' 메모들로 넘치고 있을 것이다. 나는 3000년 전 이스라엘의 사울 왕이 했던 말에 진심으로 공감한다. "나는 바보 같았으며 너무나 많은 실수를 저질렀다."

    'FTD' 파일을 꺼내 나 스스로에 대해 적은 비판들을 다시 읽고 있다 보면 내가 직면한 힘든 문제들을 해결하는 데 도움이 된다. 이것이 바로 데일 카네기의 경영법이다.

　나는 내 문제들에 대해 다른 사람들을 탓하곤 했다. 하지만 나이가 들고 바라건대 점점 더 지혜로워지면서 내가 겪는 거의 모든 불운의 원인이 궁극적으로는 내게 있음을 알게 되었다. 많은 사람들이 이러한 사실을 나이가 들면서 깨닫게 된다. 세인트헬레나에 유배되어 있던 나폴레옹도 이렇게 말했다. "다른 사람이 아니라 나였다. 내 몰락의 원인은 다름 아닌 나에게 있었다. 나는 스스로에게 가장 큰 적이었으며, 내 처참한 운명의 원인이었다."

　나는 자기평가와 자기 관리의 문제에 대해서는 예술적인 경지를 보여주던 어떤 사람에 대해 말하고 싶다. 그의 이름은 H. P. 하웰이다. 1944년 7월 31일, 뉴욕 앰배서더 호텔의 가게에서 그가 갑작스럽게 죽었다는 뉴스가 온 나라에 알려지자 월 스트리트는 충격에 빠졌다. 왜냐하면 그는 월 스트리트 56번가에 있는 내셔널 뱅크 앤드 트러스트 컴퍼니 이사회의 회장이자 몇몇 큰 기업의 이사로서 미국 금융계를 대표하는 사람이었기 때문이다. 하웰은 정규교육을 거의 받지 못한 채 시골 잡화점의 사무원으로 시작했지만, 나중에 US스틸의 채권 담당 임원이 되었으며 계속 승승장구하는 중이었다. 내가 그에게 성공의 비결을 물었을 때 하웰은 이렇게 대답했다.

　"몇 년 동안 저는 그날의 모든 약속이 적힌 약속 메모 노트를 가지고 다녔습니다. 우리 가족들은 토요일 저녁에는 저를 위해 어떤 일정도 잡지 않았어요. 제가 매주 토요일 저녁마다 한 주 동안 내가 한 일에 대한 자기반성과 검토, 평가를 하는 걸 알고 있었기 때문입니다. 저녁을 먹고 나면 저는 혼자 자리를 뜬 다음, 약속 메모 노트를 펴고 월요일 아침부터 있었던 모든 면담, 논의, 회의 등에 대해 다시 떠올렸습니다. 저는 스스로에게 '그때 내가 무슨 실수를 했지?' '내가 잘한 일은 무엇이고, 어떤 방식으로 실적을 올릴 수 있을까?' '내가 그 경험으로부터 배울 교훈은 무엇일까?'에 대해 물었습니다. 때로는 그런 검토에 기분이 나빠질 때도 있고, 내가 저지른 실수에 깜짝 놀라기도 했습니다. 물론 몇 해가 지나면서 이런 실수들은 줄어들었습니다. 해를 거듭하면서 이런 자기분석은 제가 했던 다른 어떤 시도보다 더 많은 도움이 되었습니다."

아마도 하웰은 그 발상을 벤저민 프랭클린에게서 배웠을 것이다. 다만 프랭클린은 토요일 저녁까지 기다리지 않았다. 그는 매일 밤 자기 자신에 대해 철저히 반성했다. 그는 열세 가지 심각한 실수를 했다는 걸 알았다. 그중 세 가지가 바로 시간을 낭비한 것, 하찮은 일에 마음 졸인 것, 사람들과 언쟁하고 반박한 것이다. 현명했던 프랭클린은 이런 문제점들을 극복하지 않는 이상 더 좋은 결과를 낼 수 없다는 것을 알았다. 그래서 일주일 동안 매일 하나씩 자신의 단점을 고치려고 노력했고, 자신과 단점 사이에서 벌어지는 매일의 난타전에서 누가 승리했는지 기록했다. 그다음 날에는 또 다른 나쁜 습관을 골라서 글러브를 끼고, 벨이 울리면 링으로 나와 나쁜 습관과 싸우곤 했다. 프랭클린은 매주 자신의 잘못과 싸우는 걸 2년 이상 계속

했다.

프랭클린이 미국 역사상 가장 사랑받고 영향력 있는 사람이 된 것은 놀라운 일도 아니다!

엘버트 허바드는 "모든 사람들이 매일 적어도 5분은 지독한 바보가 된다. 지혜는 그 한도를 초과하지 않는 데 있다"라고 말했다.

그릇이 작은 사람은 아주 작은 비판에도 화를 내지만, 지혜로운 사람은 자신을 질책하고 책망하며 '길을 비키라며 다투는' 사람들에게서도 배우려 한다. 월트 휘트먼은 이렇게 말했다. "당신을 칭찬하고 배려하는 사람들, 그리고 당신을 위해 길을 비켜주는 사람들에게서만 교훈을 얻으려고 하는가? 당신을 거부하고 이기려 하거나 길을 비키라며 당신과 다투는 사람들에게서는 큰 교훈을 얻지 못하는가?"

당신이나 당신의 일에 대해서 적이 비판하는 것을 기다리는 대신, 그들보다 먼저 자기 자신을 비판하라. 자기 스스로 가장 가혹한 비평가가 되자. 적이 말할 기회를 잡기 전에 우리 스스로 모든 약점을 찾고 개선하자. 이게 바로 찰스 다윈의 방법이다. 사실 다윈은 15년 동안이나 자기 자신을 비판하면서 보냈는데, 이야기의 전말은 다음과 같다. 다윈은 불멸의 저서《종의 기원》의 원고를 완성했을 때, 창조에 관한 자신의 혁명적 이론이 발표되면 학계와 종교계가 뒤흔들릴 것임을 깨달았다. 그래서 스스로 자신의 비평가가 되어 자료를 검토하고, 자신의 추론을 검증하고, 결론을 비판하면서 15년을 보냈다.

누군가가 당신을 '지독한 바보'로 비난한다면 당신은 무엇을 할 수 있겠는가? 화를 내겠는가? 아니면 분개하겠는가? 링컨은 이렇게 했다. 한번은 링컨 내각의 국방 장관이었던 에드워드 M. 스탠턴이 링컨을 '지독한 바보'라고 부른 적이 있다. 스탠턴은 링컨이 자신의 일에 간섭해왔기 때문에 매우 화가 났다. 언젠가 링컨은 어떤 이기적인 정치가의 요구에 따라 연대를 이동시키라는 명령에 서명했다. 스탠턴은 링컨의 명령을 거부했을 뿐만 아니라 링컨이 그런 명령에 서명하다니 지독한 바보임에 틀림없다고 말했다. 어떤 일이 일어났을까? 스탠턴의 말을 전해들은 링컨은 조용히 대답했다. "만약 내가 지독한 바보라고 스탠턴이 말했다면, 나는 분명 바보다. 왜냐하면 그는 거의 항상 옳기 때문이다. 내가 가서 직접 확인해보겠다."

링컨은 스탠턴을 만나러 갔다. 스탠턴은 그 명령이 틀렸다고 링컨을 설득했고, 링컨은 명령을 철회했다. 진심이 담겨 있고 자신을 도와주기 위한 것이라면, 링컨은 기꺼이 비판을 받아들였다.

당신과 나 또한 네 번 중 세 번 이상 옳을 수 없기 때문에 그런 종류의 비판을 기꺼이 받아들여야 한다. 적어도 시어도어 루스벨트도 백악관에 있을 때 자신이 바랄 수 있는 것은 잘해야 이 정도까지라고 말했다. 현재 가장 심오한 사상가로 존경받는 아인슈타인도 자신이 내렸던 판단의 99퍼센트는 틀린 것이었다고 고백했다!

라로슈푸코는 이렇게 말했다. "적의 의견은 우리의 의견보다 더 진실에 가깝다."

나는 그 말이 몇 번이고 맞을 수 있음을 알고 있다. 하지만 누군가가 나를 비판하기 시작할 때, 만약 내가 신중하게 행동하지 않으면 나를 비판하는 사람이 말하려는 게 무엇인지 잠시도 생각해보지 않고 자동적으로 방어하게 된다. 그럴 때마다 나는 스스로에게 혐오감이 든다. 우리 모두는 비판 혹은 칭찬이 정당한 것인지 아닌지에 관계없이 비판에는 억울해하고, 칭찬은 덥석 받아들이는 경향이 있다. 우리는 논리적인 동물이 아니다. 우리는 감정적인 존재다. 우리의 논리는 깊고 어둡고 폭풍우가 몰아치는 감정의 바다 위에서 이리저리 휩쓸리는 카누와 같다. 우리 대부분은 지금의 자신을 아주 좋게 생각한다. 하지만 지금으로부터 40년 후에 우리는 아마도 오늘의 우리를 되돌아보며 비웃게 될 것이다.

누군가가 우리를 헐뜯는 소리를 듣는다면, 스스로 변호하려 들지 말자. 그렇게 행동하는 것은 어리석다. 독창적이고 겸손하면서도 멋지게 대처하자! 비판을 물리치고 박수를 얻기 위해 이렇게 말하자. "만약 날 비난하는 사람이 내 모든 단점을 알고 있다면, 이보다 더 심하게 날 헐뜯었을 테지."

앞 장에서 나는 당신이 부당한 비판을 받았을 때 무엇을 해야 할지에 대해 말했다. 하지만 여기서는 다른 방법에 대해 말하려 한다. 당신이 부당하게 비난받는다는 생각이 들어서 화가 치민다면 잠깐 멈추고 이렇게 생각해보는 건 어떨까? '잠깐만. 나는 완벽한 것과는 거리가 멀어. 만약 아인슈타인도 자신이

99퍼센트 정도는 틀렸다고 인정했다면, 나는 적어도 80퍼센트는 틀렸을 거야. 나는 아마도 이런 비판을 받을 만할지도 몰라. 만약 그렇다면 나는 이 비판을 감사하게 생각하고, 이를 통해 뭔가를 배우려고 노력해야지.'

펩소던트 컴퍼니의 사장이었던 찰스 럭맨은 밥 호프를 방송에 내보내기 위해 100만 달러의 돈을 썼다. 그는 프로그램을 칭찬하는 편지는 쳐다보지도 않았지만, 비난하는 편지만큼은 꼭 보기를 고집했다. 럭맨은 그 편지들에서 얻을 게 있을지도 모른다는 것을 알았다.

포드 사는 경영과 영업에서 무엇이 잘못되었는지를 알아내고 싶어서 최근에 직원들을 상대로 여론조사를 실시해 회사에 대한 비판을 청했다.

나는 서슴없이 비판을 요청하던 전직 비누 판매원을 알고 있다. 그가 처음으로 콜게이트 사의 비누를 판매하기 시작했을 때는 주문량이 너무 적었다. 그는 직장을 잃게 될까 봐 걱정되었다. 비누 품질이나 가격에는 문제가 없음을 알았기 때문에 그는 분명 자신에게 문제가 있을 거라고 판단했다. 비누를 단 하나도 팔지 못했을 때, 그는 무엇이 잘못되었는지 파악하기 위해 자신의 관할 구역을 돌아다녔다. 그가 너무 안일했을까? 열의가 부족했던 것일까? 때때로 그는 다시 상인에게 돌아가 이렇게 말했다. "저는 비누를 팔려고 다시 돌아온 게 아닙니다. 당신의 조언과 비판을 듣고 싶어서 돌아왔습니다. 혹시 제가 몇 분 전 당신에게 비누를 팔려고 할 때 뭔가 잘못한 게 있으면 말해주시겠습니까?"

이런 태도를 통해 그는 많은 친구를 사귀게 되었고, 값진 교훈도 얻게 되었다.

당신은 그 비누 판매원에게 어떤 일이 일어났는지 추측할 수 있겠는가? 오늘날 그는 전 세계에서 가장 큰 비누 제조사인 콜게이트 파몰리브 피트의 회장이 되었다. 그의 이름은 E. H. 리틀이다.

H. P. 하웰, 벤저민 프랭클린, E. H. 리틀이 했던 대로 할 수 있는 사람은 보통 사람은 아니다. 이제 아무도 보지 않을 때 거울을 한번 들여다보고 스스로에게 물어보라. 당신이 그러한 최고의 사람들에 속하는지!

비판을 걱정하지 않으려면 다음의 방법을 기억하라.

 남의 비판을 걱정하지 않는 방법 3

우리가 했던 바보 같은 일들을 기록하고 스스로를 비판하자.

우리가 완벽하기를 바랄 수는 없으므로 E. H. 리틀이 했던 것처럼 편파적이지 않고 도움이 되는 건설적인 비판을 요청하자.

남의 비판을 걱정하지 않는 3가지 방법

1. 부당한 비판은 보통 위장된 칭찬이다. 대개 당신이 질투나 부러움을 일으켰다는 것을 의미한다. 죽은 개를 발로 차는 사람은 아무도 없음을 기억하라.

2. 당신이 할 수 있는 최선을 다하라. 그다음에는 당신의 낡은 우산이라도 펴서 비난의 비가 당신의 목을 타고 흘러내리지 않게 하라.

3. 우리가 했던 바보 같은 일들 기록하고 스스로를 비판하자. 우리가 완벽하기를 바랄 수는 없으므로 E. H. 리틀이 했던 것처럼 편파적이지 않고 도움이 되는 건설적인 비판을 요청하자.

7

피로와 걱정을 막고
활력과 의욕을 높여줄
6가지 방법

How to

stop

worrying

&

start living

하루에 1시간 더 활동하는 방법

　걱정하지 않는 방법에 관한 책에서 왜 피로를 방지하는 방법에 관한 글을 쓰고 있을까? 피로는 종종 불안한 마음을 만든다. 그렇지 않다 하더라도 피곤하면 쉽게 불안해지기 때문이다. 어떤 의학도는 피로가 감기나 다른 많은 질병에 대한 저항력을 떨어뜨린다고 말하고, 어떤 심리학자는 피로가 두려운 마음과 불안한 마음을 이기지 못하게 한다고 말한다. 그러므로 피로가 쌓이는 걸 예방하는 것이 불안한 심리를 막는 데 도움이 된다.

　'불안한 심리를 막는 것'이라는 말은 순화시킨 표현이다. 에드먼드 제이컵슨 박사는 더 강하게 표현하고 있다. 그는《꾸준한 휴식》과《휴식은 필수》라는 두 권의 책을 냈고, 시카고 대학 실험실의 임상심리학 책임자로서 휴식이라는 개념을 의료 실습의 한 방법으로 도입해 연구를 진행해왔다. 제이컵슨은 어떤 긴장이나 감정적 상태도 충분히 휴식을 취한 상황에서는 일어날 수 없다고 단언한다. "쉬고 나면 불안할 리도 없다"라는 표현도 있다.

그러므로 피로와 불안을 막기 위한 첫 번째 규칙은 피곤해지기 전에 자주, 미리 쉬는 것이다. 그게 왜 중요할까? 왜냐하면 피로는 놀라운 속도로 쌓이기 때문이다. 미 육군은 반복적인 실험을 통해 수년간 군사 훈련으로 단련된 젊은 남성도 매시간 가방을 내려놓고 10분씩 쉬고 나면 행군을 더 잘할 수 있고, 더 오래 할 수 있다는 것을 발견했다. 그래서 실제로 그런 식으로 행군하도록 지시한다.

심장도 군대만큼이나 현명하게 작동한다. 열차가 움직이기 위해 연료를 채우듯 심장은 하루도 빠짐없이 몸 구석구석을 돌며 살아 숨 쉴 만큼의 충분한 혈액을 공급한다. 심장은 마치 약 1미터 높이의 굴착 플랫폼 위로 20톤의 석탄을 퍼 올리듯 24시간 동안 매번 힘껏 에너지를 실어 나른다. 그렇게 50년, 70년, 아니 더 오래 살 수 있다면 90년까지도 이 어마어마한 양의 일을 해낸다. 심장은 어떻게 이 일을 버텨낼까? 하버드 의대의 월터 B. 캐넌 박사는 이렇게 설명한다. "사람들은 대부분 심장이 쉼 없이 일한다고 생각합니다. 그러나 사실 심장은 한 번 수축하고 난 뒤에는 일정하게 쉬는 시간이 있습니다. 심장이 평균적으로 1분에 70회 뛴다고 하면, 실제로 작동하는 것은 24시간 중 9시간입니다. 모두 합치면 심장은 하루에 15시간 동안 쉬고 있습니다."

제2차 세계대전 당시 60대 후반에서 70대 초반의 나이였던 윈스턴 처칠은 대영제국의 군사 작전을 지휘하면서 몇 년 동안이나 하루에 16시간씩 일했다. 경이로운 기록이다. 도대체 비결이 무엇일까? 처칠은 매일 아침 11시가 될 때까지는 침대에서 서류를 읽고, 명령을 하고, 전화를 하고, 중요한 회의를 주관했다. 점심을 먹고 난 뒤에는 한 번 더 침대로 가서 한 시간 동안 잠을 청했다. 저녁이 되면 8시 식사 시간이 되기 전에 한 번 더 침대로 가서 이번에는 두 시간을 잤다. 처칠은 피곤함을 치료하지 않았다. 그럴 필요도 없었다. 단지 예방만 했다. 자주 쉬었기 때문에 자정이 지나 오랜 시간까지 상쾌하고 건강한 상태로 계속 일할 수 있었던 것이다.

독창적인 존 D. 록펠러는 두 가지 놀랄 만한 기록을 남겼다. 그는 그때까지만 해도 세상 사람들이 가질 수 없었던 엄청난 부를 누렸고, 98세까지 살았다. 어떻게 그럴 수 있었을까? 물론 그 주된 이유는 장수할 수 있는 유전자를 물려받은 덕분이다. 또 다른 이유는 매일 정오에 30분씩 낮잠을 잤기 때문이다. 존은 사무실 소파에 드러눕곤 했는데, 그가 낮잠을 자는 동안에는 미국 대통령이 전화해도 통화할 수 없었다.

존이 쓴 유명한 책《피로가 쌓이지 않는 법》에서 대니얼 W. 조슬린은 이렇게 말한다. "휴식은 아무것도 하지 않는 것을 의미하는 게 아니다. 휴식은 치료다." 아주 짧은 시간의 휴식도 치유력이 대단해서 단 5분의 낮잠은 피로를 미연에 방지하는 데 도움이 된다고 한다. 놀랍지 않은가!

야구계의 거장 코니 맥은 게임을 하기 전, 오후에 낮잠을 자지 않으면 9회 말엔 완전히 지쳐버린다고 한다. 하지만 단 5분만이라도 낮잠을 자면 피곤함도 잊은 채 더블헤더(야구에서 같은 두 팀이 하루 동안에 두 번 경기를 하는 것—옮긴이)까지 뛸 수 있었다.

엘리너 루스벨트는 백악관에 있는 12년간 어떻게 그렇게 무리한 일정을 소화할 수 있었는지 묻는 질문을 받았다. 그녀는 대중을 만나거나 연설을 하기 전에 종종 의자나 큰 소파에 앉아 눈을 감고 20분간 휴식을 취했다고 대답했다.

최근에는 메디슨 스퀘어 가든에서 있었던 세계 로데오 결승전에서 쇼를 연출했던 진 오트리를 그의 의상실에서 인터뷰했다. 나는 그 의상실에서 군용 침대를 발견했다. 오트리는 이렇게 말했다. "오후마다 거기에 드러누워서 공연 중간에 한 시간씩 낮잠을 잔답니다. 할리우드에서 촬영을 할 때는 큼직하고 편한 의자에서 자주 쉬면서 하루에 20~30분씩 낮잠을 잡니다. 그러고 나면 기운이 불끈불끈 생기죠."

에디슨은 자신이 원할 때마다 잠을 잤기 때문에 엄청난 활력과 지구력을 가지고 일할 수 있었다고 했다.

헨리 포드는 80세 생일을 맞이하기 직전에 인터뷰에 응해주었다. 나는 그가 하도 생기가 있고 좋아 보여서 깜짝 놀랐다. 비결을 물었더니 이렇게 말했다. "나는 앉을 수 있을 때 절대로 서 있지 않고, 누울 수 있을 때 절대로 앉아 있지 않습니다."

현대 교육의 아버지인 호레이스 만도 해를 거듭하는 동안 똑같이 했다. 안티오크 대학의 총장으로 있을 때 학생들을 면담하는 동안에는 소파에서 몸을 편하게 쭉 뻗고 있었다.

나는 할리우드 영화감독에게 이 방법을 시도해보라고 권했다. 그는 기적 같은 일이 일어났다고 고백했다. 그는 잭 처톡으로, 현재 할리우드에서 최고의 감독 중 하나로 손꼽힌다. 그가 몇 년 전 나를 찾아왔을 때는 MGM의 단편영화 파트를 맡고 있었다. 지칠 대로 지친 처톡은 강장약이며 비타민이며 약이며 모든 걸 다 먹어보았지만 어떤 것도 도움이 되지 않았다. 나는 처톡에게 일상의 휴가를 제안했다. 어떻게? 그의 사무실에서 작가들과 회의를 하는 동안에도 쭉 뻗고 누워서 마음을 편안히 가져보라는 것이었다.

2년 후 내가 처톡을 다시 만났을 때 그가 말했다. "제 개인 물리치료사 말로는 기적이 일어났다고 하더군요. 단편영화에 대한 구상을 할 때 긴장되고 뻣뻣한 자세로 의자에 꼿꼿이 앉아 있곤 했는데, 지금은 회의를 하는 동안에도 사무실 소파에 편하게 누워 있습니다. 제가 20대였을 때보다 훨씬 건강해진 느낌입니다. 하루에 두 시간 더 연장 근무를 해도 거의 지치질 않습니다."

이 모든 것이 당신에게도 적용될 수 있을까? 당신이 속기사라면 에디슨이나 샘 골드윈처럼 사무실에서 낮잠을 잘 수 없을 테고, 회계사라면 사장과 함께 회계 명세서에 대해 의논하는 동안에 소파에 편하게 누울 수는 없을 것이다. 하지만 작은 도시에 살면서 점심을 먹으러 집으로 간다면 점심 식사 후 10분 동안 낮잠을 잘 수 있을 것이다. 조지 C. 마셜 장군도 그러곤 했다. 마셜 장군은 전시에 미 육군을 진두지휘하느라 너무 바빠서 정오에는 쉬어야만 한다고 느꼈다. 당신이 50세를 넘겼고 너무 바빠서 그렇게 할 수 없다면, 즉시 닥치는 대로 모든 생명보험을 들어놓아야 할 것이다. 요즘 같아서는 장례식을 치르는 데 많은 돈이 필요하다. 그리고 당신의 젊은 아내는 당신이 들어둔 보험금을 타서 더 젊은 남자에게 시집가기를 원할 것이다!

낮 시간에 10분 동안 낮잠을 잘 수 없다면 적어도 저녁 식사 전에 한 시간 동안은 누워 있을 수 있을 것이다. 그건 음료 한 잔 값보다 싸고, 오랫동안 스트레칭을 하는 것보다 5467배는 더 효과가 있을 것이다. 5시나 6시 혹은 7시쯤에 한 시간만 잠을 자도 당신의 깨어 있는 일상이 길어질 것이다. 왜? 어떻게? 저녁 식사 전의 낮잠 한 시간이 밤잠 여섯 시간에 더해져 일곱 시간이 되면, 깨지 않고 잠을 잔 여덟 시간보다 훨씬 더 이롭기 때문이다.

육체노동자의 경우 더 많이 쉴수록 더 많이 일할 수 있다. 프레드릭 테일러는 베들레헴 제철 회사에서 기술 관리 엔지니어로 일하던 시절 이런 사실을 증명했다. 테일러는 노동자들이 매일 1인당 대략 12.5톤의 선철을 화물차에 실으며, 정오가 되면 완전히 지쳐버린다는 것을 알게 되었다.

그는 피로 요인을 과학적으로 분석한 뒤, 노동자들이 하루에 12.5톤이 아니라 47톤을 선적해야 한다는 새로운 기준을 발표했다. 테일러의 계산에 따르면, 노동자들은 현재보다 거의 네 배 더 일하면서도 지치지 않아야 했다. 하지만 그게 가능하다는 것을 어떻게 증명할 것인가!

테일러는 슈미트라는 사람을 지목해 스톱워치에 맞춰 일하도록 요구했다. 스톱워치를 들고 아래를 내려다보고 서 있는 사람이 지시를 하면 슈미트가 지시에 따랐다. "이제 선철을 들고 걸으세요. (…) 지금은 앉으세요. 쉬세요. (…) 지금은 걸으세요. (…) 지금은 쉬세요."

어떤 일이 일어났을까? 슈미트는 다른 사람이 겨우 12.5톤만 나르는 동안 47톤의 선철을 날랐다. 그리고 슈미트는 테일러가 베들레헴 철강에 있었던 3년 동안 이 작업 속도를 계속 유지했다. 슈미트는 피곤해지기 전에 쉬었기 때문에 그렇게 할 수 있었다. 한 시간 중 대략 26분을 일했고, 34분을 쉬었다. 슈미트는 일하는 것보다 더 많이 쉬었지만, 노동량은 다른 노동자들보다 거의 네 배 더 많았다. 이는 근거 없는 소문에 불과한 게 아니다. 프레드릭 윈슬로 테일러의 《과학적 관리 방법》이라는 책에서 확인할 수 있다.

다시 말하자면 군대가 그렇게 하듯 자주 휴식을 취하라. 심장이 그렇게 하듯 피곤해지기 전에 쉬어라. 그러면 깨어 있는 일상은 한 시간 더 길어질 것이다.

피로의 원인과 대처 방법

여기 놀랍고도 중요한 사실을 한 가지 말하겠다. 두뇌 활동만으로 당신은 지치지 않는다. 이 말은 터무니없는 소리처럼 들릴 것이다. 하지만 몇 년 전 과학자들은 인간의 뇌가 피로의 과학적 정의인 '근무 한계 범위'에 이르지 않으면서 얼마나 오래 일할 수 있는지를 알아내는 실험을 했는데, 놀랍게도 뇌 활동이 활발할 때는 뇌를 지나가는 혈액에서 전혀 피로 증상이 나타나지 않는다는 사실을 발견했다. 만약 일용직 노동자가 일하는 동안에 혈관에서 혈액을 뽑아 확인한다면, 피로독소와 피로물질이 가득한 것을 볼 수 있다. 하지만 만약 앨버트 아인슈타인 같은 사람의 뇌에서 피 한 방울을 뽑아 확인한다면, 하루 일과를 마칠 즈음에도 어떤 피로 독도 나타나지 않을 것이다.

뇌만 놓고 본다면, 일의 시작점부터 8시간 혹은 심지어 12시간 일한 후에도 '제대로 그리고 민첩하게' 활동한다. 뇌는 완전히 지칠 줄을 모른다. 그러면 무엇이 우리를 피곤하게 하는 걸까?

심리학자들은 우리가 느끼는 피곤한 증상의 대부분이 정신적이고 감정적인 태도에서 비롯된다고 밝혔다. 영국의 저명한 심리학자 중 한 사람인 J. A. 해드필드는 《힘의 심리학》이라는 책에서 이렇게 말했다. "우리가 느끼는 피로의 훨씬 많은 부분이 정신적인 영역에서 비롯되며, 사실 전적으로 신체적인 영역에서 오는 피로는 드물다."

미국의 유명한 심리학자인 A. A. 브릴 박사는 이보다 더 극단적으로 표현하고 있다. "앉아서 일하는 건강한 상태의 사람들이 느끼는 피로 중 100퍼센트는 심리적 요인에 기인한다. 이는 곧 감정적인 요인에서 비롯된다는 것을 의미한다."

어떤 종류의 감정적인 요인들이 앉아서 근무하는 이들을 피곤하게 하는 걸까? 기쁨? 만족? 아니다! 그렇지 않다! 지루함, 분노, 인정받지 못한다는 기분, 무의미하다는 느낌, 서두름, 불안, 걱정과 같은 것들이 사무실 노동자들을 피곤하게 하고, 감기에 걸리기 쉽게 하며, 생산성을 줄이고, 신경성 두통으로 집에 가도록 만드는 감정적인 요인이다. 그렇다. 우리가 느끼는 이런 감정들이 몸속에서 신경성 불안을 유발해 우리는 피로해진다.

메트로폴리탄 생명보험사는 피로에 관한 안내문에서 이런 사실을 분명히 밝히고 있다. "열심히 일을 했다는 것만으로 잘 자고 푹 쉬고 나서도 좀처럼 풀리지 않는 피로는 생기지 않습니다. (…) 걱정, 긴장, 감정적인 당혹감이 피로를 유발하는 가장 큰 세 가지 요인입니다. 신체적, 정신적인 업무가 피로 요인처럼 보일 때도 보통 이 세 가지를 의심해봐야 합니다. 근육이 딱딱하다는 것은 근육에 경련이 일어난 것임을 기억하십시오. 편하게 쉬십시오. 중요한 순간을 위해 에너지를 아끼십시오."

지금 당장 하던 일을 멈추고 스스로 진단해보자. 이 글을 읽는 동안 책을 보고 찌푸리고 있는가? 미간을 찡그리고 있는가? 의자에 편하게 앉아 있는가? 혹은 어깨를 구부리고 있는가? 얼굴 근육은 긴장되어 있는가? 만약 온몸이 오래된 헝겊 인형처럼 축 늘어져 있거나 편안한 상태가 아니라면, 바로 이 순간 당신의 신경과 근육은 긴장하고 있는 것이다. 당신은 신경 불안과 신경과민을 만들어내고 있다!

그러면 왜 우리는 정신적인 업무를 하면서 이렇게 불필요한 긴장을 만들어낼까? 조슬린은 이렇게 말한다. "대부분의 사람들은 힘들어야 노력하고 있다는 느낌이 들고, 힘들지 않으면 일이 잘 안 되고 있다고 믿기 때문이다." 그래서 우리는 집중할 때면 인상을 찌푸리고 어깨를 구부정하게 한다. 노력하고 있다는 느낌을 갖기 위해서 우리는 모든 근육을 쓰지만, 그건 어떤 식으로든 전혀 도움이 되지 않는다.

여기 놀랍고도 비극적인 진실이 하나 있다. 돈을 낭비하는 것은 꿈에도 원치 않는 사람들이 자신들의 체력은 무분별하게 낭비하고 소모한다.

신경이 극도로 피곤한 상태를 해결하는 방법은 무엇일까? 첫 번째도 휴식, 두 번째도 휴식, 세 번째도 휴식이다! 일하면서도 휴식을 취하는 방법을 배워라!

그게 과연 쉬울까? 아니다. 아마도 평생의 습관을 바꾸어야 할 것이다. 하지만 당신의 인생을 송두리째 바꿀 수 있기 때문에 노력할 만한 가치가 있다. 윌리엄 제임스는 〈휴식의 찬송〉이라는 글에서 이렇게 말했다. "미국인의 과도한 긴장, 경련, 숨 막힘, 격렬함, 얼굴에 나타나는 고통의 감정들은 그 이상도 이하도 아닌, 그저 나쁜 습관일 뿐이다." 긴장은 습관이다. 휴식도 습관이다. 그리고 나쁜 습관은 고칠 수 있고, 좋은 습관은 만들어질 수 있다.

어떻게 긴장을 풀까? 마음에서부터 시작해야 할까, 아니면 신경에서부터 시작해야 할까? 이것도 저것도 아닐 것이다. 당신은 근육을 푸는 것부터 시작해야 한다.

한번 시도해보자. 어떻게 되는지 확인하기 위해서 눈에서부터 시작한다고 해보자. 이 글을 끝까지 읽은 후에 뒤로 기대어서 눈을 감고 당신의 눈에게 조용히 말해보자. "괜찮아. 좋아. 긴장하지 말고, 찡그리지 말고. 그래. 잘하고 있어." 이 말을 1분 동안 매우 느리게 되풀이해보자.

몇 분 뒤, 눈 근육이 그대로 따라 하는 것을 눈치채지 못했는가? 이런 조언들이 긴장을 없앤 것을 느끼지 못했는가? 글쎄, 믿기 어려울지도 모르겠지만 이미 1분 사이에 휴식을 취하는 방법의 주요 비결을 잠깐 경험해보았다. 똑같이 턱, 얼굴 근육, 목, 어깨, 전신에 적용해볼 수 있다. 하지만 무엇보다 가장 중요한 신체 기관은 눈이다. 시카고 대학의 에드먼드 제이컵슨 박사는 만약 눈의 근육을 완전히 풀 수 있다면 모든 근심을 잊어버릴 수 있다고 말했다. 신경성 불안을 푸는 데도 눈이 가장 중요하다. 그 이유는 몸이 사용하는 신경 에너지 전체의 4분의 1을 눈이 사용하기 때문이다. 시력이 아주 좋은 사람들이 눈의 피로를 더 많이 느끼는 이유도 바로 이 때문이다. 그들은 눈을 긴장시키고 있는 것이다.

유명한 소설가 비키 바움은 어렸을 때 어떤 노인을 만났는데, 그 노인에게서 이전에는 배운 적 없는 아주 중요한 교훈을 배웠다. 바움은 넘어지면서 무릎이 쓸리고 손목을 다쳤다. 한때 어릿광대였던 그 노인이 그녀를 일으켜 먼지를 털어주면서 이렇게 말했다. "네가 다친 이유는 긴장을 푸는 법을 몰라서란다. 오래되고 구겨진 양말처럼 축 늘어진 시늉을 해야 한단다. 내가 어떻게 하는지 보여줄 테니 이리 와보렴."

노인은 비키 바움과 다른 아이들에게 넘어지는 법, 몸을 뒤집는 법, 다시 일어나는 법을 가르쳐주었다. 그리고 계속 강조했다. "자신을 오래되고 구겨진 양말이라고 생각하렴. 그리고 반드시 꼭 긴장을 풀어야 한단다."

당신이 어디에 있든 짬짬이 쉴 수 있다. 단지 쉬려고만 해서는 안 된다. 휴식은 모든 긴장과 노력이 없어지는 상태다. 편하게 쉬어야 한다는 생각을 하자. '그래, 그래, 괜찮아. 휴식을 취하는 거야'라고 되새기면서 눈과 얼굴 근육을 풀어주는 것부터 시작하자. 얼굴 근육에서 나온 에너지를 몸 가운데로 흘려보내는 것을 느껴보자. 아기처럼 긴장이 없는 상태라고 생각해보자.

이 방법은 뛰어난 소프라노 갈리쿠르치가 하던 것이다. 헬렌 젭슨은 공연 전에 갈리쿠르치가 근육을 편안하게 하고 아래턱을 축 늘어뜨려서 실제로 턱이 처지도록 하고서는 앉아 있는 것을 보곤 했다고 말했다. 그렇게 함으로써 그녀는 무대에 오르기 전에 긴장하지 않도록 연습했다. 피로가 쌓이지 않도록 한 것이다.

여기에 휴식을 취하는 다섯 가지 방법이 있다.

1. 데이비드 해럴드 핑크가 쓴 책으로 이런 주제에 관해서는 최고의 권위를 자랑하는 《불안과 긴장으로부터 해방되기》라는 책을 읽어보라.

2. 짬짬이 쉬어라. 몸을 오래된 양말처럼 축 늘어뜨려라. 나는 일할 때 낡은 밤색 양말을 책상 위에 두고서 축 늘어져 있어야 한다고 상기시킨다. 만약 양말이 없을 때는 고양이로 대신할 수도 있다. 화창한 날, 자고 있는 새끼 고양이를 들어 올려본 적 있는가? 만약 해보았다면 고양이의 머리와 꼬리가 젖은 신문처럼 축 늘어져 있는 것을 보았을 것이다. 심지어 인도에 있는 요가 수행원들도 마음을 안정시키는 법을 체득하고 싶다면 고양이를 공부하라고 했다. 나는 고양이가 한 번도 지쳐 있거나 신경쇠약에 걸렸거나 불면증, 걱정, 위궤양에 걸린 것을 본 적이 없다. 고양이가 쉬는 법을 보고 배운다면 아마도 이런 것들을 피할 수 있을 것이다.

3. 가능한 한 편안한 자세로 일해라. 몸에 있는 긴장은 어깨를 아프게 하고, 신경성 불안을 만들어낸다는 사실을 기억하라.

4. 하루에 4~5회 스스로를 점검하고 이렇게 물어보라. '원래 해야 하는 것보다 내가 일을 더 힘들게 하고 있나? 지금 하고 있는 일과 관련 없는 근육을 쓰고 있는가?' 이런 생각은 쉬는 습관을 만드는 데 도움이 될 것이다. 해럴드 박사는 이렇게 말했다. "심리학에 대해 잘 아는 사람들을 살펴보면, 2명 중 1명은 이를 습관화하고 있다."

5. 일을 끝내고 나면 스스로에게 이렇게 물어보라. '내가 어떻게 피곤해졌지? 피곤하다면 정신적인 업무 때문이 아니라 내가 일을 한 방법 때문이다.' 대니얼 W. 조슬린은 이렇게 말한다. "나는 하루를 마감할 때 내가 얼마나 피곤한가가 아니라 얼마나 피곤하지 않은가로 그날의 성과를 판단한다. 일과를 마쳤을 때 내가 특별히 피곤하거나 짜증이 나서 피로할 때는 그날 하루는 질적으로나 양적으로 비효율적인 하루였다고 판단한다." 만약 모든 비즈니스맨들이 이 같은 교훈을 안다면 고혈압으로 인한 사망률은 하루아침에 뚝 떨어질 것이다. 그리고 우리는 요양원과 정신병원을 피로와 걱정 때문에 망가진 사람들로 채우지 않아도 될 것이다.

가정주부가 피로를 방지하고
젊음을 유지하는 방법

작년 가을 어느 날, 한 동료가 세상에서 가장 특이한 모임에 참석하기 위해 비행기를 타고 보스턴으로 날아갔다. 의학 모임? 글쎄, 그렇긴 하다. 그 모임은 보스턴 진료소에서 일주일에 한 번 열리며, 모임에 참석하는 환자들은 모임 전에 정기적이고 철저한 건강 검진을 받는다. 하지만 실제로 이 의학 모임에서는 정신과적 문제를 치료한다. 비록 그 모임이 공식적으로는 '생각 조절 교실(Thought Control Class)'이라는 이름을 갖고 있고, 한때는 초창기 회원의 제안으로 '응용 심리학 교실'로 불리기도 했지만, 이 모임의 실제 역할은 걱정 때문에 몸이 아픈 사람들을 치료하는 것이다. 그리고 환자의 대부분은 가정주부들이었다.

걱정을 치료해주는 교실의 시초는 어떠했을까? 1930년 당시 윌리엄 오슬러 경의 제자로 수학 중이던 조셉 H. 프래트 박사는 보스턴 진료소를 찾는 많은 환자들이 신체적으로 문제가 없음에도 불구하고 실제 거의 모든 종류의 신체적 통증을 호소하는 상황을 목격했다. 한 여성은 '관절염'으로 손이 모두 굽어 전혀 쓸 수 없게 되었고, 또 다른 여성은 너무나 고통스러운 '위암' 증상 때문에 고통받고 있었다. 다른 이들도 허리 통증과 두통, 만성피로와 둔탁한 통증과 고통을 호소했다. 그들은 실제로 그 통증을 느끼고 있었다. 하지만 아무리 철저하게 검사했지만 이 여성들에게서 신체적인 문제점은 찾을 수 없었다. 기존의 의학적 상식에서 벗어나지 못한 의사들은 그러한 통증이 단지 마음에서 비롯되는 상상일 뿐이라고 말했다.

하지만 프래트 박사는 환자들에게 "그냥 집에 가서 다 잊어버리세요"라고 말하는 것으로는 아무 도움이 될 수 없다는 사실을 깨달았다. 그는 어떤 환자도 아프기를 원하지 않는다는 사실을 알고 있었다. 그런 한마디 말로 쉽게 사라지는 고통이라면 그들이 병원을 찾을 이유도 없었다. 그렇다면 프래트 박사는 그 여성들을 어떻게 치료했을까?

의학적인 효과를 의심하는 사람들의 회의적인 시선에도 불구하고 박사는 치료 교실을 시작했다. 그런데 치료 교실의 효과는 대단했다! 문을 연 지 18년이 지난 지금, 수천 명의 환자들이 참여했고 병을 이겨냈다. 어떤 환자들은 마치 교회에 나가는 것처럼 종교적인 태도로 수년째 참여하고 있다. 내 조수는 9년 동안 단 한 번도 치료 교실에 빠지지 않았던 어떤 환자와 이야기를 나누었다. 그 여성은 치료 교실에 참여할 때 자신이 유주신(신장이 생리적 이동 허용 범위를 넘어서 상하로 이동하는 병—옮긴이)과 심장 질환을 앓고 있다고 굳게 믿고 있었다. 너무 걱정하고 긴장한 탓에 가끔 아무것도 보이지 않는 때도 있었다.

하지만 지금 그녀는 자신감 넘치고 밝으며, 건강 상태도 매우 좋다. 외모는 마흔 살 정도로 보이는데, 놀랍게도 무릎에는 손자가 팔에 안겨 곤히 자고 있었다. 그녀는 이렇게 말했다. "옛날에는 집에 문제가 생기면 하도 걱정을 많이 해서 이렇게 걱정하느니 차라리 죽는 게 낫겠다고 생각했죠. 하지만 이 병원의 치료 교실에서 걱정이 아무런 도움이 안 된다는 걸 배웠어요. 그리고 걱정을 멈추는 법을 배웠죠. 지금 제 삶은 너무나 평온하답니다."

치료 교실의 담당 의사인 로즈 힐퍼딩 박사는 걱정을 줄이는 최고의 방법은 "믿을 수 있는 사람에게 고충을 털어놓는 것"이라고 밝혔다. 그러면서 이렇게 말했다. "우리는 그 방법을 '정화법'이라 부르는데, 환자가 이곳에 와서 본인의 힘든 점을 마음에서 털어낼 때까지 오랫동안 얘기하는 거죠. 혼자서 계속 걱정거리를 붙잡고 있으면 결국 신경이 곤두섭니다. 걱정이 있다면 다른 사람과 나눠야 합니다. 이 세상 어딘가에 내 이야기를 기꺼이 들어주고, 나를 이해해주는 사람이 있다는 사실을 느낄 수 있어야 합니다."

내 조수는 자신의 걱정거리를 다른 사람들에게 얘기함으로써 크게 호전된 여성을 직접 목격했다. 그 여성은 가정에 문제가 있었는데, 처음 얘기를 시작할 때는 매우 긴장해 몸이 움츠러든 상태였다. 하지만 찬찬히 얘기를 풀어나가면서 점차 평온해졌다. 대화가 끝날 때쯤에는 얼굴에 미소를 띠기까지 했다.

그 여성의 문제는 이미 다 해결되었던 것일까? 그렇지는 않다. 그렇게 쉬운 문제는 아니었다. 누군가에게 얘기를 하는 동안 얻은 사소한 충고와 인간적인 위로가 그녀를 변화시켰다. '말'을 통한 엄청난 치유력이 그녀를 변하게 만들었다.

정신분석은 일정 수준까지 말의 치료 능력에 바탕을 둔다. 프로이트의 이론이 인정받게 된 이후, 정신분석학자들은 환자들이 걱정을 다른 사람에게 이야기하는 것만으로도 내면의 고통으로부터 벗어날 수 있다는 사실을 알게 되었다. 왜 그런 것일까? 아마도 말을 하면서 스스로 자신의 문제점에 대해 좀 더 깊은 성찰을 하게 되고, 더 잘 이해하게 되기 때문일 것이다. 세상의 문제에 대해 답을 모두 알고 있는 사람은 없다. 하지만 '마음속에 있던 감정을 말로 내뱉어 버리거나 후련하게 털어 버리면' 바로 편안한 기분이 든다는 것은 누구나 알고 있다.

감정적인 문제가 생기면 주변을 둘러보고 그 얘기를 털어놓을 만할 만한 상대를 찾아보는 건 어떨까? 그렇다고 눈에 띄는 아무한테나 떼쓰고 불평하면서 험한 모습을 보이라는 것은 아니다. 믿을 수 있는 사람을 정하고 그 사람과 약속을 잡아보자. 그 사람은 친척이나 의사, 변호사, 목사 혹은 신부일 수 있다. 그리고 그 사람에게 이렇게 이야기하라. "저에게는 당신의 조언이 필요합니다. 제게는 문제가 있는데, 제 말을 들어줄 사람이 필요합니다. 당신은 저에게 조언을 해줄 수 있습니다. 제가 스스로 볼 수 없는 문제를 당신이 찾아내 줄지도 모르니까요. 하지만 뭔가를 찾아내지 못하시더라도 그냥 앉아서 제 얘기를 들어만 주셔도 저에게는 큰 도움이 될 거예요."

하지만 만약 그런 이야기를 할 사람이 진정으로 한 명도 없다면, 보스턴 진료소와는 아무런 관계가 없지만 인명구조연맹이라는 단체를 추천하고자 한다. 인명구조연맹은 세계적으로도 가장 독특한 단체다. 본래는 예방 가능한 자살을 방지하려는 목적으로 설립되었지만, 시간이 흐르면서 불행하거나 감정적으로 도움이 필요한 사람들의 심리 문제를 상담해주면서 전담 영역을 넓혔다. 나는 인명구조연맹에 도움을 받기 위해 찾아오는 사람들과 상담하는 로나 B. 보넬과 몇 차례 이야기를 나누었다.

그녀는 이 책의 독자들로부터 상담 편지를 받는다면 기꺼이 답장하겠다고 밝혔다. 편지 내용은 비밀로 다루어질 것이다. 솔직히 더 큰 위로가 필요하다면 가능한 한 다른 사람에게 직접 얘기해보라고 조언하고 싶다. 하지만 그럴 수 없는 상황이라면 이 단체로 편지를 써보는 것도 나쁘지 않은 선택이다. 이 단체의 주소는 The Save-a-Life League, 505 Fifth Avenue, New York City, USA이다.

요약하면 보스턴 진료소에서 사용하는 주요 심리 치료법 중하나는 고민을 말로 털어놓기다. 하지만 그 외에도 가정주부들이 집에서 활용할 수 있는 몇 가지 방법이 있다.

1. 읽으면 '영감을 얻을 수 있는' 자신만의 공책이나 스크랩북을 한 권씩 만들어보라. 그 안에는 관심이 있거나 개인적으로 기분 좋게 해주는 모든 종류의 시나 짧은 기도문,

인용구를 붙여 넣는다. 그러고 나서 어느 비 오는 오후, 기분이 가라앉는다면 그 책에서 우울함을 없애는 치료법을 찾을 수 있을 것이다. 치료 교실을 찾는 많은 환자들은 수년간 자신만의 스크랩북을 만들어오고 있다. 그들은 그 책이 정신적인 '활력소'라고 말한다.

2. 다른 사람들의 단점에 지나치게 집착하지 마라. 절대로 당신의 남편은 완벽하지 않다. 만약 남편이 성인(聖人)이었다면 당신과 결혼하는 일 따위는 없지 않았겠는가? 매사에 호통치고 잔소리하는 성난 얼굴의 가정주부로 변해가는 자신의 모습을 발견한 한 여성은 어떤 질문을 하자 갑자기 정지 상태가 되었다. 그 질문은 바로 이것이다. "만약 남편이 죽으면 어떻게 할 건가요?" 생각만으로도 너무 충격을 받은 그녀는 즉시 남편의 좋은 점들을 적더니 결국 꽤나 긴 목록을 만들어냈다. 이 책의 독자들도 남편이 인색한 폭군처럼 느껴질 때 이 여성처럼 해보는 건 어떨까? 아마도 남편의 좋은 점들을 읽어 내려간 후에는 이 남자는 역시 내 남편감이 될 만한 사람이라고 다시 한번 깨닫게 될 것이다.

3. 당신의 이웃들에게 관심을 가져보라. 같은 동네에서 함께 살아가는 사람들에게 친근하고 건강한 관심을 가져라. 자신이 너무나 '배타적'이어서 단 한 명의 친구도 없다고 느끼는 어떤 여성 환자가 있었다. 그녀에게 만나는 사람에 대해 얘기를 지어내 보라고 말했다. 그녀는 전차에서

만난 사람들의 성장 배경과 환경에 대한 이야기를 엮는
것부터 그 사람들이 어떻게 살아왔는지 상상해내려고 애
썼다. 그러자 그녀는 어디에서든 다른 사람들과 이야기
를 나누게 되었고, 지금은 고통을 극복해낸 행복하고 조
심성 있으며 매력적인 사람으로 살고 있다.

4. 잠자리에 들기 전에 내일 해야 할 일들을 계획하라. 치료
교실을 진행하면서 많은 가정주부들이 끝없는 집안일과
잡무에 쫓기는 느낌을 받거나 괴로움을 느낀다는 사실을
알아냈다. 주부들은 절대 그 모든 일을 다 끝낼 수 없다.
항상 시간에 쫓긴다. 이런 분주함과 걱정을 없애기 위해
주부들에게 매일 밤 다음 날의 계획표를 작성해보도록
제안했다. 그랬더니 어떤 일이 일어났을까? 계획표를 작
성하자 주부들은 실제로 더 많은 일을 할 수 있었다. 피로
는 줄고 자신감과 성취감은 커졌다. 그리고 휴식과 '멋 내
는' 시간이 생겼다. 모든 여성은 몸단장을 하고 예뻐 보이
는 데 하루 중 일정 시간을 할애해야 한다(내 개인적인 견해로
여성들은 자신이 예쁘다고 느낄 때 신경적으로 덜 예민하다).

5. 마지막으로 긴장과 피로를 피하라. 긴장을 풀고! 편안하
게! 긴장과 피로만큼 늙어 보이게 하는 것은 없다. 화사
함과 멋진 외모에 그만 한 타격은 없다. 내 조수는 보스턴
치료 교실에서 폴 E. 존슨 교수가 이미 앞 장에서 다루었
던 긴장을 푸는 규칙들에 대한 강의를 할 때 한 시간 동
안 참가했다. 다른 참가자들과 똑같이 긴장을 풀어주는

운동을 10분 정도 하고 있던 조수는 운동을 하고 나서는 의자에 똑바로 앉은 채 거의 잠이 들었다고 한다! 신체적으로 긴장을 푸는 게 왜 그렇게 중요하게 여겨지는 걸까? 바로 모든 의사들이 알고 있듯이 걱정 때문에 꼬여 있는 몸의 부분들을 풀어주면 사람들은 긴장을 풀 수밖에 없기 때문이다!

그렇다. 가정주부들은 긴장을 풀어야만 한다! 가정주부로서 한 가지 좋은 점이 있다면, 원할 때는 언제든지 누울 수 있다는 것이다. 그것도 거실 바닥에 누울 수 있다. 이상하게 들리겠지만, 충분히 딱딱한 바닥이 스프링이 든 침대보다 긴장을 풀기에 더 좋다. 바닥에 누우면 몸이 더 강한 힘을 받는다. 그게 척추에 더 이롭다.

그렇다면 집에서 할 수 있는 몇 가지 운동들을 살펴보자. 일주일 동안 이 운동을 해보고 달라진 표정과 기분을 살펴보기 바란다.

1. 피곤하다고 느낄 때마다 바닥에 등을 대고 반듯이 누워라. 최대한 길게 몸을 늘려라. 뒹굴고 싶다면 뒹굴어도 좋다. 하루에 두 번씩 이 운동을 하라.
2. 눈을 감아라. 존슨 박사가 조언한 대로 이렇게 말하는 것도 방법이다. "태양이 머리 위에서 빛나고 있다. 하늘은 파랗게 반짝인다. 자연은 고요하며 세상을 다스리고 있다.

자연의 후손인 나는 우주와 조화롭게 살아간다." 아니면 이보다 더 멋진 정적인 기도문을 외워보는 것도 좋다.

3. 만약 요리하는 도중이라거나 도저히 시간을 낼 수가 없어서 바닥에 눕기 어렵다면 의자에 앉아서 거의 똑같은 효과를 얻을 수 있다. 딱딱하고 등받이가 높은 의자가 긴장을 풀기에는 제격이다. 등을 세우고 고대 이집트 석상의 인물처럼 앉은 다음, 손바닥을 아래로 향하게 하여 허벅지 위에 편안히 놓는다.

4. 이제 천천히 발가락에 힘을 주고 다시 힘을 푼다. 다리 근육을 긴장시켰다가 다시 이완시킨다. 이런 동작을 신체 위쪽으로 계속해나가는데, 온몸의 근육을 사용해서 목 부위에 이를 때까지 계속한다. 그리고 머리가 축구공이라도 되는 것처럼 크게 돌린다. 그러면서 앞 장에서 설명한 바와 같이 근육들에게 이렇게 말한다. "긴장을 풀어라. 긴장을 풀어라."

5. 느리고 안정적으로 숨을 쉬어 신경을 가라앉혀라. 깊은 곳으로부터 심호흡하라. '규칙적인 호흡은 신경을 안정시키는 최고의 치료법이다'라는 인도의 요가 수행자들의 생각은 틀리지 않았다.

6. 얼굴에 생긴 주름살과 찡그릴 때 생기는 표정 주름을 생각해보고 매끈하게 펴라. 걱정할 때마다 미간과 입술 양 옆에 잡히는 주름살을 풀어주자. 하루에 두 번씩 하면 마사지를 받으러 갈 필요가 없어질지도 모른다. 아마도 주름은 흔적도 없이 사라질 것이다!

피로와 걱정을 예방해줄
직장에서의 4가지 습관

좋은 업무 습관 1
지금 처리해야 하는 업무와 관계있는 서류만 책상 위에 올려두어라

시카고 앤 노스웨스턴 철도의 사장인 롤란드 L. 윌리엄스는 말한다. "온갖 잡다한 업무에 관련된 서류들로 가득 쌓여 있는 책상보다는 지금 하고 있는 업무에 관한 서류만 놓여 있는 책상에서 더 쉽고 정확하게 일할 수 있다."

워싱턴에 있는 국회도서관을 방문하면 시인 알렉산더 포프가 남긴 문장을 천장화에서 발견할 수 있다.

"질서는 하늘의 제1법칙이다(Order is Heaven's first law)."

질서는 회사에서도 제1의 법칙이 되어야만 한다. 하지만 정말 그러한가? 그렇지 않다. 일반적으로 사무직 직원의 책상은 몇 주째 들여다보지 않는 서류들로 어수선하다. 뉴올리언스에 있는 한 신문 출판업자는 비서가 자신의 책상을 정리하고 나서야 2년간 잃어버린 줄 알았던 타자기를 찾았다고 내게 말한 적 있다!

아직 답장을 받지 못한 편지와 보고서와 메모들로 어지러운 책상을 쳐다보는 것만으로도 혼란, 긴장, 걱정이 생긴다. 그리고 그보다 더 나쁜 것은 바로 '산더미처럼 쌓인 일과 그 일을 처리할 시간이 없는 상태'다. 그런 상황을 되풀이해서 생각하다 보면, 그 걱정 때문에 긴장과 피로가 생길 뿐 아니라 고혈압과 심장 질환, 그리고 위염 증상까지 일으킬 수 있다.

미국 펜실베이니아 대학의 의과대학원 교수인 존 H. 스토크스 박사는 미국의학협회 전국 모임에서 〈기질적 질환의 합병증으로서의 기능적 신경증〉이라는 논문을 발표했다. 그 논문에서 스토크스 박사는 '환자의 심리에서 찾아야 할 것'이라는 제목으로 11개의 목록을 만들었다. 그 첫 번째가 '의무감 혹은 책임감'인데, 끝내야 하는 일이 연속적으로 계속 생길 때 환자가 느끼는 감정이라고 설명했다.

하지만 책상을 치우거나 결단을 내리는 것처럼 기본적인 조치들이 어떻게 '꼭 끝내야 하는 계속되는 업무'와 같은 의무감에서 오는 심리적 압박을 피하는 데 도움이 될까?

유명한 정신과 의사인 윌리엄 L. 새들러 박사는 단순한 방법으로 신경쇠약을 예방할 수 있었던 환자의 이야기를 들려준다. 그 환자는 시카고에 있는 큰 회사의 임원이었다. 새들러 박사의 상담실을 찾았을 때, 그 남성은 긴장되고 초조하며 걱정이 많은 상태였다. 이대로 가다가는 심각한 상황이 되리라는 걸 알고 있지만, 일을 그만둘 수는 없다고 했다. 그는 도움이 필요했다.

"그 남성이 나에게 자기 얘기를 하고 있는데, 전화기가 울렸죠. 병원에서 온 전화였는데, 상담 뒤로 미루지 않고 바로 시간을 좀 내어 결정을 해줬습니다. 저는 가능한 한 그 자리에서 문제를 해결합니다. 전화를 끊자마자 두 번째 전화벨이 울렸죠. 역시나 긴급한 일이었고, 또 시간을 내어 이야기했어요. 그다음으로는 한 동료가 심각한 상태의 환자에 대한 조언을 구하려고 제 상담실로 찾아왔더군요. 그 동료와 얘기를 마치고서야 상담실에 있던 그 남성에게로 몸을 돌려 기다리게 해서 죄송하다고 사과했습니다. 하지만 그 남성의 표정은 이미 밝아져 있었어요. 처음과는 완전히 다른 표정을 하고 있더군요."

"사과하지 않으셔도 됩니다, 선생님." 그 남성이 새들러 박사에게 말했다. "좀 전의 그 10분 동안 제 자신의 문제가 뭔지 깨달은 듯합니다. 저는 사무실로 돌아가 업무 습관을 바꾸려고 합니다. (…) 그런데 그전에 혹시 선생님의 책상을 좀 볼 수 있을까요?"

새들러 박사는 자신의 책상 서랍을 활짝 열었다. 문구류 빼고는 아무것도 없었다. 그 환자가 입을 열었다. "끝내지 못한 서류는 어디에 보관하세요?"

"다 끝냈지요!" 새들러가 대답했다.

"그리고 아직 회신하지 못한 편지는요?"

"모두 답장했습니다!" 새들러 박사가 그에게 말했다. "저는 절대로 답장하기 전에는 편지를 책상에 내려놓지 않는답니다. 편지를 읽고 나서 즉시 비서에게 답장을 받아 적도록 시키지요."

6주 후, 그 남성이 새들러 박사를 자신의 사무실로 초대했다.

그는 바뀌었고, 그의 책상도 변해 있었다. 그는 책상 서랍들을 열어 그 안에 밀린 서류들이 없다는 것을 보여주었다. 그 남성이 말했다. "6주 전에 저는 두 군데 사무실에서 세 개의 책상을 쓰고 있었죠. 그 책상들 모두 서류들이 눈처럼 뒤덮고 있었어요. 절대로 그 일을 다 끝낸 적이 없어요. 박사님을 만난 후 저는 수레를 가득 채울 만큼 많은 양의 보고서와 서류들을 치워버렸어요. 이제 저는 책상을 하나만 쓰고, 일이 생기면 바로 처리하기 때문에 못 끝낸 업무를 산더미처럼 쌓아놓고는 나 스스로를 초초하고 긴장하게 하거나 걱정하게 만들지 않습니다. 하지만 가장 놀라운 일은 제 건강이 완전히 회복됐다는 사실입니다. 제 건강에는 아무런 문제가 없습니다!"

미국 대법원장을 지낸 찰스 에번스 휴즈 판사는 이렇게 말했다. "너무 열심히 일해서 죽는 사람은 없다. 힘을 방탕하게 소진하거나 지나치게 걱정하다가 죽는다." 그렇다. 자신의 힘을 다 써버리고는 맡은 일을 절대로 다 해낼 수 없을 거라고 걱정하다가 죽는 것이다.

좋은 업무 습관 2
중요한 순서대로 일을 처리하라

전국적으로 지점을 갖고 있는 시티즈 서비스 컴퍼니의 설립자인 헨리 L. 도허티는 급여를 아무리 많이 준다 해도 직원들에게서 좀처럼 찾아보기 어려운 능력이 두 가지 있다고 말했다. 값을 매기기 어려울 정도로 중요한 그 두 가지 능력 중 첫 번째는 생각하는 능력, 그리고 두 번째는 중요한 순서대로 일할 줄 아는 능력이다.

찰스 럭맨은 평사원으로 입사해 12년 후에 펩소던트 사의 사장이 되었는데, 연봉으로 몇십만 달러를 받고 그 외적으로도 100만 달러를 벌어들였다. 이 청년은 자신이 성공할 수 있었던 이유로 헨리 L. 도허티가 말했던 거의 찾기 힘든 두 가지 능력을 계발한 덕분이라고 자신 있게 말한다. 찰스 럭맨은 이렇게 말했다. "제가 기억하는 한, 저는 평생 새벽 5시에 일어나는 사람입니다. 왜냐하면 하루 중 어느 때보다 그때 좋은 생각을 할 수 있거든요. 생각을 잘할 수 있기 때문에 하루의 계획을 세우고, 중요한 순서에 따라 일을 처리할 계획을 세웁니다."

미국에서 가장 성공한 보험 판매원인 프랭클린 베트거의 경우에는 하루의 계획을 세우기 위해 다음 날 아침 5시까지 기다리지 않는다. 그는 전날 밤 자신의 목표를 세운다. 즉 다음 날 판매할 보험의 개수를 정하는 것이다. 만약 목표를 달성하지 못하면 그만큼의 판매량을 다음 날에 더하고, 계속 그런 식으로 판매량을 늘려간다.

내 오랜 경험에 비춰 생각해보면 언제나 중요도에 따라서 일을 처리할 수는 없다. 하지만 우선순위를 정하는 계획을 세우고 일하는 편이 즉흥적으로 일하는 것보다는 상상도 할 수 없을 정도로 좋은 결과를 낸다.

만약 조지 버나드 쇼가 엄격하게 우선순위를 지켜야 한다는 규칙을 정하지 않았다면, 그는 작가가 되기는커녕 평생 은행 직원으로 남았을 것이다. 그의 글쓰기 계획에 따르면, 버나드 쇼는 하루에 다섯 페이지씩 글을 써야 했다. 계획을 세우고, 그 계획을 실천해나가는 완고한 의지가 있었기에 조지 버나드 쇼는 은행 직원으로 생을 마감하지 않을 수 있었다. 비록 9년 동안 그가 벌었던 돈이 30달러고 하루로 치면 고작 1페니 정도였지만, 그 계획이 있었기에 조지 버나드 쇼는 길고 힘들었던 9년 동안 하루도 쉬지 않고 하루에 다섯 페이지씩 계속해서 글을 쓸 수 있었다.

좋은 업무 습관 3
문제에 직면했을 때 결정에 필요한 사실들을 알고 있다면
바로 그 자리에서 해결하라. 결정을 미루지 마라

내 강좌 수강생이던 H. P. 하웰은 US스틸에서 이사로 재직하던 시절, 이사회에 참석하면 많은 안건들이 논의되지만 결론은 거의 나지 않고 질질 끌기만 했다고 말했다. 그 결과 이사회에 참석한 사람들은 다시 검토해야 할 보고서 뭉치를 집에 들고 가서 읽어야 했다.

마침내 하웰은 한 번에 한 가지 문제만 처리하고 결론을 내리자고 이사회를 설득했다. 이후 하웰의 의견대로 이사회가 진행되자 지연되는 일도, 미루는 일도 없었다. 결정이 내려지면 추가적으로 필요한 사항이 생길 수도 있었다. 해야 할 다른 일이 생기거나 없을 수도 있었다. 하지만 다른 문제로 넘어가기 전에 앞서 다룬 문제에 대한 결정은 내려졌다. 하웰의 말에 따르면, 그 결과는 놀랍고 유익했다. 회의 안건은 모두 처리되었다. 연중 행사표는 군더더기 없이 깔끔해졌다. 이사회에 참석하는 사람들은 더 이상 집으로 보고서 뭉치를 들고 갈 필요가 없었다. 미해결 문제에 대한 걱정도 사라졌다.

이 규칙은 US스틸의 이사회뿐 아니라 우리 모두에게 아주 좋은 규칙이다.

좋은 업무 습관 4
업무를 조직하고, 위임하고, 관리하는 법을 배워라

많은 직장인들이 자신이 맡은 일을 위임하는 방법을 배우지 못하고, 모든 일을 혼자서 하겠다고 고집하다가 결국 이러지도 저러지도 못하는 상황에 처하는 경우들이 발생하고 있다. 그 결과 업무의 세부적인 사항들에 파묻혀 어떻게 해야 할지 몰라 허둥댄다. 성급함과 걱정, 두려움, 긴장감에 사로잡힐 뿐이다. 책임을 위임하는 법을 배우는 것은 쉽지 않다. 나도 알고 있다. 나도 어려웠다. 지독히도 어려웠다. 적합하지 않은 사람에게 권한을 위임할 경우 어떤 재앙이 발생하는지도 경험으로 알고 있다. 하지만 권한을 위임하는 것이 어려운 만큼 임원이라면 염려, 긴장, 피로를 방지하기 위해서 그런 일도 할 수 있어야 한다.

큰 사업체를 일구고도 업무를 조직하고 위임하고 관리하는 법을 배우지 못한 이들은 대부분 50대나 60대 초반에 긴장과 염려로 인해 병에 걸려 세상을 떠난다. 정확한 예가 필요한가? 그렇다면 당신의 집에 있는 신문을 펼쳐 부고란을 살펴보라.

피로, 걱정, 화를 초래하는 지루함을
어떻게 막을 것인가

피로의 주요 원인 중 하나는 지루함이다. 이해를 돕기 위해 어느 동네에나 살고 있을 법한 앨리스라는 속기사의 이야기를 해보겠다. 어느 날 밤 앨리스는 완전히 지쳐서 집에 돌아왔다. 피곤한 듯 행동했고 실제로 피곤했다. 머리가 아프고 허리도 아팠다. 너무 지쳐서 저녁 식사도 안 하고 잠자리에 들고 싶었지만, 엄마가 권하는 바람에 겨우 식탁에 앉았다. 그때 전화벨이 울렸다. 남자 친구였다! 춤추러 가자는 제안이었다! 앨리스의 눈은 빛나기 시작했다. 기분이 한껏 좋아졌다. 2층으로 달려가 연한 회청색 드레스를 입고 외출한 앨리스는 새벽 3시까지 춤을 췄다. 그러나 집에 돌아왔을 때 앨리스는 전혀 지치지 않았다. 솔직히 말하자면 너무 기분이 들떠서 잠을 이룰 수 없었다.

바로 8시간 전 피곤해 보이고, 또 피곤한 듯 행동했던 앨리스는 정말 지쳤던 걸까? 물론 그녀는 지쳤다. 직장일이 지루하거나 혹은 인생이 따분해서 앨리스의 에너지는 고갈되어버렸다. 앨리스 같은 사람은 수없이 많다. 이 책을 읽고 있는 당신도 그 중 한 사람일지 모른다.

피로를 유발하는 데 신체적 활동보다 심리적 상태가 더 큰 영향을 미친다는 사실은 잘 알려져 있다. 몇 년 전에 조셉 E. 바맥 박사는 《심리학논집》에서 지루함이 어떻게 피곤을 유발하는지 보여주는 실험 보고서를 하나 발표했다. 바맥 박사는 한 그룹의 학생들에게 연속적으로 시험을 치르게 했는데, 이미 예상한 대로 학생들은 시험에 거의 흥미를 느끼지 못했다. 결과는? 학생들은 피곤과 졸음을 느꼈고, 두통과 눈의 피로를 호소했으며 짜증을 냈다. 배가 아픈 학생들도 있었다. 이 모든 현상이 '꾀병'이었을까? 아니었다. 실험에 참가한 학생들을 대상으로 신진대사 테스트를 실시했다. 테스트 결과 학생들이 지루함을 느끼면 실제로 혈압과 산소 소비량이 떨어졌고, 흥미나 즐거움을 느끼면 모든 신진대사가 활발해졌다.

사람들은 뭔가 재미있고 신나는 일을 할 때는 거의 피곤을 느끼지 못한다. 예를 들어 최근에 나는 캐나디안 로키산맥에 있는 루이즈 호수 근처로 휴가를 다녀왔다. 나는 코랄 크리크 강가 근처에서 송어 낚시를 하며 며칠을 보냈다. 나보다 키가 큰 덤불을 헤치고 나아가고, 통나무에 걸려 넘어지고, 쓰러진 고목과 씨름하기도 했는데, 그렇게 8시간을 보낸 뒤에도 나는 전혀 지치지 않았다. 왜 그랬던 것일까? 정말 즐겁고 신났기 때문이었다. 나는 얼룩무늬 송어를 여섯 마리나 잡아 커다란 성취감도 맛보았다. 그러나 낚시가 내게 따분한 일이었다면 내 기분이 어땠을지 상상해보라. 나는 2100미터 고도에서 그렇게 힘든 일을 하다가 완전히 뻗어버렸을 것이다.

심지어 등산처럼 힘든 활동에서도 등산과 관련된 고된 활동보다 지루함 때문에 우리는 훨씬 더 지친다. 예를 들어 미니애폴리스 주에 있는 농공저축은행의 S. H. 킹맨 은행장은 이와 관련된 일화를 내게 들려주었다. 1943년 7월에 캐나다 정부는 캐나다 산악인 클럽에 왕실 친위대 소속 군인들의 등반 활동을 훈련해줄 가이드 몇 명을 지원해달라고 요청했다. 킹맨도 군인들을 안내할 가이드 중 하나로 뽑혔다. 킹맨은 나에게 자신을 포함해 42세에서 59세 사이에 이르는 가이드들이 어떻게 그 젊은 군인들을 데리고 빙하와 눈밭을 건너고, 밧줄에 의지한 채 작은 구멍에 발을 끼우면서 12미터의 가파른 높이의 절벽 위로 올라갔는지 말해주었다. 일행은 캐나디안 로키산맥에서 두 번째로 높은 마이클스 봉과 리틀 요호 계곡에 있는 이름 모를 여러 봉우리들을 올랐다. 튼튼하고 젊은 군인들조차 (힘들다고 소문난 6주짜리 코만도 특공 훈련도 막 마치고 돌아온 군인들이었다) 15시간에 걸쳐 등반한 뒤에는 완전히 탈진해버렸다.

코만도 특공 훈련에서 단련하지 못한 근육을 써서 피로가 엄습해온 것일까? 코만도 훈련을 겪어본 사람이라면 그런 바보 같은 질문에 콧방귀를 뀔 것이다! 군인들은 너무 지쳐 상당수가 먹지도 못하고 잠들어버렸다. 그럼 군인들보다 두세 배는 나이가 많은 가이드들도 탈진했을까? 가이드들도 지치긴 했지만 탈진할 정도로 지치지는 않았다. 가이드들은 저녁도 먹고 몇 시간 동안 그날 있었던 일에 대해 이야기도 나누었다. 등반 과정이 재미있었기 때문에 완전히 탈진할 정도로 지치지 않았던 것이다.

컬럼비아 대학의 에드워드 손다이크 박사는 피로에 대한 실험에서 참가자들에게 계속 흥미를 주면서 거의 일주일 동안 참가자들이 깨어 있도록 했다. 많은 연구 결과 손다이크 박사는 "지루함이야말로 실제 업무 능력을 감소시키는 유일한 원인이다"라고 보고했다.

정신노동자는 자기가 한 업무의 양 때문에 지치는 경우가 거의 없다. 오히려 제대로 못한 일 때문에 지친다. 예를 들어 지난주에 일이 제대로 안 된 날이 있었다면 그날을 떠올려 보라. 아무 회신도 없었다. 약속은 깨졌다. 여기저기에 문제가 발생했다. 그날 하루는 모든 게 엉망이었다. 뭐 하나 해놓은 일은 아무 것도 없으면서 머리는 지끈거리고 완전히 탈진한 채로 집에 돌아왔다.

그다음 날에는 모든 업무가 순조로웠다. 그래서 전날보다 40배는 더 많은 일을 해냈다. 그러고도 퇴근할 때는 오히려 새하얀 치자나무 꽃처럼 상쾌한 기분으로 집에 돌아왔다. 누구든 이런 경험이 있을 것이다. 나 역시 이런 경험을 했다.

여기서 얻은 교훈은? 일 자체 때문이 아니라 걱정, 좌절, 화로 인해 때때로 피로해진다는 사실이다.

이 장을 쓰는 중간에 나는 제롬 컨의 재미있는 뮤지컬 코미디 〈쇼 보트〉의 재공연을 보러 갔다. 코튼 블라섬 호의 앤디 선장은 철학적 의미를 담은 짧은 노래에서 "운이 좋은 사람이란 즐기면서 할 수 있는 일이 있는 사람이다"라고 말한다. 그런 사람들은 운이 좋다. 활력과 행복감은 더 많이 느끼면서 걱정이나 피로는 덜 느끼기 때문이다. 재미를 느낄 수 있다면 활력도 더 커진다. 매력적인 애인과 16킬로미터를 걷는 것보다 계속 잔소리를 해대는 아내와 10블록을 걷는 게 훨씬 피곤할 수 있다.

그럼 어떻게 해야 할까? 지루함에 어떻게 대처해야 할까? 여기 오클라호마 주 털사에 있는 한 정유 회사에서 일하는 속기사가 지루함에 어떻게 대처했는지에 대한 이야기가 있다. 그녀는 매달 며칠 동안은 정유 임대 양식지에 숫자와 통계 자료를 집어넣는 정말 지루하기 짝이 없는 일을 했다. 이 업무가 너무 지겨웠기 때문에 그녀는 자기방어 차원에서 지루한 업무를 재미있는 일로 바꾸기로 결심했다. 어떻게 했을까? 그녀는 매일 혼자 자신과 시합을 벌였다. 매일 오전 자신이 채운 양식지 숫자를 센 다음, 오후에는 오전에 세운 기록보다 더 많이 하려고 노력했다. 그리고 그날 채운 양식지의 숫자를 모두 합한 후 다음 날에는 그 기록을 깨려고 했다. 그 결과 어떻게 되었을까? 그녀는 그 부서에서 다른 어떤 직원보다 이 지루한 작업을 가장 많이 해낸 사람이 되었다. 그래서 그녀는 무엇을 얻었을까? 칭찬? 감사의 인사? 승진? 월급 인상? 모두 아니다. 그녀는 지루함 때문에 생기는 피로를 막을 수 있었다. 스스로 벌인 시합은 정신적 자극제가 되었다. 지루한 작업을 재미있는 일로 바꾸려고 노력한 덕분에 그녀는 더 많은 활력과 열정, 그리고 여가 시간이 주는 행복을 누릴 수 있었다. 나는 바로 그 속기사의 남편이라 이 이야기가 사실임을 알고 있다.

여기 업무가 재미있다고 생각하고 일했을 경우 어떤 보상이 따르는지 깨달은 또 다른 속기사에 대한 이야기가 있다. 그녀는 자기 업무가 고역이었다. 그러나 이제는 더 이상 그렇지 않다. 그녀는 일리노이 주 엘머스트 사우스 케닐워스 가 473번지에 사는 밸리 G. 골든이라는 여성이다. 그녀가 나에게 써준 이야기를 여기에 그대로 옮긴다.

"우리 사무실에 있는 네 명의 속기사는 다른 직원들로부터 서류를 받아 작성해주는 일을 하고 있습니다. 가끔 업무가 몰려 혼잡해지기도 했지요. 그러던 어느 날 차장이 내가 작성한 긴 서류 하나를 다시 해야 한다고 주장했고, 저는 반발했어요. 저는 그 서류를 다시 타이핑할 필요 없이 수정하면 된다고 열심히 설명했지만, 차장은 다시 하지 않으면 업무를 대신할 다른 직원을 알아보겠다고 쏘아붙였어요. 저는 정말 화가 났어요! 하지만 서류를 다시 작성하기 시작하면서 지금 제가 하고 있는 일을 하고 싶어 하는 사람이 정말 많다는 사실이 퍼뜩 떠올랐어요. 게다가 바로 그 일을 하면서 저는 보수까지 받고 있다는 생각도 들었고요.

그러자 점점 기분이 좋아지기 시작했어요. 비록 제가 싫어하는 일이라고 하더라도 그 일을 정말 즐거운 일인 것처럼 생각하기로 마음먹었어요. 제가 정말 즐기면서 일하면 어느 정도는 그 일을 즐기면서 할 수 있고, 즐기면서 일하면 좀 더 빨리 업무를 처리할 수 있다는 중요한 사실도 깨달았어요. 그래서 이제는 연장 근무를 할 필요가 거의 없어졌지요. 이런 새로운 마음가짐 덕분에 저는 일 잘하는 사원이라는 평도 얻었습니다. 그러자 어느 부서장이 개인 비서가 필요하다며 제게 그 자리를 제안해주셨어요. 초과 업무를 시켜도 제가 흔쾌히 맡아줄 사람이라면서 말이죠. 이번 일은 마음가짐을 바꾸는 게 얼마나 큰 힘을 발휘하는지를 발견하게 해준 사건이었어요. 정말 믿기지 않는 일이 벌어졌습니다!"

아마 의식하면서 한 일은 아니었을 것이다. 하지만 골든은 '마치 …인 것처럼'이라는 유명한 철학을 실천하고 있었다. 윌리엄 제임스는 사람들이 '정말 용감한 것처럼' 행동하면 실제로 용감해지고, '정말 행복한 것처럼' 행동하면 진짜 행복해진다고 조언했다. 맡은 일을 '정말 재미있는 것처럼' 생각하면 일이 진짜 즐거워진다. 그렇게 되면 피로나 긴장, 걱정도 줄어들게 된다.

할런 A. 하워드는 몇 년 전에 자신의 인생을 송두리째 변화시키는 결정을 내렸다. 그는 친구들이 공을 차거나 여자애들에게 장난치는 동안 고등학교 급식실에서 접시와 조리대를 닦고 아이스크림을 그릇에 나누어 놓는 지루하기 짝이 없는 일을 해왔다. 그런데 하워드는 이 지루한 일을 재미있는 일로 바꿔보기로 결심했다. 하워드는 자기 일이 싫었지만 어차피 해야 하는 일이었기 때문에 아이스크림이 어떻게 만들어지는지, 어떤 원료로 만드는지, 왜 어떤 아이스크림은 다른 아이스크림보다 맛있는지에 대해 공부했다. 아이스크림과 관련된 화학을 공부하자, 고등학교 화학 과정 전문가가 되었다. 나중에는 정말 식품과 관련된 화학에 흥미가 생겨 매사추세츠 주립대학에 입학해서 '식품공학'을 전공했다. 뉴욕 코코아 거래소에서 대학생들을 대상으로 코코아와 초콜릿 활용에 대해 100달러를 상금으로 수여하는 논문 공모전을 열었는데, 누가 수상했는지 상상해보라. 그렇다. 할런 하워드였다.

하워드는 취직이 어렵게 되자 매사추세츠 주 암허스트 노스 플레전트 가 750번지에 있는 자기 집 지하에 개인 연구소를 차렸다. 연구소를 차리고 얼마 지나지 않아 새 법이 통과되었다. 우유 제품 속에 들어 있는 박테리아 숫자를 반드시 파악해야 한다는 법이었다. 하워드는 곧바로 직원을 두 명 고용해서 암허스트에 있는 14개 우유 회사들의 제품에 들어 있는 박테리아 숫자를 셌다.

지금부터 25년 후 그는 어느 자리에 있게 될까? 현재 식품 화학 회사를 운영하고 있는 사람들이라면 그때쯤 은퇴하거나 사망하고, 그 대신 진취성과 열정을 발휘하는 젊은이들이 그 자리를 차지하게 될 것이다. 지금부터 25년이 지나면 할런 A. 하워드는 그 분야를 이끄는 지도자 중 한 사람이 되어 있을 테고, 반면 하워드가 팔던 아이스크림을 사먹던 친구들 중에는 취직도 못 한 채 자기에게는 단 한 번도 기회가 오지 않았다고 정부를 비판하고 불평하면서 지내는 사람도 있을 것이다. 할런 A. 하워드 역시 따분한 일을 재미있게 만들어보자는 결심이 없었더라면 어떤 기회도 잡지 못했을 것이다.

몇 년 전에 공장 작업대에 서서 볼트를 만드는 재미없는 일에 지루함을 느끼던 젊은이가 또 하나 있었다. 그의 이름은 샘이었다. 샘은 일을 그만두고 싶었지만 다시 취직을 못 할까 봐 두려웠다. 따분하지만 일을 해야 했기 때문에 샘은 이 따분한 일을 재미있게 만들어보자고 결심했다. 그래서 옆에서 기계를 돌리는 동료와 시합을 벌이기 시작했다. 한 사람이 기계로 볼트의 거친 표면을 다듬으면 다른 한 사람은 적당한 지름으로 볼트의 크기를 줄였다. 가끔 서로 기계를 바꾸면서 누가 가장 좋은 볼트를 생산해내는지 시합했다. 샘의 작업 속도와 정확도에 감명을 받은 작업반장은 곧 샘에게 더 좋은 일을 맡겼다. 이는 계속 이어진 승진의 시작에 불과했다. 본명이 새뮤얼 보클레인인 샘은 30년이 지난 후 볼드윈 로코모티브 웍스의 사장이 되었다. 하지만 만약 그가 따분한 일을 재미있게 만들어보자는 결심을 하지 않았더라면 평생 기계공으로 살아야 했을 것이다.

유명한 라디오 뉴스 해설가인 H. V. 칼텐본은 재미없는 일을 어떻게 재미있는 일로 바꾸었는지에 대한 이야기를 나에게 들려주었다. 그는 스물두 살 때 가축 수송선을 타고 소에게 사료와 물을 주는 일을 하며 대서양을 건넜다. 영국에서 자전거로 여행한 후 파리에 도착했을 때는 배고픈 빈털터리였다. 칼텐본은 카메라를 전당포에 맡기고 받은 5달러로 〈뉴욕 헤럴드〉지 파리 판에 구직 광고를 냈다. 그리고 구식 입체경을 판매하는 일을 하게 되었다. 40세 이상의 독자라면 눈앞에 똑같은 사진을 두 장 놓고 보던 구식 입체경을 기억할 것이다. 입체경을 보고 있으면 신기한 일이 생긴다. 입체경에 있는 두 개의 렌즈가 사진 두 장을 3차원 효과가 있는 한 장의 사진으로 변형시킨다. 사람들이 먼 곳을 응시하면 신기하게 원근감이 생기는 것이다.

다시 이야기로 돌아가자면, 칼텐본은 프랑스어를 전혀 할 줄 모르면서 파리 시내의 집집마다 돌아다니면서 이 기계를 팔기 시작했다. 그는 첫해에 수수료로 5000달러를 벌었고, 그해 프랑스에서 가장 돈을 많이 번 영업 사원이 되었다. 칼텐본은 그 경험을 통해 하버드에서 1년 공부한 것만큼이나 성공하는 데 필요한 자질을 많이 계발할 수 있었다고 말했다. 자신감이었을까? 이후에는 프랑스 주부들에게 의회 기록도 팔아치울 수 있을 것 같은 기분이 들었다고 내게 말했다.

그 경험으로 인해 칼텐본은 프랑스인의 삶을 더 깊이 이해할 수 있었고, 이는 후에 라디오에서 유럽 관련 사건들을 해설하는 데 귀중한 자산이 되었다.

칼텐본은 프랑스어를 전혀 하지 못하면서도 어떻게 영업 전문가가 될 수 있었을까? 그는 프랑스인 사장에게 영업용 문구를 완벽한 프랑스어로 적어달라고 했다. 그리고 그 글을 외웠다. 그가 초인종을 울리고 주부가 나오면, 칼텐본은 형편없고 우스꽝스러운 프랑스어 억양으로 영업용 문구를 말하기 시작했다. 사진들을 보여주다가 프랑스 주부가 질문을 하면 어깨를 으쓱하고는 다음과 같이 말했다. "미국인… 미국인." 그때 모자를 벗어 모자 안쪽에 붙여놓은 완벽한 프랑스어로 적힌 영업용 문구 복사본을 가리켰다. 그러면 프랑스 주부는 웃음을 터트렸고, 칼텐본도 웃으면서 더 많은 사진을 보여주었다. 칼텐본은 이런 이야기를 들려주면서 물건을 판매하는 일은 정말 쉽지 않았다고 고백했다. 자기가 이 어려운 일을 헤쳐나갈 수 있었던 데는 일을 재미있게 만들어보겠다는 굳은 의지가 있었기 때문이라고 말했다. 그는 매일 아침 일하러 가기 전에 거울을 보면서 자신에게 격려의 말을 건넸다. "칼텐본, 먹고살려면 이 일을 해내야 해. 어차피 해야 하는 일이라면 이왕이면 즐겁게 일하는 게 어때? 초인종을 울리는 순간마다 내 자신이 조명을 받고 있는 배우라 생각하고 관객들이 나를 보고 있다고 상상해봐. 그러면 지금 하는 일이 무대 위만큼이나 재미있게 느껴질 거야. 이 일에 재미와 열정을 가져봐."

칼텐본은 매일 스스로에게 건넨 격려의 말 덕분에 맘에 들지도 않고 두려웠던 일을 즐겁고 큰 수입도 안겨주는 멋진 모험으로 탈바꿈시킬 수 있었다.

성공을 열망하는 미국의 젊은이들에게 들려주고 싶은 조언이 있는지 물어보자, 그는 이렇게 말했다. "네, 매일 아침 스스로를 격려해주세요. 사람들은 아침에 반수면 상태를 깨워주는 신체적 운동이 얼마나 중요한지에 대해서는 이야기를 많이 합니다. 그러나 우리에게는 행동할 수 있게 자극을 주는 영적인 혹은 정신적 운동이 더욱더 필요합니다. 매일 스스로에게 응원의 말을 건네보세요."

스스로에게 매일 응원의 말을 하는 것이 바보스럽거나 유치하고 미신처럼 생각되는가? 전혀 그렇지 않다. 오히려 이는 심리학의 핵심 요소다. "우리의 삶은 우리가 생각한 대로 된다." 이 말은 마르쿠스 아우렐리우스가 자신의 책 《명상록》에 처음으로 썼던 1800년 전과 마찬가지로 오늘날에도 진실로 통한다.

매시간 자신에게 격려의 말을 건네면 용기와 기운이 생기고, 행복해지며, 마음이 평화로워진다. 감사해야 할 일에 대해 말하다 보면 즐거워지고, 노래라도 부르고 싶어진다.

흥미와 즐거움을 가지면 어떤 일이라도 재미있게 할 수 있다. 사장은 직원들이 업무에 흥미를 갖고 일해서 더 많은 돈을 벌기를 바란다. 하지만 사장이 바라는 것은 생각하지 말자. 흥미를 갖고 일하면 나에게 어떤 영향이 미치는지만 생각하라. 사람들은 깨어 있는 시간의 절반을 직장에서 보내기 때문에 일에서 즐거움을 느끼면 행복이 두 배가 될 것이고, 직장에서 행복하지 않다면 다른 어디에서도 행복할 수 없다는 사실을 명심하라. 그리고 일이 즐거워지면 걱정은 사라지고, 장기적으로는 승진도 하며, 월급이 인상될 수 있다는 사실도 기억하라. 설령 그렇게 안 된다 하더라도 업무로 인한 피로는 최소화하면서 여가 시간을 즐겁게 보낼 수 있다.

불면증에 대한 고민에서
벗어나는 방법

잠을 잘 못 자서 고민인가? 그렇다면 평생 단 한 번도 푹 자 본 적이 없는 저명한 국제 변호사인 새뮤얼 운터마이어의 이야 기가 흥미로울 것이다.

새뮤얼이 대학에 진학했을 때 그는 천식과 불면증에 대해 걱 정하고 있었다. 그는 두 가지 가운데 어떤 병도 고칠 수 없자, 차선책으로 잠을 이루지 못하고 깨어 있는 시간을 오히려 장점 으로 활용하기로 결심했다. 이리저리 뒤척이며 걱정 속에 무너 지기보다는 차라리 일어나서 공부를 했다. 그 결과 어떻게 되 었을까? 새뮤얼은 모든 과목에서 우수한 성적을 거두기 시작 했고, 뉴욕 시립대학의 천재 중 하나가 되었다.

변호사가 되어서도 불면증은 지속되었다. 하지만 새뮤얼은 걱정하지 않았다. 그는 이렇게 말했다. "자연이 나를 돌봐 줄 거 야." 자연은 정말 그의 말에 부응했다. 잠을 조금밖에 자지 못 했지만 새뮤얼은 건강했고, 뉴욕 법조계에서 활동하는 그 어떤 젊은 변호사보다도 열심히 일했다. 새뮤얼은 다른 사람이 자는 동안에도 일할 수 있었기 때문에 오히려 더 많은 일을 했다.

불과 스물한 살의 나이에 새뮤얼은 7만 5000달러의 연봉을 받았고, 다른 젊은 변호사들은 그의 비법을 알아내기 위해서 법정으로 몰려들었다. 1931년에 그는 한 사건을 맡게 되었는데, 역사상 단일 사건으로서는 최고의 수임료인 100만 달러를 현금으로 바로 받았다.

그래도 여전히 불면증 때문에 밤이 늦도록 서류를 읽었고, 새벽 5시에는 일어나 문서를 작성하기 시작했다. 대부분 사람들이 일을 막 시작하는 시간이 될 때쯤이면 새뮤얼은 벌써 그날 해야 할 일의 절반을 마쳤다. 평생 푹 자본 적이 없었던 그는 81세까지 살았다. 새뮤얼이 불면증 때문에 좌절하거나 고민하면서 시간을 보냈다면 그의 삶은 망가졌을 것이다.

우리는 인생의 3분의 1을 잠자면서 보내지만 수면의 실체에 대해 정확히 아는 사람은 아무도 없다. 우리는 수면이 일종의 습관이자, 자연의 보살핌으로 몸이 원상 복구되는 휴식 상태라고 알고 있다. 하지만 개인별로 얼마나 많은 수면 시간이 필요한지는 우리도 알지 못한다. 잠을 꼭 자야 하는지 아닌지에 대해서도 모른다!

잠을 안 자도 된다니 공상이라고? 제1차 세계대전 당시 헝가리 군인이었던 폴 컨은 뇌의 전두엽에 관통상을 당했다. 그는 부상에서 회복됐지만 신기하게도 잠을 잘 수가 없었다. 의사들이 모든 종류의 진정제와 마취제, 심지어 최면술까지 동원하며 갖은 방법을 다 써봤지만, 폴 컨은 잠들지도 않았고 졸린 느낌도 없었다.

의사들은 그가 오래 살 수 없을 거라고 했다. 하지만 그 예상들은 모두 빗나갔다. 폴은 취직도 했고, 여러 해 동안 최고의 건강 상태를 유지하며 살았다. 폴 컨은 누워서 눈을 감고 휴식을 취했지만 전혀 잠을 자지는 않았다. 그의 사례는 수면에 대해 많은 사람들이 갖고 있던 생각을 뒤집어놓은 의학계의 미스터리였다.

다른 사람보다 훨씬 더 많이 자야 하는 사람들도 있다. 토스카니니는 하루에 5시간만 자면 됐지만, 캘빈 쿨리지는 그보다 두 배는 더 자야 했다. 쿨리지는 하루 24시간 중 11시간을 잤다. 다시 말해 토스카니니는 인생의 약 5분의 1을 자면서 보냈고, 쿨리지는 인생의 반을 거의 잠으로 보낸 셈이다.

사람들은 불면증 자체보다 불면증에 대한 걱정으로 더 고통받는다. 예를 들어 내 수강생 가운데 뉴저지 주 리지필드 파크 오버페크 가 173번지에 살고 있는 아이라 샌드너는 만성 불면증으로 거의 자살 직전까지 이르렀다. 그는 이렇게 말했다.

"미쳐가고 있다는 생각이 들었습니다. 문제는 제가 너무 잠을 잘 잔다는 데서 시작됐어요. 저는 아침에 알람이 꺼질 때까지도 못 일어났기 때문에 아침마다 회사에 지각을 했습니다. 사장님이 제시간에 출근하라고 경고했기 때문에 걱정되었습니다. 계속 늦잠을 자다가는 직장을 잃게 될지도 모른다고 생각했어요.

친구들에게 얘기했더니 잠들기 전에 알람시계에 집중해보라고 하더군요. 그때부터 째깍대는 빌어먹을 알람시계 소리가 저를 괴롭혔습니다. 결국 밤새 뒤척이다가 제대로 잠들지 못했죠! 아침이 되자 몸 상태가 나빠졌습니다. 피로와 걱정으로 몸이 안 좋아진 거죠. 이런 일이 8주나 계속되었습니다. 얼마나 엄청난 고문이었는지 말로 표현할 수 없을 정도입니다. 저는 확실히 미쳐가고 있다는 생각이 들었어요. 때로는 몇 시간이고 마루를 서성이기도 했고, 솔직히 창밖으로 뛰어내려 모든 걸 끝내고 싶다는 생각도 들었습니다!

그러다 결국은 평소에 잘 알던 의사를 찾아갔습니다. 의사는 '아이라, 난 도와줄 수가 없습니다. 본인이 만든 문제이기 때문에 다른 사람은 아무도 도와줄 수 없어요. 잠자리에 들었을 때 잠이 안 오더라도 불면에 대한 걱정은 모두 잊어버리세요. 그리고 스스로에게 이렇게 말해보세요. '잠이 들건 안 들건 나는 조금도 신경 쓰지 않아. 아침이 될 때까지 잠들지 못해도 괜찮아'라고 말이죠. 계속 두 눈을 감은 상태로 '걱정 없이 가만히 누워만 있어도 나는 휴식을 취하는 거야'라고 스스로에게 말해보세요.' 의사의 말대로 했더니 2주가 지나자 조금씩 잠이 오기 시작했습니다. 한 달이 안 되어 8시간을 자게 되었고, 예민해졌던 신경도 정상으로 돌아왔습니다."

아이라 샌드너를 정말 고통스럽게 만든 건 불면증이 아니라 불면증에 대한 걱정이었다.

시카고 대학의 나다니엘 클라이트만 박사는 그 누구보다도 수면에 대해 많이 연구했다. 수면에 관한 한 세계적인 전문가인 그는 불면증 때문에 죽었다는 사람이 있다는 이야기는 들어본 적이 없다고 단언한다. 정확히 말하면 사람들은 걱정을 하고 그로 인해 저항력이 약해지면 세균에 감염될 수도 있다. 하지만 사람들에게 타격을 주는 건 불면증 자체가 아니라 불면증에 대한 걱정이다.

또한 불면증을 걱정하는 사람들은 보통 자신들이 생각하는 것보다 더 많이 잔다고 클라이트만 박사는 말한다. "나는 지난 밤 한숨도 못 잤어"라고 단언하는 사람이라도 자신도 모르게 몇 시간을 잤을 수 있다. 예를 들어 19세기의 저명한 사상가 중 하나인 허버트 스펜서는 하숙집에 살면서 자신의 불면증에 대한 이야기를 지겹도록 늘어놓던 노총각이었다. 소음을 막고 신경을 진정시키기 위해 귀에 '귀마개'를 꽂기도 했다. 가끔 잠들기 위해 아편을 사용하기도 했다. 어느 날 밤, 그는 옥스퍼드 대학의 세이스 교수와 한 호텔 방을 쓰게 되었다. 다음 날 아침, 스펜서는 밤새 한숨도 못 잤다고 확신하며 말했다. 하지만 사실은 정말 한숨도 못 잔 건 세이스 교수였다. 교수는 스펜서가 코를 고는 소리 때문에 밤새 잠을 이루지 못했다.

잠을 푹 자기 위한 첫 번째 필요조건은 안정감이다. 아침이 될 때까지 자신보다 위대한 어떤 힘이 돌봐 줄 것이라는 생각을 해야 한다. 그레이트 웨스트 라이딩 요양원의 토마스 히슬롭 박사는 영국의학협회에서 한 연설을 통해 이 점을 강조했다. "제가 다년간의 의료 경험을 통해 밝혀낸 바에 따르면, 수면을 가장 잘 유도해주는 방법 중 하나는 기도입니다. 이는 전적으로 의료인의 입장에서 말씀드리는 것입니다. 기도가 습관이 된 사람들에게는 기도를 하는 행위가 마음과 신경을 차분하게 달랠 수 있는 방법 가운데 가장 적절하고 자연스러운 방법이라고 봐야 합니다."

"하나님께 맡기고 내버려 두라."

자넷 맥도널드는 우울하고 걱정이 있어 잠들기 어려울 때는 항상 〈시편〉 23편에 나오는 다음 구절을 반복해서 읽으면서 '안정감'을 얻는다고 말한다. "여호와는 나의 목자시니 내게 부족함이 없으리로다. 그가 나를 푸른 풀밭에 누이시며 쉴 만한 물가로 인도하시는도다."

하지만 종교를 믿지 않으며 좀 더 강력한 방법이 필요한 사람이라면 물리적인 방법으로 몸을 이완시키는 법을 배워야 한다. 《불안과 긴장으로부터 해방되기》의 저자인 데이비드 해럴드 핑크 박사는 몸을 이완시키기 위해 몸에게 말을 걸어보라고 한다.

핑크 박사에 따르면 말은 최면 상태로 들어가는 열쇠로, 계속 잠을 이루지 못하는 건 자신이 불면 상태라는 최면에 빠지도록 스스로가 몸에게 말을 걸기 때문이라고 한다. 불면 상태에서 빠져나오려면 몸의 근육에게 '긴장을 풀고 편안하게 쉬어'라고 말을 걸면서 최면을 풀어야 한다.

우리는 근육이 긴장하고 있는 동안에는 마음과 신경이 풀리지 않는다는 사실을 이미 알고 있기 때문에, 잠을 자고 싶다면 근육부터 긴장을 풀어야 한다. 핑크 박사는 다리의 긴장을 완화시키려면 무릎 아래에 베개를 놓거나 팔 아래에 작은 베개를 놓기를 권장한다(이는 실제로 효과가 있다). 그리고 턱과 눈, 팔, 다리에게 말을 걸다 보면 어느 순간 언제 잠드는지도 모르게 잠에 빠져들게 된다. 나는 이미 이런 시도를 해봤기 때문에 그 효과를 알고 있다. 만약 당신이 수면 장애를 갖고 있다면 앞서 말한 핑크 박사의 책《불안과 긴장으로부터 해방되기》를 읽어보라. 생생한 읽을거리와 함께 불면증 치료법에 대해 알려주는 내가 아는 유일한 책이다.

불면증을 치료할 수 있는 가장 좋은 방법은 정원 가꾸기, 수영, 테니스, 골프, 스키 같은 활동을 하거나 아니면 단순히 육체적으로 피곤하게 만드는 것이다. 이는 시어도어 드라이저가 사용한 방법이다. 젊은 작가 시절, 드라이저는 불면증 때문에 고민하다가 뉴욕 센트럴 철도 회사에 보선공으로 취직했다. 못을 박고 자갈을 삽으로 푸면서 하루를 보내고 나면 너무 기진맥진해서 끼니조차 거르고 잠이 들었다.

너무 피곤하면 걷는 중이라도 잠에 빠져드는 게 자연의 법칙이다. 내가 열세 살 때 우리 아버지는 돼지들을 기차에 싣고 미주리 주 세인트 조로 간 일이 있었다. 무료 기차 승차권이 두 장 생겨서 아버지는 나를 데려가셨다. 나는 그때까지 한 번도 인구 4000명이 넘는 마을은 가본 적이 없었다. 인구 6만 명이 넘는 세인트 조에 도착하자 나는 흥분에 휩싸였다. 6층짜리 고층건물도 보고 전차도 보았다(정말 놀라움의 연속이었다). 내 평생 가장 흥분되고 놀라운 하루를 보낸 후 아버지와 나는 다시 미주리 주 레이븐우드로 돌아오는 기차를 탔다. 새벽 2시에 도착한 우리는 집까지 6.5킬로미터를 걸어가야 했다. 여기에 이 이야기의 요점이 있다. 나는 너무 지쳐서 걸으면서 잠도 자고 꿈도 꾸었다. 말을 타면서 잠이 든 적도 종종 있었다. 그래도 나는 이렇게 살아서 이야기를 하고 있다!

사람이 너무 지쳤을 때는 천둥이 치는 듯한 위험하고 아찔한 전쟁 중에도 잠을 잔다. 유명한 신경과 전문의인 포스터 케네디 박사는 1918년 영국야전군 제5사단이 후퇴할 때 군인들이 너무 지쳐서 그 자리에 쓰러져 거의 혼수상태로 잠이 드는 걸 목격했다. 군인들의 눈꺼풀을 손으로 올려보았지만 깨지 않았다. 케네디 박사는 잠든 군인들의 눈동자가 모두 일정하게 위로 말려 올라가 있다는 사실을 발견했다. 그는 이렇게 말했다. "그 후 저는 잠이 안 올 때는 눈동자를 위로 말아 올리는 연습을 하곤 했는데, 그러면 몇 초 지나서 하품이 나오고 졸리기 시작했습니다. 이는 제가 통제할 수 없는 자동 반사작용이었습니다."

잠을 안 자서 죽은 사람은 아직까지 없었고, 앞으로도 그럴 것이다. 자연의 법칙에 따라 사람은 자신의 의지와 상관없이 잠에 빠져든다. 음식이나 물 없이 버티는 편이 잠을 안 자는 것보다 더 오래 버틸 수 있을 것이다.

나는 자살에 대한 논의를 할 때면 헨리 C. 링크 박사가《인간의 재발견》이라는 책에서 든 사례가 생각난다. 사이컬로지컬 사의 부사장인 링크 박사는 걱정이 많고 우울한 사람들을 많이 인터뷰했다. '두려움과 걱정 극복하기'라는 부분에서 그는 자살하고 싶어 했던 한 환자에 대해 이야기했다. 링크 박사는 언쟁을 해봤자 상황이 악화될 뿐이라고 생각했기 때문에 그 환자에게 이렇게 말했다. "굳이 자살을 하겠다면 좀 색다른 방법으로 할 수도 있어요. 죽을 때까지 동네를 뛰면서 도는 겁니다."

그 환자는 이 방법을 한 번이 아니라 여러 번 시도했고, 시도할 때마다 기분이 좋아졌다. 세 번째 밤이 되자, 링크 박사가 처음에 의도했던 대로 그는 육체적으로는 너무 지쳤지만 몸이 충분히 이완되어 세상모르고 잠들었다. 후에 그는 운동 클럽에 가입해서 경쟁을 즐기는 스포츠에 참가했다. 오래지 않아 그는 기분이 너무 좋아져서 영원히 살고 싶다는 마음이 들었다!

그러므로 불면증에 대한 고민을 없애려면 다음의 다섯 가지 규칙을 지켜라.

 불면증에 대한 고민에서 벗어나는 5가지 방법

1. 잠들 수 없으면 새뮤얼 운터마이어가 했던 대로
   일어나 졸릴 때까지 일을 하거나 책을 읽어라.

2. 잠이 부족해서 죽은 사람은 아무도 없다는 사실을 기억하라.
   불면증에 대한 걱정은 불면 그 자체보다 나쁘다.

3. 자넷 맥도널드처럼 기도를 하거나 〈시편〉 23편을 반복해서 읽어라.

4. 몸을 이완시켜라.
   《불안과 긴장으로부터 해방되기》라는 책을 읽어보라.

5. 운동하라. 깨어 있지 못할 만큼 몸을 피곤하게 만들어라.

피로와 걱정을 막고
활력과 의욕을 높여줄 6가지 방법

1. 피로를 느끼기 전에 휴식을 취하라.

2. 긴장을 풀고 일하는 법을 배워라.

3. 주부라면 집에서 긴장을 풀고 휴식을 취함으로써 건강과
   외모를 지켜라.

4. 다음의 네 가지 좋은 업무 습관을 활용하라.

   1) 당장 해야 하는 일과 관계된 자료만 남기고 나머지 서류는 책
      상에서 모두 치워라.

   2) 중요한 순서대로 일을 처리하라.

   3) 문제가 생겼을 때 결정을 내리는 데 필요한 사실을 알고 있다
      면 즉시 문제를 해결하라.

   4) 조직하고, 위임하고, 관리하는 법을 배워라.

5. 걱정과 피로를 막으려면 일에 열정을 쏟아라.

6. 잠이 부족해서 죽은 사람은 없다는 사실을 기억하라.
   불면증 자체보다 불면증에 대한 걱정이 더 해롭다.

8

행복을 찾을 수 있는 일을 하며
성공하는 방법

How to

stop

worrying

&

start living

인생에서 가장 중요한 결정

(이번 장은 하고 싶은 일을 아직 찾지 못한 젊은이들을 위한 글이다.
만약 당신이 그런 상황이라면 이번 장이 남은 인생에 많은 도움을 줄 것이다.)

만약 당신이 열여덟 살이 안 되었다면 머지않아 인생을 완전히 바꿔놓을 수도 있는 두 가지 중요한 결정을 해야 하는 날이 올 것이다. 그 결정은 행복, 수입, 건강에 지대한 영향을 미치거나 운명을 좌우할 수도 있다.

그 두 가지의 엄청난 결정은 무엇일까?

첫째, 어떻게 먹고살 것인가? 농부, 우체부, 화학자, 산림 감시원, 속기사, 가축 중간상, 대학교수가 될 것인가? 아니면 거리에서 햄버거를 팔 것인가?

둘째, 자녀들에게 어떤 부모가 될 것인가?

이 중요한 결정들은 도박일 경우가 적지 않다. 《통찰력》의 저자 해리 에머슨 포스딕은 자신의 책에서 이렇게 말했다. "누구나 직업을 선택함에 있어서는 도박사다. 직업에 인생을 걸어야 한다."

직업을 정할 때 어떻게 위험 요인을 없앨 것인가? 이 책을 계속 읽어라. 최선을 다해 말해줄 것이다. 우선 가급적이면 자신이 즐겁게 할 수 있는 일을 찾도록 노력하라. 타이어 제조 회사인 B. F. 굿리치 사의 데이비드 M. 굿리치 회장에게 사업에서 성공하기 위한 첫 번째 요건이 무엇이냐고 물어보았더니 그는 이렇게 대답했다. "일하는 게 즐거워야 합니다. 일을 즐기면 오래 일해도 일처럼 여겨지지 않습니다. 재미있는 놀이처럼 느껴질 거예요."

에디슨이 바로 대표적인 인물이다. 에디슨은 학교 교육을 제대로 받지 못했지만, 신문 배달원에서 미국 산업계를 탈바꿈시킨 사람이 되었다. 그는 연구실에서 종종 먹고 자며 하루에 18시간을 일했다. 하지만 힘들어하지 않았다. "살면서 하루도 일을 하고 있다고 생각해본 적이 없었습니다. 모든 게 재미있었습니다." 그러니 에디슨이 성공한 것은 당연하다!

찰스 슈왑도 이와 비슷한 말을 한 적이 있었다. 그는 이렇게 말했다. "어떤 일에 끊임없는 열정을 가지고 있다면 그 사람은 그 일에서 성공할 수 있다."

하지만 무슨 일을 하고 싶은지조차 모른다면 어떻게 그 직업에 열정을 품을 수 있겠는가? 듀퐁 사에서 일할 때는 직원 수천 명을 고용했으며, 아메리칸 홈 프로덕츠 컴퍼니에서 노무 관리사로 일하고 있는 에드나 커는 내게 이렇게 말했다. "제가 가장 안타까워하는 것은 수많은 젊은이들이 정작 자기가 하고 싶은 일이 무엇인지 발견하지 못했다는 점입니다. 일의 즐거움은 모른 채 급여만 받아가는 사람이 제일 불쌍한 법이죠." 커는 대학을 졸업한 사람들조차 그녀에게 와서 이렇게 물었다고 했다. "저는 다트머스 대학에서 학사 학위를 받았습니다(혹은 코넬 대학에서 문학 석사 학위를 받았습니다). 제가 귀사에서 할 수 있는 일이 있을까요?" 그들은 자신이 잘하는 일이나 하고 싶은 일조차도 잘 모른다. 많은 사람들이 젊었을 때 자신만만하게 인생을 시작하며 장밋빛 인생을 꿈꾸다가 40대에 들어 절망으로, 심지어 신경쇠약에 걸리는 게 어찌 놀라운 일이겠는가? 사실 자신에게 딱 맞는 직업을 찾으면 건강에도 좋다. 존스홉킨스 병원에서 일하는 레이먼드 펄 박사는 몇몇 보험 회사와 함께 장수에 기여하는 요인을 찾아내는 연구를 했는데, 그는 '자신에게 딱 맞는 직업'을 최고로 꼽았다. 펄 박사는 토머스 칼라일과 마찬가지로 이렇게 말했다. "천직을 찾은 사람은 이미 행운아입니다. 더 이상의 축복은 과분하죠."

나는 최근에 소코니 배큐엄 석유 회사의 면접 감독관인 폴 W. 보인턴과 저녁 시간을 같이 보냈다. 25년 동안 그는 일자리를 찾는 7만 5000여 명을 인터뷰했으며, 《일자리를 얻는 6가지 방법》이라는 책을 출간했다. 나는 그에게 이렇게 물어보았다. "요즘 젊은이들이 일자리를 구하면서 가장 많이 하는 실수는 무엇입니까?" 그러자 보인턴은 이렇게 대답했다. "요즘 젊은이들은 자신이 무슨 직업을 갖고 싶어 하는지 모릅니다. 미래의 모든 행복과 평화가 직업에 달려 있는데도 몇 년 입으면 너덜너덜해지는 정장을 고르는 것보다 더 깊이 생각하지 않습니다. 그게 참 안타깝습니다."

그러면 어떻게 해야 할까? 좋은 직업을 갖기 위해서 무엇을 할 수 있을까? 직업 상담사라는 새로운 전문가의 도움을 받을 수도 있다. 이 직업은 상담사의 성격이나 능력에 따라 당신에게 도움이 될 수도 있고 손해가 될 수도 있다. 이 새로운 직업은 아직 완벽하지 않다. 테스트 모델 단계에도 이르지 못했다. 하지만 미래는 밝다. 어떻게 이 분야를 활용할 것인가? 직업과 관련된 가까운 지역 센터를 찾아 직업 적성검사를 하고 취업 상담을 받을 수 있다.

하지만 전문가가 해주는 조언은 단지 충고에 불과할 뿐이다. 결국은 당신이 결정해야만 한다. 상담사라고 절대 실수를 안 하는 건 아니다. 모두 같은 의견을 내는 것도 아니다. 가끔 상담사들도 터무니없는 실수를 한다. 예를 들어 한 직업 상담사는 내가 가르치는 아이들 중 한 아이에게 어휘가 풍부하다는 이유 하나만으로 작가가 되어야 한다고 충고했다. 정말 터무니없지 않은가! 작가가 되는 건 쉬운 일이 아니다. 글을 잘 쓰려면 자신의 생각과 감정을 독자에게 잘 전달해야 하는데, 그러기 위해서는 단어를 많이 알기보다 아이디어, 경험, 신념, 자극이 필요하다. 어휘가 풍부한 이 여자아이에게 작가라는 한 우물만 파라고 조언한 진로 상담사는 지금까지 행복으로 가득했던 속기사 지망생을 근심으로 가득한 작가 지망생으로 바꿔놓았다.

직업 상담 전문가들, 심지어 당신이나 나도 실수한다는 걸 강조하고 싶다. 여러 명의 상담사와 상담해본 후 그들의 조언을 상식에 비춰 판단하는 게 필요하다.

걱정거리를 다룬 책에서 이런 내용을 끼워 넣었다는 게 이상하다고 생각할지도 모르겠다. 하지만 사람들이 좌절하고 후회하며 속이 타는 이유 가운데 많은 부분이 자신이 싫어하는 직업 때문이라는 걸 알게 된다면 이 책에서 다루는 내용이 결코 이상하게 느껴지지 않을 것이다. 당신의 직장 상사나 이웃 혹은 아버지에게 물어보아라. 뛰어난 지성인 존 스튜어트 밀은 자신의 직업에 적응하지 못한 사람이 "사회의 가장 큰 손실 가운데 하나"라고 말했다. 그리고 이 세상에서 가장 불행한 사람은 매일 자기가 하는 일을 싫어하는 '자신의 직업에 적응하지 못한' 인물이다.

군대에서 '신경쇠약에 걸리는' 사람이 어떤 사람인지 아는가? 자리를 잘못 배정받은 사람이다. 전투에서 사망하거나 다친 사람이 아니라 일상 업무를 하다가 정신적으로 큰 타격을 받은 사람을 말한다. 정신의학계 최고의 권위자인 윌리엄 메닝거 박사는 전쟁이 한창이었을 당시에 신경정신병과 담당 의사였다. 그는 이렇게 말했다. "군대에서 군인을 선별해 능력에 맞는 자리에 배치하는 게 매우 중요하다는 걸 알게 되었다. 당면한 문제가 얼마나 중요한지 확실히 알고 있어야 한다. 직무에 관심 없고, 능력을 인정받지 못했기 때문에 자신의 능력이 쓸데없는 데 쓰였다고 믿으면 실제로 정신적인 타격을 입지 않았다 하더라도 언제든 그럴 가능성을 갖고 있음을 알게 되었다."

마찬가지로 기업에서도 사람들은 '능력 손실'을 경험한다. 일을 하기 싫어하는 사람들은 산업 현장에서도 손실을 입힌다. 필 존슨을 예로 들어 설명해보겠다. 필 존슨의 아버지는 세탁소 주인이었고, 아들이 점차 가업에 익숙해질 것이라 기대하며 가업을 물려주었다. 하지만 필은 세탁소 일을 싫어해서 해야 할 일에는 아예 손도 대지 않고 빈둥거리며 시간을 보냈다. 때로는 세탁소를 비우기도 했다. 아버지는 꿈도 야망도 없고 무기력한 아들을 두었다는 생각에 크게 실망했다.

하루는 필 존슨이 아버지에게 기계 공장에서 기계공으로 일하고 싶다고 말했다. 뭐라고? 밑바닥에서 다시 시작하겠다고? 아버지는 큰 충격을 받았다. 하지만 필은 마음이 가는 대로 자신의 길을 걸었다. 필은 기름에 찌든 옷을 입고 일했다. 세탁소 일을 하고 있을 때보다 더 열심히 일했다. 밤늦도록 일했고, 보잘것없는 직업을 사랑했다. 1944년 필의 아버지 필립 존슨이 세상을 떴을 때, 기계공학을 공부해 기계에 대해 배우고 기계를 만지며 시간을 보낸 필은 보잉 항공사의 사장이 되었고, 전쟁에서 승리하는 데 도움을 준 대형 폭격기를 만들었다. 필이 만약 세탁소에서 계속 일했더라면 아버지가 세상을 떠난 이후에 그 세탁소에서는 과연 무슨 일이 벌어졌을까? 추측하건대 자신을 혹사시키고 정신적으로 피폐해져 결국 세탁소 문을 닫고 말았을 것이다.

가족 간에 갈등이 생길지 모르겠지만, 그럼에도 나는 젊은이들에게 이런 조언을 해주고 싶다. 가족들이 원하기 때문에 사업이나 장사를 시작해야 한다고 생각하지 마라! 당신이 그 분야에서 일하고 싶은 게 아니라면 발을 들이지 마라! 물론 부모님의 말씀은 경청하라. 부모는 당신보다 더 오랜 세월을 살았다. 부모님들은 오랜 세월을 통해서만 얻을 수 있는 경험과 지혜를 갖고 있다. 하지만 최종적으로 결정해야 하는 사람은 바로 당신이다. 신나게 일할 사람도, 마지못해 일할 사람도 바로 당신이다.

이제 직업을 고르는 방법을 제안하겠다. 몇몇 제안은 주의해서 받아들여야 한다.

1. 전문 직업 상담사를 선택할 때는 다음의 다섯 가지 제안을 읽고 공부하라. 이 방법들은 저명한 직업 상담 전문가인 컬럼비아 대학의 해리 덱스터 킷슨 교수가 제안한 것들이다.

　1) 적성에 맞는 직업을 알려주는 마법의 시스템이 있다고 말하는 사람에게는 가지 마라. 이런 사람들 가운데는 관상쟁이, 점쟁이, 성격 분석가, 필체 전문가 등이 있다. 그들이 말하는 '시스템'은 엉터리다.

　2) 직업을 알려주는 검사를 해주겠다고 말하는 사람에게 가지 마라. 이런 사람들은 상담을 받는 사람의 건강 상태와 사회적, 경제적 환경이 어떠한지를 고려해야 한다는 규칙을 위반하는 사람들이다. 직업 상담사는 상담받는 사람이 선택 가능한 직업인가를 고려해서 조언해야 한다.

3) 직업에 관한 자료를 많이 갖고 있고, 상담할 때 이를 적절히 활용하는 직업 상담사를 찾아라.

4) 직업 상담을 제대로 받으려면 대개는 두 번 이상의 상담이 필요하다.

5) 절대 우편으로 직업 상담을 받지 마라.

2. 사람들이 엄청나게 몰려 인력이 넘치는 사업과 직업은 피하라! 돈을 벌 수 있는 방법은 수없이 많다. 그런데 젊은이들이 이 사실을 알고 있을까? 미래를 예견하는 수정구를 가진 힌두교 교주를 고용하지 않는 이상 알 수 없을 것이다. 어떤 학교에서는 남학생 중 60퍼센트가 다섯 종의 직업 내에서 자신의 직업을 선택했다. 여학생 중 80퍼센트 역시 같은 선택을 했다. 몇 가지 사업이나 직업이 포화 상태라는 건 그리 놀랄 일이 아니다. 게다가 영화, 언론, 방송, 법률 등 '세련되어 보이는 직업'에 뛰어드는 수많은 이들을 제치려 하다 보니 불안감, 걱정, 신경 불안증이 생긴다는 사실 역시 놀랍지 않다. 이런 인기 직종에 기를 쓰고 들어가는 것은 조심해야 한다.

3. 생계를 꾸려나갈 가능성이 10퍼센트밖에 안 되는 활동은 피하라. 생명보험 판매원이 대표적인 예라 할 수 있다. 매년 많은 사람들, 특히 실업자들이 어떤 일이 일어날지 미리 알아보려고 노력하지도 않고 생명보험 판매에 나선다. 필라델피아 주에서 부동산 신탁 회사를 운영하고 있는 프랭크 L. 베트거는

그들에게 대강 어떤 일이 일어날지 말해주었다. 20년 동안 베트거는 미국에서 매우 잘나가는 보험 판매원으로 일했다. 생명보험을 판촉하기 시작한 사람 중 90퍼센트는 상심하고 좌절한 나머지 1년 안에 일을 그만둔다고 말했다. 남은 10퍼센트 중 1퍼센트가 보험의 90퍼센트를 팔며, 나머지 9퍼센트의 사람들은 겨우 10퍼센트만을 나누어 팔고 있을 것이다. 바꿔 말하면 당신이 생명보험을 판매하기 시작하면, 당신이 실패하고 1년 안에 그만둘 확률은 90퍼센트며, 1년에 1만 달러를 벌 확률은 10명 중 한 명도 되지 않는다는 것이다. 설사 그 일을 계속하더라도 겨우 먹고살 수 있는 수준 이상으로 벌 확률은 10퍼센트밖에 안 된다.

4. 평생 어떤 직업에 종사하겠다고 결심하기 전에 일주일만이라도 그 직업에 관한 모든 것을 알아내라(필요하다면 일주일이 아니라 한 달이 걸려도 괜찮다). 어떻게? 그 분야에서 10년에서 최대한 40년 동안 일한 사람들을 만나 이야기해보면 된다.

이런 만남은 당신의 미래에 엄청난 영향을 미칠 것이다. 나는 경험을 통해 이 사실을 알게 되었다. 내가 20대 초반이었을 때는 두 명의 선배에게 직업에 관한 조언을 구했다. 지금 그 시절을 떠올려 보니 그 두 번의 만남이 내 경력의 전환점이었던 것 같다. 사실 내가 그들을 만나지 않았더라면 지금 어떻게 살고 있을지 상상할 수조차 없다.

직업에 관한 조언을 구할 수 있는 이런 만남은 어떻게 할 수 있을까? 예를 들어 당신이 건축가가 되기 위해 공부하려고 고민 중이라고 해보자. 최종 결정을 내리기 전에 인근 도시나 당신이 살고 있는 도시에서 일하는 건축가를 만나는 데 얼마간의 시간을 써야 할 것이다. 전화번호부를 보면 그들의 이름과 주소를 알아낼 수 있다. 그들의 사무실에 전화를 걸어 약속을 하거나 아니면 약속을 하지 않고 곧장 찾아갈 수도 있다. 당신이 미리 약속을 정하고 싶다면 다음과 같은 내용을 적어 보내라.

부탁 하나만 드려도 될까요? 귀하의 조언을 구합니다. 저는 18세이고, 건축가가 되고 싶어 공부를 하려고 합니다. 하지만 최종적으로 결정하기 전에 귀하의 충고를 듣고 싶습니다. 만약 너무 바빠서 사무실에서 뵐 수 없다면, 댁에서 30분 정도의 시간을 할애해주신다면 대단히 감사하겠습니다.

제가 여쭤보고 싶은 질문 목록입니다.
a. 만약 다시 태어난다면 또다시 건축가가 되실 건가요?
b. 저를 만난 이후에 제가 건축가로서 성공할 수 있는 자질이 있는지 판단해주시기 바랍니다.
c. 건축가가 되길 원하는 사람은 많은가요?
d. 만약 제가 4년 동안 건축을 공부했다면 일자리를 얻는 게 어려울까요? 어떤 일을 먼저 하면 좋을까요?
e. 제가 남들과 능력이 비슷하다면 처음 5년 동안 급여는 어느 정도 될까요?

f. 건축가라는 직업의 장단점은 무엇인가요?

g. 만약 제가 당신의 아들이라면 건축가가 되라고 조언해주시겠습니까?

만약 '거물'을 혼자 만날 자신이 없고 망설여진다면, 이 조언을 따르면 도움이 될 것이다.

첫째, 같이 가줄 또래를 구하라. 서로에게 자신감을 불어넣어 줄 것이다. 만약 같이 가줄 친구를 구하지 못했다면 아버지에게 부탁하라.

둘째, 건축가에게 조언을 얻는다는 것은 그를 칭찬하는 의미라는 것을 기억하라. 당신이 그에게 조언을 구하면 그는 우쭐해질 것이다. 어른들은 젊은이들에게 조언하길 좋아한다는 걸 기억하라. 건축가는 당신의 요청에 기꺼이 응할 것이다. 약속 잡는 편지를 쓰는 게 부담스럽다면, 약속하지 않고 사무실로 찾아가 조언을 해주시면 대단히 감사하겠다고 말하라.

건축가 다섯 명에게 전화했는데 너무 바빠서 만날 시간이 없다고 했고(그럴 리가 없지만) 그 때문에 또 다른 건축가 다섯 명에게 전화를 걸었다고 가정해보자. 그중 몇 명은 당신을 만나줄 것이고, 맞지 않는 일로 세월을 보내며 한탄하고 있을지도 모를 당신에게 충분히 보상이 될 만한 매우 귀중한 조언을 해줄 것이다.

당신이 인생에서 가장 중요하고 지대한 영향을 미칠 결정 중 하나를 내리고 있다는 걸 기억하라. 그렇기 때문에 행동으로 옮기기 전에 정보를 수집할 시간을 충분히 가져라. 만약 그렇게 하지 않고 곧장 행동으로 옮겼다면 인생의 반을 후회하며 살게 될 것이다. 할 수만 있다면 당신에게 자투리 시간과 조언을 아끼지 않을 누군가를 찾아 나서라.

5. 당신이 한 가지 직업에만 적합하다는 잘못된 편견을 극복하라. 사람들은 여러 분야에서 성공할 수 있고, 또한 여러 분야에서 실패할 수 있다. 내 자신을 예로 들어보겠다. 내가 만약 다음과 같은 직업을 공부하고 준비했다면, 나는 꽤나 성공했을 것이고 그 직업을 즐겼을 거라고 믿는다. 내가 말하는 직업이란 시골의 신문 편집자, 교사, 산림 경비원, 과학 영농, 과수원, 광고, 판매원, 약사 같은 일을 말한다. 반면에 공학자, 회계사, 사서처럼 기계를 다루는 일이나 그 외에도 여러 가지 직업을 택했더라면 일을 즐기지도 못했을 것은 물론 실패했을 것이다.

9

금전적인 걱정을
줄이는 방법

How to

stop

worrying

&

start living

모든 걱정의 70퍼센트는…

만약 내가 사람들의 금전 문제를 해결해줄 수 있는 방법을 알고 있다면, 아마도 지금 여기서 책을 쓰지 않고 백악관에서 대통령 옆에 앉아 있을 것이다. 하지만 나는 한 가지는 확실히 할 수 있다. 이 주제에 관련된 매우 적절한 문구를 인용할 수도, 실질적인 제안을 해줄 수도, 당신에게 부가적인 내용을 안내해줄 책과 팸플릿을 어디에서 구입할 수 있는지를 알려줄 수도 있다.

〈레이디즈 홈 저널〉에서 실시한 조사에 따르면, 모든 걱정의 70퍼센트는 돈이다. 갤럽 여론조사의 창설자인 조지 갤럽의 말에 의하면, 대부분의 사람들은 수입이 단 10퍼센트라도 늘어난다면 더 이상 경제적인 걱정은 하지 않을 거라고 믿고 있다. 어느 정도 맞는 말이긴 하지만, 의외로 대부분의 경우에 그렇지 않다. 예를 들어 이 책을 쓰고 있을 때 나는 예산 전문가인 엘시 스테이플턴과 이야기를 나누었다. 그녀는 뉴욕 워너메이커 백화점과 짐벨스 백화점에서 수년간 재정 자문을 해주고 있는 여성이다. 또한 금전적인 문제를 겪고 있는 사람들을 도와주기 위해 개인 컨설턴트로 몇 년 동안 일하기도 했다. 뿐만 아니라 연봉 1000달러 이하부터 10만 달러 이상을 받는 사람까지 다양한 소득층의 사람들을 도와주었다. 그녀는 내게 이렇게 말했다.

"경제적인 문제로 고민하고 있는 대부분의 사람들은 수입이 증가한다고 문제가 해결되지 않습니다. 사실 수입이 증가한다는 건 소비가 늘어나고 골칫거리가 많아진다는 것 외에 아무런 도움이 안 된다는 사실을 수없이 봐왔습니다. 대부분의 사람들이 걱정하는 이유는 그들이 돈을 충분히 갖고 있지 않아서가 아니라 가지고 있는 돈을 어떻게 써야 하는지 모른다는 데 있습니다!"

당신은 마지막 말에 코웃음을 쳤을지도 모르겠다. 글쎄 한번 더 코웃음을 치기 전에 스테이플턴이 모든 사람들에게 해당되는 사항이 아니라고 말한 사실을 기억하시기를. 그녀는 분명히 '대부분의 사람'이라고 말했다. 그녀가 당신을 지적한 것은 아니었다. 당신의 여동생, 사촌들, 당신이 떠올릴 수 있는 수십 명의 사람들에 대해 얘기한 것이다.

수많은 독자들은 말할 것이다. "이 카네기라는 작자가 내 고지서들을 한번 봐야 한다니까. 내 월급에 턱없이 부과된 대금 청구서들 말이야. 만약 내 고지서들을 보고 나면 그렇게 배부른 소리는 더 이상 못할걸?" 글쎄, 나도 나름대로 경제적인 문제가 있다. 나는 미주리의 옥수수 밭과 건초 농장에서 하루에 10시간씩 육체노동을 했다. 육체노동을 하고 난 이후의 아픈 고통에서 완전히 해방되는 것이 최고의 소망일 때까지 일했다. 나는 그 지독한 일을 하고도 한 시간에 1달러, 아니 50센트, 아니 10센트조차도 받지 못했다. 하루 10시간을 일하고 고작 5센트를 받았다.

나는 욕실이 없거나 물이 줄줄 새는 집에서 20년을 산다는 게 어떤 것인지 안다. 영하 15도 밑으로 내려가는 냉골 침실에서 웅크리고 자는 게 어떤 것인지 나는 안다. 단돈 5센트밖에 안 되는 교통비를 아끼기 위해 덕지덕지 기운 누더기 바지를 입고, 구멍 난 신발을 신은 채 수 마일을 걸어 다니는 게 어떤 것인지 나는 안다. 식당 메뉴판에서 가장 싼 음식을 주문해야 한다는 것과 세탁소에서 다림질할 돈이 없어서 바지를 매트리스 아래 잘 펼쳐놓고 자는 게 어떤 것인지 나는 안다.

하지만 나는 이런 생활을 하던 시절에도 자칫 그보다도 못할 경우를 대비해 수입에서 10센트짜리 동전 몇 개, 25센트 동전 몇 개라도 저축하려고 애썼다. 이런 경험을 한 결과, 만약 당신이나 내가 채무와 경제적인 걱정으로부터 자유로워지기를 바란다면 어떻게 해야 하는지를 깨달았다. 우리는 기업들이 하는 방식을 따라야 한다. 소비 계획을 세우고 계획에 따라 소비를 해야 한다. 하지만 대부분의 사람들은 그렇게 하지 않는다. 내 가까운 친구이자 이 책을 출판하는 회사(사이먼앤슈스터 출판사)의 이사회 회장인 레온 심스킨은 많은 사람들이 자신의 돈에 대해서 신기할 정도로 무지하다고 지적했다.

심스킨은 자신이 알고 있는 한 경리 사원에 관한 이야기를 해주었다. 그 사원은 회사 일은 숫자에 관한 한 마법사라 불릴 정도라고 한다. 하지만 자기 개인의 재무 상태를 관리하는 경우라면, 휴! 가령 그가 금요일 오후에 급여를 받는다고 하자. 그러면 그는 그날 길을 가다가 마음에 드는 오버코트를 발견하는 순간 충동구매를 한다. 집세나 전기세 외에도 금방 혹은 조만간 지불해야 할 어떤 지출 항목은 안중에도 없다. 아니, 당장 현금이 자신의 주머니에 있는 것도 아니다. 단지 머릿속에 오늘 저녁 입금될 급여 숫자만 있을 뿐이다. 하지만 그 역시 자신이 일하는 회사가 그런 식으로 무분별하게 사업을 운영하다가는 파산할 거라는 사실을 잘 알고 있다.

당신의 경제를 어떻게 관리해야 하는지에 대한 답이 여기 있다. 당신은 자신의 사업체를 운영하고 있는 오너다. 말 그대로 당신의 돈으로 하는 '당신만의 사업'을 운영하고 있는 것이다. 그렇다면 자금을 관리하는 원칙은 무엇이 있을까? 우리는 어떻게 예산을 짜고 계획해야 할까?

여기 열한 가지 규칙이 있다.

규칙 1
메모하는 습관을 들여라

아놀드 베넷이 50년 전에 런던에서 소설가 생활을 시작했을 때, 그는 가난에 쪼들렸다. 그래서 베넷은 6펜스로 무엇을 하는지 기록하기 시작했다. 돈이 어디로 새나가는지 궁금해서 그랬을까? 아니다. 그는 알고 있었다. 베넷은 그렇게 메모하는 것을 좋아해서 부자가 되고 세계적으로 유명해졌으며, 개인 요트를 살 정도가 된 이후에도 메모를 계속했다.

존 D. 록펠러 또한 장부를 기록하고 있었다. 그는 기도문을 읽고 침대에 오르기 전까지 자신의 돈이 정확히 얼마 있는지 알고 있었다. 그들처럼 우리도 노트에 메모하는 습관을 가져야 한다. 평생 동안? 아니다. 그렇게까지는 안 해도 된다. 예산 전문가들은 우리가 쓰고 있는 동전 한 닢이라도 정확하게 계산해야 한다고 충고한다. 적어도 첫 달, 가능하다면 석 달 동안만이라도. 이렇게 하면 우리가 가지고 있는 돈이 정확하게 어디에 쓰이고 있는지를 알 수 있고, 그래야 예산을 세울 수 있다.

오, 당신은 돈이 어디로 새고 있는지 잘 알고 있다고? 아마 그럴지도 모른다. 만약 그렇다면 당신은 1000분의 1에 속하는 사람인 것이다! 스테이플턴이 말하길, 사람들이 그녀에게 몇 시간 동안 여러 내용과 숫자를 이야기하고 그녀가 그들이 사용한 돈의 내역을 종이에 쓴 다음 보여주면 그 기록을 보고 깜짝 놀라는 경우가 많다고 한다. "제가 이렇게 돈을 쓰고 있다고요?" 사람들은 믿기 어려워한다. 당신도 그런 류의 사람인가? 그럴지도 모른다.

규칙 2
자신의 상황에 맞춰 예산을 세워라

만약 어느 두 가족이 같은 지역에서 같은 수의 자녀를 두고 똑같이 생긴 주택에서 나란히 살며 같은 액수의 급여를 받는다

하더라도 그들이 필요로 하는 예산은 철저히 다를 것이라고 스테이플턴은 말한다. 왜 그럴까? 사람들마다 다르기 때문이다. 예산은 매우 개인적이며 맞춤식이라고 그녀는 말한다.

예산을 세운다는 것은 인생의 모든 즐거움을 빼앗아 버려야 한다는 게 아니다. 그것은 물질적인 안정감을 느끼게 해주기 위한 것으로, 대개는 물질적인 안정감이 생겨야 감정적으로 안전하고 자유롭다고 느낀다. 스테이플턴은 이렇게 말한다. "예산을 잘 세워서 사는 사람들은 더 행복한 삶을 사는 사람들입니다."

하지만 어떻게 시작할 것인가? 앞에서 말한 것처럼 모든 지출에 대한 리스트를 만들어야만 한다. 금전적인 문제에 대해 기꺼이 무료로 상담해주고, 당신의 수입에 꼭 맞는 예산을 작성할 수 있도록 도와줄 가족 복지 단체들이 대다수의 도시에 2만 개 이상 있다. 그러니 찾아가면 쉽게 도움을 받을 수 있다.

규칙 3
현명하게 소비하는 법을 배워라

이 말은 당신이 가진 돈의 가치를 최고로 만드는 법을 배우라는 뜻이다. 큰 규모의 회사들은 모두 최상의 물품을 사들이는 전문적인 구매 관리자와 구매 에이전트를 두고 있다. 당신은 개인 부동산의 집사이자 경영자로서 왜 그렇게 하지 않는가?

그렇게 행동하는 데 도움이 될 몇 가지 조언을 소개하면 다음과 같다.

1. 워싱턴 D.C.에 있는 문서관리국에 편지를 써서, 구매자 및 소비자들을 위한 조언이 담긴 정부 발간 회보들을 보내달라고 요청하라. 대부분 자료들은 아주 적은 수수료만 내면 얻을 수 있다.

2. 농무부에서 발간하는 〈소비자 가이드〉를 참조하라. 1년에 50센트를 내면 한 달에 한 번 우편을 통해 받아볼 수 있다.

3. 현명한 소비 생활을 해나가기 위해 연간 6달러를 투자할 생각이 있다면, 〈컨슈머 리포트〉를 구독하라(이 잡지의 발행지 주소는 뉴욕 주 마운트버논 워싱턴 가 256번지다). 이 잡지는 상품 정보 잡지 분야의 브리태니커 백과사전이라 할 만하다. 낱권은 50센트며, 12월에 나오는 구매 가이드 종합판은 1.75달러다.

규칙 4
수입이 늘어난다고 걱정거리도 늘리지 마라

스테이플턴에 의하면, 예산과 관련해서 가장 상담하기 까다로운 대상은 연소득 5000달러인 가정이라고 한다. 왜 그런지 그녀에게 물어보았다. "왜냐하면 5000달러는 대부분의 미국인 가정들이 희망하는 연봉이거든요. 그들은 아마 누구라도 인정할 만큼 합리적이고 이성적으로 함께 달려왔을 것이고, 드디어 연봉 5000달러로 인상되는 순간 '도착했다!'라고 생각할 거예요. 그러면 그때부터 그들의 삶은 다채롭게 활동 영역을 넓혀가기 시작합니다. '이 정도 금액이면 아파트를 렌트하는 가격보다 훨씬 저렴할 테지'라는 생각으로 근교에 주택을 사고, 집에 걸맞은 가구를 들이고, 새 차를 사고 새 옷을 사 입고, 그 밖에 새로운 것을 잔뜩 사들임으로써 마침내 '적자'를 향해 달려가기 시작하는 거죠. 인상된 급여보다 더 많은 소비를 함으로써 사실상 그들은 이전보다 행복하지 않게 되죠."

이런 현상은 아주 자연스럽다. 우리 모두는 살면서 이전보다 더 많은 것을 갖고 싶어 하기 때문이다. 하지만 인생 여정을 길게 볼 때 어느 쪽이 더 행복할까? 다소 빡빡한 예산에서 자기 자신을 긴장시키는 쪽일까? 아니면 우편함 가득히 독촉장이 쌓이고 대문 앞에 채권자들이 서 있는 모습일까?

규칙 5
만일의 경우를 대비해 개인 신용도를 높여라

응급 상황에 처하거나 반드시 대출을 해야 하는 일이 생긴다면 생명보험, 채권, 예금 증서 등은 주머니에 들어 있는 현금이나 마찬가지다. 만약 당신이 대출을 하고 싶다면 보험 증권이 바로 현금으로 전환 가능한 예금의 성격인지 잘 확인해보길 바란다. '정기 보험'이라는 일부 보험은 주어진 기간에만 당신의 돈을 보호할 뿐 그 기간이 지나면 예금되는 것이 아니다. 이런 증권은 명백히 대출의 목적으로는 아무런 소용이 없다. 그러니 반드시 물어보라! 약관에 사인하기 전에 현금을 필요로 할 경우에 그 가치가 있는지 확인해두어라.

당신이 대출 가능한 보험도 없고 채권도 없지만, 집이나 차 또는 다른 종류의 담보물을 가지고 있다고 가정해보자. 이럴 경우 당신은 어디에서 필요한 돈을 빌릴 것인가? 무슨 일이 있어도 은행으로 가라! 이 땅의 모든 은행들은 엄격하게 규제받고 있다. 그들은 사회 내에서 평판을 유지하고 있으며, 부과할 수 있는 이자율이 법으로 고정되어 있으며, 당신과 매우 공정하게 거래한다. 그리고 당신이 금전적인 문제가 생겼을 때 의논하고 계획을 세우고 걱정과 채무를 해결할 수 있도록 도움을 주기도 한다. 반복하고 또 반복하지만 담보물이 있을 경우, 제발 은행으로 가시라!

하지만 담보물도 없고 재산도 없으며, 월급이나 급료 말고는 보증할 만한 어떤 것도 없는 수천만 명 중의 하나라고 가정해보자. 그렇다면 이 경고문을 명심하고 당신의 삶을 가치 있게 하라! 절대로, 절대로, 신문 광고에서 당신을 매혹시키는 '대부 업체'와 거래하지 마라. 러셀-세이지 소액대부업법이 아직 통과되지 않은 서부와 남부의 일부 주에서는 무허가 '고리대금업자'들이 여전히 활개를 치고 있다. 때로는 도덕적이고 정직하며 기준에 엄격한 회사들도 있다. 그런 회사들은 질병이나 응급 상황 등 급하게 돈을 써야 하는 사람들에게 서비스를 제공하고 있다. 하지만 은행보다 훨씬 높은 이자를 부과한다. 왜냐하면 위험 부담률이 훨씬 더 높고, 상환하는 데도 훨씬 더 많은 비용을 지출하기 때문이다. 그렇다 하더라도 대부 업체를 이용하기 전에 은행으로 가서 직원과 상담하라. 그리고 혹시 추천해줄 수 있는 믿을 만한 업체가 있는지 물어보라.

그렇지 않으면, 정말 그렇지 않으면, 당신에게 악몽을 보여주고 싶지는 않지만 실제로 이런 일도 일어날 수 있다.

미니애폴리스의 한 신문이 러셀 세이지 재단이 정한 규정 내에서 운영되는 것으로 추정되는 대부 업체에 대한 조사를 실시했다. 나는 그 조사단에서 일하고 있던 한 남자를 알고 있는데, 남자의 이름은 더글러스 러튼으로 지금은 잡지 〈유어 라이프〉에서 편집자로 일하고 있다. 러튼은 가난한 채무자들의 머리카락을 곤두세울 정도의 대출 오용 사례를 직접 목격했다. 단지 50달러를 대출받았는데 상환되기 전에는 300~400달러로 기하급수적으로 치솟았다. 월급은 액세서리에 불과했고, 종종 지불 능력이 안 될 경우 고리대금업자는 가구를 평가하는 감정단을 집으로 보내 집 안 물건들을 깨끗이 쓸어갔다! 소액의 대출금을 4~5년씩 갚고도 여전히 빚을 지고 있는 사람을 쉽게 볼수 있었다. 특별한 경우라고? 러튼은 이렇게 전한다. "캠페인을 통해 이런 종류의 소송들이 대법원에 넘쳐났어요. 결국 판사들은 두 손 두 발을 다 들었고, 신문은 자체적으로 수백만 건에 달하는 소송을 다루는 중재국을 만들어야만 했어요."

어떻게 이런 일이 가능한가? 글쎄 그 답은 그 치솟은 금액 속에 온갖 종류의 숨은 부과금과 별도로 징수되는 '합법적인 요금'이 들어 있기 때문이다. 대부 업체와 거래할 때 기억해야 할 규칙이 여기에 있다. 만약 당신이 갚을 수 있다고 확신한다면 최대한 빨리 돈을 갚아야 한다. 그러면 이자는 상대적으로 혹은 합리적으로 낮아질 것이고, 그러면 당신은 공정하게 끝내게 된다. 하지만 당신이 계약을 연장해야 한다면 혹은 갱신을 유지하고 있다면 이자는 기하급수적으로 오를 것이다. 이런 부가적인 수수료의 경우 원금에 2000퍼센트나 부풀어지거나 은행보다 약 500배나 더 높게 부과된다고 러튼은 말한다.

만약 그렇게 하지 않을 경우, 악덕 사채업자의 먹잇감이 될 수 있다. 특히 소액 대부법이 갖춰져 있지 않은 캔자스, 몬태나, 노스다코타, 사우스다코타, 사우스캐롤라이나 주에서는 더욱 조심해야 한다. 앨라배마, 아칸소, 조지아, 미시시피, 노스캐롤라이나, 테네시, 텍사스, 와이오밍 주에서는 소액 대부법이 있지만 부분적으로나 전반적으로 실효성이 없으므로 주의해야 한다. 악덕 사채업자들은 컬럼비아 특별구에서도 활개치고 있다. 불법 대부업자들은 보통 은행 이자보다 40~50배나 많은 240퍼센트의 이자를 물린다. 그들은 조심성이 없는 사람들로부터 매년 1억 달러의 돈을 뜯어내고 있다! 그들은 채무자가 돈을 갚지 못하도록 만들고 있으며, 채무자들을 골탕 먹일 10여 가지 방법을 알고 있다.

규칙 6
질병, 화재, 긴급 상황에 대비하라

보험은 비교적 적은 금액으로 모든 종류의 사고, 재난, 그리고 일어날 수 있는 수많은 응급 상황에 대비할 수 있는 좋은 방법이다. 목욕탕에서 미끄러진 것에서부터 풍진에 이르기까지 모든 상황에 보험으로 대비하라는 것은 아니다. 다만 상당한 돈을 지출해야 하고, 그래서 돈에 대해 걱정거리를 만들 것으로 예상되는 주요 재난에 대비하라고 제안하는 것이다. 예를 들어 나는 작년에 열흘 동안 병원에 입원했던 여인을 알고 있는데, 그녀가 퇴원했을 때 보여준 정산서에는 정확히 8달러가 적혀 있었다! 이유는? 그녀가 의료보험에 가입해 있었기 때문이다.

규칙 7
생명보험금을 부인이 일시불로 받도록 계약하지 마라

만약 당신이 죽은 후에 당신의 가족에게 보험금이라도 남겨주고 싶어 보험을 들었다면, 부디 당신의 보험금을 일시불로 지급받도록 계약하지 마라.

목돈이 생긴 미망인에게 무슨 일이 생기냐고? 메이언 S. 에벌리 여사에게 그 대답을 들어보자. 그녀는 뉴욕 시 메디슨 가 488번지에 위치한 생명보험협회의 여성분과 위원장이다. 그녀는 여성 모임이 있는 곳이면 어디든지 달려가서 사망 보험금을 일시불로 받는 상품 대신 종신 소득형 상품으로 계약하는 것이 현명하다고 강연한다. 그녀는 나에게 말하기를, 2만 달러를 현금으로 받은 한 미망인이 자동차 액세서리 사업을 시작하겠다는 아들에게 빌려줬다고 한다. 사업은 실패했고, 그녀는 현재 매우 궁핍한 상태다. 또 다른 미망인은 "1년 내에 두 배로 확실히 뛰어오른다"라는 부동산 중개업자의 감언이설에 설득당해 보험금 대부분을 쓸모없는 땅에 투자했다. 3년 뒤에 그녀는 자신이 투자한 금액의 10분의 1에 그 부지를 팔아야만 했다. 남편을 잃은 또 다른 미망인은 1만 5000달러를 받은 지 채 12개월이 지나기도 전에 자녀들을 위해 '아동복지기금'에 도움을 요청할 수밖에 없는 신세가 되었다. 이와 비슷한 비극적인 사례는 수만 건도 댈 수 있다.

"여성들의 손에서 2만 5000달러의 평균수명은 7년이 채 되지 않는다." 이 발언은 〈뉴욕포스트〉의 경제부장으로 재직 중인 실비아 S. 포터가 〈레이디스 홈 저널〉에서 한 말이다. 몇 년 전에 〈새터데이 이브닝 포스트〉 사설에는 이런 글이 실렸다. "경영 교육을 받은 경험이 없거나, 은행원의 조언을 받지 않는 보통의 미망인들은 남편의 생명보험금에 가장 먼저 접근하는 능수능란한 세일즈맨의 말에 넘어가 무모한 투자를 하기 십상입니다. 웬만한 변호사나 금융 전문가라면 누구든지 교활한 사기꾼의 달콤한 사탕발림에 속아 검소한 가장이 평생 동안 모은 희생과 자제력의 산물을 하루아침에 약탈당한 케이스를 수십 건 이상 말할 수 있습니다."

만약 당신의 사후에 남게 될 부인과 아이들을 보호하고 싶다면 가장 현명한 재무가로 알려진 J. P. 모건으로부터 지혜를 배우는 게 어떨까 한다. 모건은 유언을 통해 16명의 주요한 상속인들에게 유산을 남겼는데, 그중 12명은 여자였다. 모건이 그 여인들에게 현금을 남겼을까? 아니다. 모건은 여인들이 평생 동안 매월 생활비를 받을 수 있게 보장한 신탁 기금을 남기고 떠났다.

자녀들에게 돈에 관해 책임 있는 자세를 갖도록 가르쳐라

나는 〈유어 라이프〉라는 잡지에서 읽은 기사 한 토막을 잊을 수가 없다. 글을 쓴 사람은 스텔라 웨스튼 터틀이었는데, 그녀의 어린 딸에게 어떻게 돈에 대한 책임감을 가르쳤는지를 소개하는 내용이었다. 터틀은 여분의 수표책을 은행에서 가져와서 아홉 살짜리 딸에게 주었다. 딸이 매주 용돈을 받을 때 아이는 엄마에게 그 돈을 예금하고, 엄마는 아이의 은행이 되어 아이의 돈을 맡아주는 식이었다. 그런 다음 아이가 1센트 혹은 2센트를 원할 때마다 터틀은 그 금액을 수표에 쓰게 하고, 잔액을 계속 관찰하게 했다. 그 어린 소녀는 펀드가 재미있을 뿐 아니라 돈을 관리하는 진짜 책임감을 배우기 시작했다.

정말 멋진 방법이다! 만약 당신에게 학교 다니는 아들이나 딸이 있고, 아이에게 돈을 관리하는 법을 가르치고 싶다면 이 방법을 고려해볼 것을 적극 추천한다.

만약을 대비해 여유 자금을 마련하라

만약 당신이 현명하게 예산을 세우고 계획에 따라 소비하는데도 매번 적자를 면치 못한다면 당신은 두 가지 방법 가운데 하나를 할 수 있다. 여전히 징징거리며 걱정하고 불평하거나, 혹은 약간의 여유 자금을 만드는 계획을 세우는 것이다. 어떻게? 글쎄. 뉴욕 시 잭슨 하이츠 83번가에 사는 넬리 스피어 부인이 한 일이 바로 이런 일이었다.

1932년 스피어 부인은 방 세 칸짜리 아파트에서 혼자 살고 있었다. 남편과는 사별했고, 두 자녀는 이미 결혼해 분가했다. 어느 날 가게에서 아이스크림을 먹고 있는데, 그 가게에서 팔고 있는 제과점 파이가 볼품없고 맛도 없어 보였다. 그녀는 주인에게 자신이 직접 만든 파이를 가져올 테니 살 의향이 있는지 물어보았다. 주인이 두 개를 주문했다. 스피어 부인은 내게 이렇게 말했다.

"저는 꽤 요리를 잘했음에도 불구하고 조지아 주에 살 땐 항상 하인을 두었고, 제 평생 한 번도 열 개 이상 파이를 구워본 적이 없었어요. 파이 두 개를 주문받은 저는 이웃에게 사과 파이 굽는 법을 물어보았습니다. 그 가게의 손님들은 제가 만든 첫 수제 파이인 사과 파이와 레몬 파이를 무척이나 좋아했습니다. 약국은 그다음 날 다섯 개를 주문하더군요. 그다음부터는 다른 매장과 간이식당에서 꾸준히 주문이 들어왔어요. 2년 동안 저는 1년에 파이를 5000개나 구웠답니다. 그 모든 일을 제 조그만 주방에서 해냈고, 파이에 들어가는 재료비를 제외한 순수익만 연간 1000달러를 벌어들였죠."

스피어 부인의 수제 파이는 수요가 너무 많아서 그녀는 더 이상 주방에서 일을 하지 못하고 가게를 열어야 했고, 두 명의 여직원을 고용해 파이와 케이크, 롤빵을 구울 정도였다. 전쟁 기간 동안에 사람들은 그녀의 수제 빵을 사기 위해 한 시간씩이나 줄을 서서 기다렸다.

스피어 부인은 이렇게 말했다. "제 인생에서 그렇게 행복했던 적이 없었어요. 하루에 12시간에서 14시간을 가게에서 일했지만, 저는 그게 일로 느껴지지 않았기 때문에 피곤한 줄 몰랐어요. 그건 삶에 대한 모험이었어요. 사람들을 조금이나마 행복하게 만드는 데 제가 할 수 있는 일이 있었던 거죠. 너무 바빠서 외로워하거나 걱정할 시간도 없었어요. 어머니와 남편, 집을 잃고 나서 인생의 빈자리를 일이 채워주고 있었죠."

혹시 요리에 소질이 있는 다른 여인들도 그녀와 비슷한 방식으로 시간을 활용해 마을에서 돈을 벌 수 있을지 물어보자, 그녀는 대답했다. "예, 물론 그들도 할 수 있어요!"

오라 스나이더 여사도 같은 이야기를 들려줄 것이다. 그녀는 인구 규모가 3만 정도 되는 일리노이즈 주의 메이우드에 살고 있다. 스나이더 여사는 10센트 정도의 재료비로 자신의 주방에서 사업을 시작했다. 남편이 병으로 드러눕자 그녀는 돈을 벌어야만 했다. 하지만 어떻게? 경험도 없었다. 기술도 없었다. 자금도 없었다. 그녀는 평범한 가정주부일 뿐이었다. 그녀는 계란 흰자와 설탕으로 주방에서 사탕을 만들었다. 그런 다음 사탕을 들고 학교 근처에 나가 집으로 돌아가는 아이들에게 하나에 1페니를 받고 팔았다. 그녀는 아이들에게 이렇게 말했다. "내일은 동전을 조금 더 들고 오렴. 아줌마가 매일 집에서 직접 만든 캔디를 가지고 여기에 있을 거야." 첫 일주일 동안 그녀는 이윤을 냈을 뿐만 아니라 삶에서 새로운 재미도 느꼈다. 그녀는 자신과 아이들을 모두 행복하게 만들었다. 걱정 따위를 할 시간이 없었다.

일리노이 주 메이우드의 이 조용하고 작은 주부는 용기를 내어 소란스럽고 분주한 시카고에 자신의 수제 캔디 판매점을 내기로 결심했다. 그녀는 조심스럽게 거리에서 땅콩을 파는 이탈리아인에게 다가갔다. 그는 상관없다는 듯 어깨를 한번 으쓱했다. 그의 고객들이야 캔디가 아닌 땅콩을 원할 테니까. 그녀는 캔디 샘플을 그에게 주었다. 그는 정말 맛있게 먹더니 그녀의 캔디를 팔아주기 시작했다. 장사를 시작한 첫날부터 수익이 생기더니 수년 뒤 그녀는 시카고에 첫 가게를 열었다. 길이가 3미터도 채 안 되는 작은 가게에서 그녀는 밤에는 캔디를 만들고 낮에는 판매를 했다. 주방 화로에서 자신의 캔디 공장을 시작했던, 한때 소심했던 주부가 이제는 17개의 가게를 거느리게 되었으며, 그 중 15개는 시카고의 번화가인 시카고 루프에 위치해 있다.

내가 하고 싶은 말은 바로 이것이다. 뉴욕 주 잭슨하이츠에 사는 넬리 스피어나 일리노이 주 메이우드의 오라 스나이더는 금전적인 문제에 대해 걱정하기보다는 뭔가 긍정적인 일을 했다. 그들은 주방 스토브에서 돈을 벌 수 있는 지극히 작은 일부터 시작했다. 자본도, 임대비도, 광고도, 직원들의 급여도 필요 없었다. 이런 상황에서 한 여인이 자금 문제로 사업을 망치는 일은 거의 없다.

주위를 둘러보라. 아직 완성되지 않은 채 당신의 손길을 기다리고 있는 많은 가능성들이 있을 것이다. 예를 들어 당신이 유능한 요리사가 된다면, 당신의 주방에서 어린 소녀들을 위한 요리 클래스부터 시작해서 돈을 벌 수 있을 것이다.

여유 시간을 활용해 돈을 버는 방법은 여러 책에 소개되어 있다. 공립 도서관에 문의해보면 여성이든 남성이든 모두에게 기회가 널려 있다. 한 가지 경고할 일은 세일즈에 타고난 재능이 있는 사람이 아니라면 방문판매는 시도하지 말길 바란다. 대부분의 사람들은 방문판매를 싫어하고, 또 실패할 확률이 매우 높다.

규칙 10
절대로 도박은 하지 마라

경마 도박이나 슬롯머신으로 돈을 벌겠다는 사람들을 보면 놀랍다. 나는 슬롯머신을 늘어놓고 사업을 하는 한 사내를 알고 있는데, 그는 순진하게도 온통 부정하게 조작된 이 기계 덩어리를 이길 수 있다고 생각하는 어리석은 사람들을 경멸할 뿐이다.

나는 또한 미국에서 잘 알려진 출판사 사장도 한 명 알고 있다. 그 사장은 내 성인 강좌를 수강한 학생이었다. 그는 경마에 대한 자신의 지식을 이야기하며 경마로는 결코 돈을 벌 수 없다고 했다. 하지만 어리석은 사람들이 경마에 베팅하는 금액은 연간 60억 달러에 달하는 게 사실이고, 이 금액은 1910년 미국의 국가 채무 금액의 6배에 달하는 금액이다. 그 사장은 만약 정말 꼴도 보기 싫을 정도의 원수가 있어서 그를 망치고 싶다면 경마를 권하는 것보다 더 좋은 방법은 없을 거라고 말하기도 했다. 그에게 경마 정보지에 따라 경마를 하는 사람들이 이길 가능성은 얼마나 되는지 물었더니 "그렇게 베팅하다가는 패가망신하고 말 것"이라고 대답했다.

만약 우리가 도박을 하겠다고 결심했다면 적어도 똑똑해지자. 우리에게 얼마나 승산이 있는지에 대해서 알아보자. 어떻게? 브릿지와 포커의 권위자이자 일류 수학자이며, 전문 통계학자이고 보험 회계사인 오스왈드 자코비가 쓴 《얼마나 승산이 있는가》를 읽어보자. 이 책은 215페이지에 걸쳐 당신이 경마, 룰렛, 주사위 도박, 슬롯머신, 포커, 드로 포커, 스터드 포커, 콘트랙트 브리지, 경매 카드 게임, 주식 등을 했을 때 얼마나 승산이 있는지를 계산해놓았다. 그 밖의 다른 게임에도 과학적이고 수학적인 데이터를 제공한다. 이 책은 어떻게 하면 도박으로 돈을 벌 수 있는지 방법을 알려주겠다고 하지 않는다. 저자는 도박 천재가 아니다. 단지 일반적인 도박에서 당신이 이길 확률이 어느 정도인지를 보여준다. 그리고 그 확률을 보면 힘들게 번 돈을 경마나 카드, 주사위, 슬롯머신에 거는 가난하고 잘 속는 사람들이 정말 불쌍하게 생각될 것이다. 당신이 만약 거짓말을 늘어놓거나 포커를 하거나 경마를 하는 사람이라면 이 책은 책값의 100배 아니 1000배의 값어치를 할 것이다.

규칙 11

**경제 상황을 개선시킬 수 없다 하더라도 자신을 아끼고,
바꿀 수 없는 상황에 대해 불평하지 마라**

우리의 경제 상황을 개선하지 못한다 하더라도 우리의 정신 자세를 개선할 수는 있다. 다른 사람들도 저마다 경제적인 문

제를 가지고 있다는 사실을 기억하자. 우리는 아마도 A씨를 따라잡을 수 없어 걱정하고 있다. 그러나 A씨도 분명히 걱정하고 있다. 왜냐하면 그도 B씨를 따라잡을 수 없다고 생각하기 때문에. 그리고 그들 모두 C씨를 따라잡을 수 없다고 생각하기 때문에 걱정할 것이다.

미국 역사상 유명한 사람들 중에도 경제적인 문제를 가진 사람들이 있었다. 링컨과 워싱턴 둘 다 대통령 선거운동을 하기 위해 돈을 빌려야만 했다.

만약 우리가 원하는 모든 것을 가질 수 없다 하더라도 우리의 일상에 독을 바르고 걱정과 분노로 우리의 생각을 멍들게 하지 말자. 우리 자신을 용서하자. 철학적인 사람이 되도록 노력하자. 로마의 위대한 철학자 중 한 명인 세네카는 이렇게 말했다. "만약 당신이 부족하다고 느끼는 점이 있다면, 설령 온 세상을 다 가진다 해도 비참할 것이다." 그리고 이것도 기억하자. 만약 우리가 온 세상을 소유하고 그 둘레를 울타리로 친다고 해도 누구나 하루에 세 끼를 먹고 한 번에 한 침대에서 잘 수 있을 뿐이다.

금전적인 문제에서
벗어나기 위한 11가지 방법

1. 메모하는 습관을 들여라.

2. 자신의 상황에 맞춰 예산을 세워라.

3. 현명하게 소비하는 법을 배워라.

4. 수입이 늘어난다고 걱정거리를 늘리지 마라.

5. 만일의 경우를 대비해 개인 신용도를 높여라.

6. 질병, 화재, 긴급 상황에 대비하라.

7. 생명보험금을 부인이 일시불로 받도록 계약하지 마라.

8. 자녀들에게 돈에 관해 책임 있는 자세를 갖도록 가르쳐라.

9. 만약을 대비해 여유 자금을 마련하라.

10. 절대로 도박은 하지 마라.

11. 경제 상황을 개선시킬 수 없다 하더라도 자신을 아끼고,
    바꿀 수 없는 상황에 불평하지 마라.